Beeinflussung und Steuerung des Lesers in der englischsprachigen Detektiv- und Kriminalliteratur

FAS
Publikationen des Fachbereichs Angewandte Sprachwissenschaft der Johannes Gutenberg-Universität Mainz in Germersheim

In Verbindung mit Jörn Albrecht
und Heinz Göhring

herausgegeben von **Horst W. Drescher**

Reihe A
Abhandlungen und Sammelbände

Bd. 11

PETER LANG
Frankfurt am Main · Bern · New York · Paris

Michael Dunker

Beeinflussung und Steuerung des Lesers in der englischsprachigen Detektiv- und Kriminalliteratur

Eine vergleichende Untersuchung zur Beziehung Autor-Text-Leser in Werken von Doyle, Christie und Highsmith

PETER LANG
Frankfurt am Main · Bern · New York · Paris

CIP-Titelaufnahme der Deutschen Bibliothek

Dunker, Michael:

Beeinflussung und Steuerung des Lesers in der englischsprachigen Detektiv- und Kriminalliteratur : eine vergleichende Untersuchung zur Beziehung Autor-Text-Leser in Werken von Doyle, Christie und Highsmith / Michael Dunker. – Frankfurt am Main ; Bern ; New York ; Paris : Lang, 1991

(FAS / Johannes-Gutenberg-Universität Mainz : Reihe A, Abhandlungen und Sammelbände : Bd. 11)
Zugl.: Mainz, Univ., Diss., 1990
ISBN 3-631-43447-2

NE: Universität <Mainz> / Fachbereich Angewandte Sprachwissenschaft: FAS / A

Die vorliegende Arbeit wurde
vom Fachbereich 23 - Angewandte Sprachwissenschaft der
Johannes Gutenberg-Universität Mainz 1990 als Dissertation
zur Erlangung des akademischen Grades eines
Doktors der Philosophie (Dr. phil.) angenommen.

D 77
ISSN 0171-7340
ISBN 3-631-43447-2

Meinen Eltern

Inhalt

1. Theoretische Grundlagen

1.1. Zielsetzung

Die Detektiv- und Kriminalliteratur gilt als eine äußerst populäre Literaturform. Julian Symons gibt in seiner in den sechziger Jahren erschienenen kurzen Übersicht über Entwicklung und Charakteristika der britischen Detektiverzählung an, in den vierzig Jahren vor dem Erscheinen seines Buches seien jährlich einige hundert Detektiv- oder Kriminalerzählungen geschrieben worden, und er meint, der Gesamtumsatz an solchen Erzählungen in Taschenbuchausgaben übersteige wahrscheinlich den jeder anderen literarischen Gattung (vgl. Symons, 1969, 7). Howard Haycraft stellte 1941 fest, jedes vierte in englischer Sprache neu veröffentlichte Werk der Erzählliteratur gehöre in dieses Genre (vgl. Haycraft, 1984, VIII).

Die Werke einzelner Autoren fanden dabei besonders große Verbreitung und stießen auf ein außergewöhnliches Interesse einer internationalen Leserschaft. Dies gilt z. B. für Sir Arthur Conan Doyle, den Schöpfer des legendären Detektivs Sherlock Holmes, der zu den berühmtesten Gestalten der Weltliteratur zählt. Noch größeren Erfolg konnte die überaus produktive englische Schriftstellerin Agatha Christie verzeichnen. Mit ihren zahlreichen spannend geschriebenen Detektivromanen und -geschichten erzielte die *Queen of Crime* eine Gesamtauflage ihrer Werke von über 500 Millionen verkauften Exemplaren (vgl. Sanders/ Lovallo, 1984, XIX). Agatha Christies Erfolg blieb dabei nicht auf die englischsprachigen Länder beschränkt. Ihre Bücher wurden in 103 Sprachen übersetzt (vgl. Maida/Spornick, 1982, 1), und auf der Liste der Autoren, deren Werke weltweit am meisten verkauft werden, nimmt sie nach der Bibel und Shakespeare den dritten Platz ein (vgl. Barnard, 1980, 2).

Ungeachtet dieser erstaunlichen Popularität und weiten Verbreitung der Detektiv- und Kriminalliteratur hat es die Literaturwissenschaft lange Zeit nicht für nötig befunden, das Genre einer ernsthaften Betrachtung zu unterziehen. Im deutschsprachigen Raum liegt der Grund für diese Haltung in der früher zumeist angenommenen Dichotomie von Hoch- und Trivialliteratur, die sich aus einem elitären Kunstverständnis ergibt. So wurde das Genre von seiten der deutschen Literaturwissenschaft als Trivialliteratur und damit als minderwertig abqualifiziert und als Forschungsgegenstand nicht ernst genommen. Noch in den sechziger Jahren schrieb z. B. Richard Gerber in einem Aufsatz, der 1971 in die Sammlung von Jochen Vogt aufgenommen wurde:

> Wenn wir diese Typologie einmal erkannt haben, vermögen wir auch besser einzusehen, warum der Kriminalroman seinem Wesen nach minderwertig ist und immer minderwertig bleiben wird. (Gerber, 1971, 414)

In diesem Zusammenhang bemerkt Richard Alewyn zutreffend:

> Das Lesen von Detektivromanen gehört zu den Dingen, die man zwar gerne tut, von denen man aber nicht gern spricht. Man kann seinen Ruf kaum wirksamer gefährden, als indem man sich ernsthaft damit befaßt, zumindest in deutschen Landen. Anstößig ist seine Popularität, und für anstößig gilt sein Thema. (Alewyn, 1971a, 372)

Eberhard Späth macht darauf aufmerksam, daß dieser krasse Dualismus zwischen 'hoher' und 'niederer' Literatur in der Geistesgeschichte Englands nicht besteht. Dies führt er darauf zurück, daß nach dem englischen Literaturverständnis nicht nur ästhetische, sondern in erheblichem Maße auch pragmatische, utilitaristische Aspekte von Bedeutung sind. Das Englische kenne daher auch kein Wort für *Trivialliteratur* (vgl. Späth, 1983, 64-66). Dieser wesentliche Unterschied zwischen der deutschen Literaturwissenschaft und der anglo-amerikanischen Literaturkritik wird auch von Buchloh/Becker hervorgehoben (vgl. Buchloh/ Becker, 1978, 3).

Die von mehreren Autoren zu Recht kritisierte Voreingenommenheit der deutschen Literaturwissenschaft gegenüber diesem Genre kann heute als überwunden gelten. In den sechziger Jahren setzte eine verstärkte Hinwendung zu bis dahin von der Forschung vernachlässigten, nichtkünstlerischen Texten (Unterhaltungs- und Trivialliteratur, Texte aus Zeitungen und Zeitschriften, Comics etc.) ein, und im Zuge dieser Entwicklung wurde auch die Detektiv- und Kriminalliteratur zu einem beliebten Gegenstand wissenschaftlicher Untersuchungen.

Mittlerweile existiert eine unüberschaubare Vielfalt von Veröffentlichungen zur Detektiv- und Kriminalliteratur. Dabei überwiegen allerdings populärwissenschaftliche Werke und essayistische Betrachtungen bei weitem, und ein großer Teil der vorhandenen Sekundärliteratur wurde nicht von Literaturwissenschaftlern, sondern von Journalisten oder Kriminalschriftstellern verfaßt. Man kann Eberhard Späth zustimmen, wenn er schreibt:

> Unter den vielen Publikationen über dieses Gebiet findet man erstaunlich wenige umfassende wissenschaftliche Arbeiten. (Späth, 1983, 34)

Zudem wird die wissenschaftliche Beschäftigung mit dem Phänomen der Detektiv- und Kriminalliteratur noch erheblich dadurch erschwert, daß es bisher noch nicht gelungen ist, exakte und einheitliche Definitionen zu erarbeiten und durchzusetzen. Buchloh/Becker stellen fest:

> Eine stringente Definition der Detektiverzählung ist trotz vieler Versuche nach inhaltlichen oder formalen Kriterien bis heute nicht gelungen und wird auch bei der Vielschichtigkeit des Genres kaum gelingen können. (Buchloh/Becker, 1978, 3)

Dies gilt ebenso für andere zentrale Begriffe, die in wissenschaftlichen Arbeiten über das Genre verwendet werden. Aufgrund der beschriebenen unbefriedigenden Forschungssituation auf dem Gebiet der Detektiv- und Kriminalliteratur erscheint eine weitere wissenschaftliche Beschäftigung mit dem Genre trotz der Fülle der bereits vorhandenen Literatur durchaus gerechtfertigt.

Die Detektiv- und Kriminalliteratur ist in besonderem Maße rezeptionsabhängig und zählt zu den Literaturformen, die in erster Linie unter dem Gesichtspunkt der Wirkung auf den Leser konzipiert werden. Dieser Aspekt wird in den meisten vorhandenen Arbeiten jedoch nicht in genügendem Maße berücksichtigt. Auf diesen Mangel weist auch Ulrich Suerbaum hin:

> [...] ist es erstaunlich, wie wenig wir über die spezifischen Rezeptionsprozesse des Krimis wissen, der doch so offensichtlich der Rezeption wegen da ist. Über die Rezeption des Shakespearedramas durch das elisabethanische Publikum wissen wir besser Bescheid als über das, was beim Lesen eines Krimis vorgeht. (Suerbaum, 1984, 15)

Die vorliegende Untersuchung setzt sich daher zum Ziel, diesen Gesichtspunkt in den Vordergrund zu stellen. Sie unterscheidet sich von anderen Arbeiten zur gleichen Thematik dadurch, daß sie das literarische Werk nicht als geschlossenen Untersuchungsgegenstand betrachtet und es damit von seinen Produktions- und

Rezeptionsbedingungen isoliert, sondern die vielfältigen Wechselbeziehungen zwischen Autorintention, Textgestalt und Leserreaktion in jeder Hinsicht einer genauen wissenschaftlichen Analyse unterzieht.

Diese Arbeit versteht sich als Beitrag zur Wirkungsästhetik. Die methodische Grundlage der Untersuchungen bildet das von Wolfgang Iser entwickelte Konzept des impliziten Lesers, welches das bisher einzige ausgearbeitete wirkungsästhetische Modell darstellt, das auf die Analyse von konkreten literarischen Texten anwendbar ist. Isers Theorie ist in Weiterentwicklung von Roman Ingardens Konzept der Unbestimmtheitsstellen entstanden. Neben den Konzepten Ingardens und Isers eignet sich auch das von Götz Wienold erarbeitete Modell der Spannungsanalyse sehr gut für die Untersuchung von Detektiv- und Kriminalerzählungen.

Die Untersuchung konzentriert sich auf die Frage, welche Mittel, Techniken und Verfahren vom Autor eingesetzt werden, um den Leser anzusprechen und zu beeinflussen. Da eine solche Beeinflussung dem Leser oft recht wenig Freiheit in seinen Reaktionen läßt, kann hier häufig bereits von Steuerung gesprochen werden. Motivation und Erwartungshaltung des Rezipienten spielen in diesem Zusammenhang vielfach eine wichtige Rolle. Das Phänomen der Spannung in Werken der Erzählliteratur fand in der Literaturwissenschaft bisher zu wenig Beachtung. Daher werden in dieser Arbeit die Spannungsstruktur von Detektiv- und Kriminalerzählungen analysiert und die Mittel des Auf- und Abbaus von Spannung beschrieben.

Während in vielen Arbeiten zwischen der klassischen Form der Detektiverzählung und neueren Varianten des Kriminalromans häufig nicht hinreichend differenziert wird, besteht das Ziel der vorliegenden Untersuchung darin, derartige Unterschiede im Hinblick auf die voneinander abweichenden Techniken und Intentionen der Leserlenkung herauszuarbeiten. Für die Analyse werden ausschließlich die Werke von drei Autoren der Detektiv- und Kriminalliteratur herangezogen, da so eine weitgehende Überschaubarkeit gewährleistet ist und die Untersuchungen anhand einer großen Zahl von konkreten Beispielen durchgeführt werden können. Es muß jedoch darauf hingewiesen werden, daß die Resultate der Untersuchungen nicht in jedem Fall auch auf Werke von in dieser Arbeit nicht behandelten Autoren der Detektiv- und Kriminalliteratur übertragen werden können. Als Vertreter der klassischen Detektiverzählung wurden Sir Arthur Conan Doyle und Agatha Christie ausgewählt, da diese beiden Schriftsteller für diese Literaturform als besonders typisch gelten. Dagegen repräsentiert die amerikanische Autorin Patricia Highsmith eine Variante der modernen[1] Kriminalliteratur, die in scharfem Gegensatz zu den Werken Doyles oder Christies steht, jedoch ebenfalls in hohem Maße rezeptionsausgerichtet ist.

Die Untersuchungen der vorliegenden Arbeit nehmen folgenden Verlauf: Als theoretische Grundlagen dienen ein kurzer Überblick über die gegenwärtige Forschungssituation auf dem Gebiet der Detektiv- und Kriminalliteratur, eine summarische Darstellung und kritische Auswertung der bisherigen Forschungsergebnisse (wobei Gattungsgeschichte und Gattungsstruktur getrennt behandelt werden und auf die Motivation des Lesers, verschiedene soziokulturelle Aspekte sowie terminologische und typologische Fragen besonders eingegangen wird) und eine Erläuterung der wirkungsästhetischen Konzepte Ingardens, Isers und Wienolds. Die eigentliche Analyse von Werken der Detektiv- und Kriminalliteratur gliedert sich in jeweils ein Kapitel zur klassischen Detektiverzählung Doyles und Christies und zum modernen Kriminalroman von Patricia Highsmith. Dabei soll ein Instrumentarium zur Untersuchung der Leserlenkung in diesen Literaturformen erarbeitet werden. Den Abschluß und das Ziel der Arbeit bilden eine Zusammenfassung und vergleichende Gegenüberstellung der Ergebnisse aus beiden Teilen der praktischen Untersuchung.

1.2. Forschungslage

Ausführliche Forschungsberichte zur Detektiv- und Kriminalliteratur liegen von Dietrich Naumann, Edgar Marsch, Jens-Peter Becker und Peter Nusser vor. Naumann teilt seinen Literaturbericht zum Kriminalroman in die Problemkreise

---

1) Der Begriff *modern* bezeichnet in der vorliegenden Arbeit keine literarische Epoche, sondern bildet nur den Gegensatz zu dem Begriff *klassisch* in *klassische Detektiverzählung*. Als moderne Kriminalromane gelten alle Werke der Kriminalliteratur in Romanform, die nach dem zweiten Weltkrieg erschienen und vom Konstruktionsschema der klassischen Detektiverzählung beträchtlich abweichen.

'Poetik des Kriminalromans', 'Geschichte des Kriminalromans', 'Kriminalroman und Philosophie', 'Kriminalroman und Geistesgeschichte' und 'Kriminalroman und Ästhetik' ein (vgl. Naumann, 1967). Marsch gliedert die Forschungsgeschichte in fünf Phasen, vernachlässigt dabei jedoch die englischen und amerikanischen Arbeiten (vgl. Marsch, 1972, 45-65). Becker stellt in seinem 'polemischen Bericht' die wichtigsten Werke mit kurzen Kommentaren vor (vgl. Becker, 1975, 121-149), und Nusser unterscheidet einen gattungsgeschichtlichen, einen gattungspoetologischen, einen literatursoziologischen und einen didaktischen Ansatz (vgl. Nusser, 1980, 14-24). Da eine umfassende Darstellung der Forschungsgeschichte im Rahmen der vorliegenden Arbeit aus Platzgründen nicht geleistet werden kann, beschränke ich mich an dieser Stelle darauf, den Gang der Entwicklung kurz zu skizzieren und die bedeutendsten Werke zu nennen.

Zu Beginn dieses Jahrhunderts wurde die Detektiv- und Kriminalliteratur zum erstenmal zum Gegenstand wissenschaftlicher Untersuchungen. Bereits im Jahre 1901 sah sich der englische Autor von Detektivgeschichten Gilbert Keith Chesterton veranlaßt, sein Produkt in dem Aufsatz "A Defence of Detective Stories" (Chesterton, 1983) zu verteidigen. Die erste umfassende Analyse der Gattung mit dem Titel *The Technique of the Mystery Story* (Wells, 1973) legte Carolyn Wells 1913 in den USA vor. Ein Jahr später setzte die Forschung auch in Deutschland mit Friedrich Depkens Dissertation *Sherlock Holmes, Raffles und ihre Vorbilder* (Depken, 1914) ein.

Während in den folgenden Jahrzehnten in Deutschland keine größeren Arbeiten zur Detektiv- und Kriminalliteratur veröffentlicht wurden, entstanden in Frankreich, Großbritannien und den Vereinigten Staaten in dieser Zeit eine Reihe von grundlegenden Werken. So erschienen in Frankreich 1929 Régis Messacs umfangreiche Untersuchung *Le "Detective Novel" et l'influence de la pensée scientifique* (Messac, 1929) und 1937 François Foscas Arbeit *Histoire et technique du roman policier* (Fosca, 1937), in England 1931 H. Douglas Thomsons Buch *Masters of Mystery* (Thomson, 1973) und in den USA 1941 Howard Haycrafts Gesamtdarstellung *Murder for Pleasure* (Haycraft, 1984) und 1943 Marie F. Rodells Studie *Mystery Fiction: Theory and Technique* (Rodell, 1952). In Deutschland wurde die Forschung erst nach dem zweiten Weltkrieg mit der 1953 veröffentlichten Habilitationsschrift von Fritz Wölcken, *Der literarische Mord* (Wölcken,

1953), wiederaufgenommen. Als weitere bedeutende Arbeit der fünfziger Jahre ist noch die 1958 erschienene Untersuchung *The Development of the Detective Novel* (Murch, 1968) der Engländerin A. E. Murch zu nennen.

Seit den sechziger Jahren wird die Forschung auf dem Gebiet der Detektiv- und Kriminalliteratur sehr intensiv betrieben. Lag der Schwerpunkt vor 1960 auf der Erforschung der Gattungsgeschichte, so fanden seither zunehmend gattungspoetologische und literatursoziologische Aspekte Berücksichtigung. Im Zentrum der Diskussion standen terminologische und typologische Fragestellungen, und der Begriff *Trivialliteratur* wurde eingehend erörtert. In Deutschland wurde die Diskussion in den sechziger Jahren in einer Reihe von Aufsätzen geführt. Die bekanntesten davon sind "Philosophische Ansicht des Detektivromans" (Bloch, 1971) von Ernst Bloch, "Spielregeln des Kriminalromans" (Heißenbüttel, 1971) von Helmut Heißenbüttel und die beiden Aufsätze "Die Anfänge des Detektivromans" (Alewyn, 1971b; ursprünglicher Titel: "Das Rätsel des Detektivromans") und "Anatomie des Detektivromans" (Alewyn, 1971a) von Richard Alewyn.

Neben einer großen Zahl von Aufsätzen sind in den letzten drei Jahrzehnten viele ausführliche Untersuchungen zur Detektiv- und Kriminalliteratur erschienen. Die wichtigsten seien hier erwähnt: In Frankreich veröffentlichten die berühmten Kriminalschriftsteller Pierre Boileau und Thomas Narcejac 1964 ihre Studie *Le roman policier* (Boileau/Narcejac, 1964). In England stellte Julian Symons, der ebenfalls als Autor von Kriminalromanen bekannt ist, 1972 in seinem Buch *Bloody Murder* (Symons, 1972) die Entwicklung von der klassischen Detektiverzählung zum modernen Kriminalroman dar. In der Bundesrepublik Deutschland arbeiteten vor allem Edgar Marsch, Paul G. Buchloh, Jens P. Becker, Peter Nusser und Ulrich Suerbaum auf dem Gebiet der Detektiv- und Kriminalliteratur. In den siebziger Jahren erschienen die detaillierte Untersuchung *Die Kriminalerzählung* (Marsch, 1972) von Edgar Marsch und die von Paul G. Buchloh und Jens P. Becker verfaßte Arbeit *Der Detektivroman* (Buchloh/Becker, 1978), die auch eine umfangreiche Bibliographie enthält. Im Jahre 1980 folgte das Werk *Der Kriminalroman* (Nusser, 1980) von Peter Nusser, in dem der Autor den Detektivroman und den Thriller einander gegenüberstellt. Die wichtigste neuere Untersuchung legte Ulrich Suerbaum 1984 unter dem Titel *Krimi: Eine Analyse der Gattung* (Suerbaum, 1984) vor. Das vor kurzem erschienene Buch *Gangster, Opfer, Detektive* (Schmidt, 1989) des Journalisten Jochen Schmidt ist dagegen zwar sehr umfangreich, aber eher populärwissenschaftlich gehalten.

Zusätzlich zu solchen allgemeinen Darstellungen über die Detektiv- und Kriminalliteratur gibt es auch Arbeiten, die sich mit Einzelaspekten befassen: Claus Reinert und Horst Conrad untersuchen in ihren Werken *Das Unheimliche und die Detektivliteratur* (Reinert, 1973) und *Die literarische Angst* (Conrad, 1974) das Verhältnis zwischen dem Schauerroman und der Detektiverzählung. Colin Watson und Gerd Egloff analysieren in ihren Arbeiten *Snobbery with Violence* (Watson, 1979) und *Detektivroman und englisches Bürgertum* (Egloff, 1974) die Wechselwirkung zwischen der Detektiv- und Kriminalliteratur und ihrem Lesepublikum, und Erik Routley untersucht in seiner Monographie *The Puritan Pleasures of the Detective Story* (Routley, 1972) die Entstehung und den Aufschwung der Detektiverzählung in der puritanischen Tradition Großbritanniens. Ira Tschimmel befaßt sich in ihrer Arbeit *Kriminalroman und Gesellschaftsdarstellung* (Tschimmel, 1979) mit der Darstellung des sozialen Milieus in Werken von vier Autoren von Detektiv- und Kriminalromanen und stellt dabei ein allmähliches Zurücktreten des Rätselelements und eine zunehmend realistische Gesellschaftsdarstellung in dem Genre fest, und Beatrix Finke analysiert in ihrem Buch *Erzählsituationen und Figurenperspektiven im Detektivroman* (Finke, 1983) verschiedene Detektiv- und Kriminalromane unter dem im Titel zum Ausdruck gebrachten Gesichtspunkt.

Während in den genannten Werken Geschichte und Struktur der Gattung ausführlich dargestellt werden, gehen die meisten Autoren auf die Frage der Leserlenkung nur am Rande ein. Zwar wird bei der Beschreibung der klassischen Detektiverzählung meistens auch auf deren Rätselelement und den damit verbundenen Spielcharakter hingewiesen; eine detaillierte Analyse der vom Autor eingesetzten Mittel und Techniken der Einflußnahme auf den Rezipienten unterbleibt dabei jedoch häufig. In den Sekundärwerken über Agatha Christie widmen lediglich Barnard und Maida/Spornick dieser Thematik jeweils ein eigenes Kapitel. Während in Robert Barnards Untersuchung der Täuschungsstrategien (vgl. Barnard, 1980, 63-73) jegliche Systematik fehlt, unterscheiden Patricia D. Maida und Nicholas B. Spornick in ihrer Analyse des Rätselspiels (vgl.

Maida/Spornick, 1982, 68-84) vier verschiedene Techniken zur Verschleierung der Identität des Mörders: (1) die verborgene oder falsche Identität, (2) die Lenkung des Verdachts auf eine andere Person, (3) die Irrfährte und (4) die Ermordung einer Person, der die Identität des Täters bekannt ist (vgl. Maida/Spornick, 1982, 76). Auch Earl F. Bargainnier leistet einen Beitrag zur Untersuchung der Leserlenkung in den Detektivromanen Agatha Christies; seine Ergebnisse finden sich allerdings verstreut in den Kapiteln über die Charaktere und die Handlungsstruktur (vgl. Bargainnier, 1980b, 38-143, 144-166) im Werk der Autorin. Bargainnier zählt sieben Methoden der Irreführung auf: (1) wichtige Auslassungen, (2) Hinweise, die zueinander gehören, sich aber an verschiedenen Stellen des Buches befinden, (3) Hinweise, die in einer Gruppe unwichtiger Gegenstände oder Äußerungen versteckt sind, (4) Irrfährten, (5) unzutreffende Annahmen, (6) die Wahl einer falschen Perspektive und (7) das Verbergen und die Manipulation oder Fälschung von Beweismitteln (vgl. Bargainnier, 1980b, 162).

Eliot A. Singer führt in seinem Aufsatz "The Whodunit as Riddle: Block Elements in Agatha Christie" (Singer, 1984) die Täuschungswirkung in Christies Detektivromanen auf ein diesen Romanen zugrunde liegendes Verfahren zurück. Singer sieht die Schwierigkeit, das Rätsel zu lösen, nicht im Rätsel als solchem, sondern in besonderen Elementen, die in den Bereich zwischen der Präsentation des Rätsels und seiner Lösung eingefügt werden. Diese Elemente, die Singer als *block elements* bezeichnet, stellen ihm zufolge für den Leser ein Hindernis dar, die Realität zu erkennen. Singer differenziert zwischen vier verschiedenen Typen solcher *block elements*: zu viel Information, zu wenig Information, Widersprüche und die 'falsche Gestalt', d.h. eine vom Autor suggerierte falsche Vorstellung von den Ereignissen (vgl. Singer, 1984, 160).

John G. Cawelti nennt in seinem Buch *Adventure, Mystery, and Romance* (Cawelti, 1976) sechs Möglichkeiten, den Leser hinsichtlich eines Verbrechens irrezuführen, und erläutert diese am Beispiel eines Detektivromans von Agatha Christie. So könne die Täuschung die Person, das Motiv oder die Mittel des Verbrechens betreffen, ferner die Tatzeit, den Tatort und schließlich die Frage, ob überhaupt ein Verbrechen vorliegt (vgl. Cawelti, 1976, 114).

Von den deutschen Forschern gehen nur Ulrich Suerbaum und Beatrix Finke näher auf die Thematik der Leserlenkung ein. Suerbaum betrachtet die Detektiverzählung als Sprachspiel und sieht in der Technik der falschen Kontextualisierung das zentrale Mittel der Mystifikation. Diese Technik beruhe auf der Mehrdeutigkeit von Elementen, die sich sowohl in ein falsches als auch in ein richtiges Muster einordnen ließen. Suerbaum unterscheidet dabei drei Arten von Ambivalenz: sprachliche Ambivalenz, Ambivalenz von Gegenständen und Ambivalenz von Teilhandlungen. Zur Demonstration seiner Ausführungen greift Suerbaum auf eine Reihe von Beispielen aus Doyles Geschichte "The Speckled Band" und Christies Roman *The Mysterious Affair at Styles* zurück (vgl. Suerbaum, 1984, 61-70, 80-83). Finke untersucht u. a. das Verfahren der Sympathielenkung in verschiedenen Formen der Detektiv- und Kriminalliteratur. Aus ihrer Arbeit geht vor allem die unterschiedliche Funktion dieses Verfahrens in der klassischen Detektivliteratur und im modernen Kriminalroman von Patricia Highsmith hervor. Während die Sympathiesteuerung in der klassischen Detektiverzählung im Sinne einer Verdachtslenkung als Täuschungsmittel genutzt werde, solle sie bei Highsmith eine Identifikation des Lesers mit dem Protagonisten bewirken und Verständnis für dessen Handlungsweise erwecken (vgl. Finke, 1983, 232-238, 282-291).

Diese zusammenfassende Darstellung der gegenwärtigen Forschungssituation kann mit dem Fazit abgeschlossen werden, daß die Detektiv- und Kriminalliteratur bisher noch nicht in befriedigender Weise unter dem Gesichtspunkt der Beeinflussung und Steuerung des Lesers untersucht wurde, obwohl dieser Aspekt gerade in diesem Genre von entscheidender Bedeutung ist. Nur wenige Autoren behandeln diese Thematik, und die vorliegenden Untersuchungen sind im allgemeinen viel zu kurz. Eine nach objektiven Kriterien entwickelte Systematik der Analyse ist bisher nicht erarbeitet worden, worin der Grund dafür liegt, daß die meisten der erwähnten Autoren dazu neigen, einen einzigen Aspekt in den Mittelpunkt zu stellen oder sich auf die Analyse weniger Werke zu beschränken. Darüber hinaus mangelt es diesen Untersuchungen auch an der notwendigen theoretischen Fundierung durch ein wirkungsästhetisches Konzept. Die vorliegende Arbeit soll dazu beitragen, diesem Mangel abzuhelfen.

1.3. Allgemeines zur Detektiv- und Kriminalliteratur

1.3.1. Gattungsgeschichte

Als Vorläufer der Detektiverzählung werden in der Sekundärliteratur u. a. die griechische Sage von Ödipus, Voltaires philosophische Erzählung *Zadig* (1747), William Godwins Roman *Caleb Williams* (1794) und die im England des ausgehenden 18. Jahrhunderts beliebten Schauerromane (*Gothic novels*) genannt. Als eigentlicher Schöpfer des Genres gilt jedoch der amerikanische Schriftsteller, Kritiker und Literaturtheoretiker Edgar Allan Poe. Im April 1841 veröffentlichte Poe, der zu dieser Zeit als Autor von Schauergeschichten bekannt war, in der Zeitschrift *Graham's Magazine* die Erzählung "The Murders in the Rue Morgue". Der eigentlichen Geschichte ist ein Essay vorangestellt, in dem Poe die analytischen Fähigkeiten des menschlichen Intellekts beschreibt. Die Detektivgeschichte soll diese Fähigkeiten demonstrieren. Andererseits bildet "The Murders in the Rue Morgue" den Prototyp der Detektiverzählung, denn die Geschichte ist bereits nach dem klassischen Konstruktionsschema dieser Literaturform aufgebaut und enthält viele ihrer typischen Elemente. Poe schrieb insgesamt drei Detektiverzählungen, deren Hauptgestalt der Detektiv Dupin ist. Sie werden unter der Bezeichnung *Tales of Ratiocination* zusammengefaßt. Nach "The Murders in the Rue Morgue" erschienen "The Mystery of Marie Rogêt" (1842) und "The Purloined Letter" (1845). Einzelne Elemente der Detektiverzählung finden sich auch in Poes Geschichten "The Gold-Bug" (1843) und "Thou Art the Man" (1844).

Die Entwicklung der Detektivliteratur vollzog sich vorwiegend in Großbritannien, den USA und Frankreich und ist durch eine ständige gegenseitige Beeinflussung der Autoren in diesen Ländern gekennzeichnet. In der englischen Literatur finden sich Elemente des Detektivromans in einigen Werken der viktorianischen Schriftsteller Charles Dickens und Wilkie Collins. Eine Detektionshandlung enthalten Dickens' Roman *Bleak House* (1852/53) und das Romanfragment *The Mystery of Edwin Drood* (1870), das der Autor aufgrund seines Todes nicht vollenden konnte. Dickens verfolgte mit diesen Romanen das Ziel, das zu seiner Zeit noch bestehende Mißtrauen des englischen Bürgertums gegenüber der Polizei zu beseitigen. Im Jahre 1868 veröffentlichte Wilkie Collins den Roman *The Moonstone*, der als erster klassischer Detektivroman bezeichnet wurde. In Frankreich begründete Emile Gaboriau im Jahre 1866 mit *L'Affaire Lerouge* den französischen *roman policier*, während Anna Katharine Green mit *The Leavenworth Case* (1878) die Detektiverzählung in der Romanform auch in den USA populär machte.

Die weitaus größte Bedeutung bei der Verbreitung der Detektivliteratur kommt jedoch dem aus Schottland stammenden Autor Sir Arthur Conan Doyle zu. Er schuf den weltberühmten Detektiv Sherlock Holmes, der zu einem wahren Mythos und zum Prototyp aller späteren Detektivgestalten wurde. Ebenso stellt Doyles Erzähler, der Arzt Dr Watson, das Vorbild aller nachfolgenden 'Watson-Figuren' dar. Sherlock Holmes löst seine Fälle in vier Detektivromanen und 56 Kurzgeschichten. Die Romane tragen die Titel *A Study in Scarlet* (1887), *The Sign of Four* (1890), *The Hound of the Baskervilles* (1902) und *The Valley of Fear* (1915). Die Kurzgeschichten sind in fünf Sammelbänden enthalten: *The Adventures of Sherlock Holmes* (1892), *The Memoirs of Sherlock Holmes* (1894), *The Return of Sherlock Holmes* (1905), *His Last Bow* (1917) und *The Case-Book of Sherlock Holmes* (1927). Mit seinen Sherlock-Holmes-Erzählungen schuf Doyle das Muster der gesamten Detektivliteratur des 20. Jahrhunderts und damit die Voraussetzungen für den gewaltigen Erfolg des Genres.

Neben Doyle gilt auch Gilbert Keith Chesterton als früher Vertreter der englischen Detektiverzählung. In Chestertons fünfzig Detektivgeschichten, die ein christliches Element enthalten, werden die Fälle von dem katholischen Priester Father Brown gelöst. Gaston Leroux entwickelte den Detektivroman zu Beginn dieses Jahrhunderts in Frankreich weiter. Sein berühmter Roman *Le mystère de la chambre jaune* erschien im Jahre 1907.

In den Jahren zwischen den beiden Weltkriegen erlebte die Detektivliteratur sowohl in Großbritannien als auch in den Vereinigten Staaten eine außergewöhnlich große Blüteperiode. Diese Zeit wird daher als *Golden Age of the Detective Story* bezeichnet. Die vorherrschende Form des Detektivromans in dieser Entwicklungsstufe war der pointierte Rätselroman, als dessen typische Vertreterin Agatha Christie gilt. Ihre beiden bekanntesten Detektive sind der Belgier Hercule Poirot und die 'alte Jungfer' Miss Marple. Neben Christie wurden in Großbritannien u. a. auch Freeman Wills Crofts, Anthony Berkeley Cox und John Dickson Carr, in den USA Willard Huntington Wright (mit dem Pseudonym S. S. Van Dine) und die Cousins Frederic Dannay und Manfred B. Lee (alias Ellery Queen) als Repräsentanten dieser Form des Detektivromans berühmt. Dagegen wandte sich die englische Schriftstellerin Dorothy Sayers in ihren Detektivromanen, deren Hauptfigur der adlige Detektiv Lord Peter Wimsey ist, vom reinen Rätselroman der klassischen Form ab und schloß durch psychologische Charakterzeichnung an die Tradition des englischen Gesellschafts- und Sittenromans (*novel of manners*) an, und auch Anthony Berkeley Cox schrieb unter dem Pseudonym 'Francis Iles' psychologische Kriminalromane.

Als neuere Varianten der Detektiv- und Kriminalliteratur sind vor allem die Romane der amerikanischen *hard-boiled school*, der realistische Polizeiroman und die *crime novel* zu nennen. Dashiell Hammett und Raymond Chandler begründeten die Schule des 'harten Kriminalromans' in den USA. Sie versuchten, den Detektivroman realistischer zu gestalten, indem sie seine Handlung in ein amerikanisches Großstadtmilieu verlegten, Verbrecher und Verbrechen so beschrieben, wie sie wirklich sind, und damit auch das Tabu brachen, das die Darstellung von Gewalt in Detektiverzählungen verbot. Die Hauptvertreter des realistischen Polizeiromans (*police procedural*) sind Nicolas Freeling, Georges Simenon und das schwedische Autorenehepaar Maj Sjöwall und Per Wahlöö. In ihren Romanen wird die Polizeiarbeit bei der Aufklärung von Verbrechen realistisch geschildert. Der in Frankreich lebende englische Autor Nicolas Freeling ist als Schöpfer des Amsterdamer Polizeiinspektors Van der Valk bekannt, und der aus Belgien stammende Schriftsteller Georges Simenon schrieb etwa achtzig Romane, deren Hauptfigur der Pariser Polizeidetektiv Kommissar Maigret ist. In Simenons Romanen ist die Frage nach der Identität des Mörders von geringerer Bedeutung als die psychologischen und sozialen Ursachen des Verbrechens. Dabei bemüht sich der Autor um eine wirklichkeitsgetreue Milieudarstellung. Sjöwall/Wahlöö schildern die Arbeit von fiktiven Polizeibeamten in der Zentralen Mordkommission in Stockholm und versuchen dabei, ein gesellschaftskritisches Moment in den Detektivroman mit einzubeziehen. Die *crime novel* wird vor allem durch das französische Autorenteam Pierre Boileau und Thomas

Narcejac und die amerikanische Schriftstellerin Patricia Highsmith repräsentiert. In der *crime novel* entfällt das Rätselelement. Diese Kriminalromane werden aus der Perspektive des Täters erzählt, so daß dem Leser Einblick in die Gedankengänge und den Charakter des Verbrechers gegeben werden kann.

1.3.2. Entstehungsvoraussetzungen und Entwicklungslinien

Die in der Sekundärliteratur genannten Voraussetzungen für die Entstehung und Verbreitung der Detektiv- und Kriminalliteratur lassen sich in drei Gruppen einordnen: (1) sozioökonomische und publizistische Entstehungsbedingungen, (2) sozialgeschichtliche Entstehungsbedingungen und (3) geistesgeschichtliche Entstehungsbedingungen.

Die erste Gruppe von Entstehungsvoraussetzungen geht auf die sozialen und ökonomischen Veränderungen zurück, die durch das Zeitalter der industriellen Revolution ausgelöst wurden. Im 19. Jahrhundert gewann das Bürgertum an wirtschaftlicher und politischer Macht und löste den Adel in seiner bisherigen gesellschaftlichen Vorrangstellung ab, was eine Änderung des vorherrschenden Literaturgeschmacks zur Folge hatte. Bis zur Mitte des vorigen Jahrhunderts waren Bücher und Zeitschriften für die überwiegende Mehrheit der Bevölkerung zumeist unerschwinglich. Dies änderte sich im Laufe der zweiten Hälfte des Jahrhunderts, als die Preise für Druckerzeugnisse durch modernere Drucktechniken und höhere Auflagen stark gesenkt werden konnten und sich die Realeinkommen der privaten Haushalte beträchtlich erhöhten. So sanken in England die Preise für Bücher auf weniger als ein Drittel der Buchpreise des ausgehenden 18. Jahrhunderts (vgl. Suerbaum, 1984, 47). Richard D. Altick gibt für das Realeinkommen der britischen Durchschnittsfamilie eine Steigerungsrate von 70 bis 80 Prozent während der zweiten Hälfte des vorigen Jahrhunderts an (vgl. Altick, 1983, 306). Gleichzeitig wurde die Arbeitszeit im Verlauf des 19. und 20. Jahrhunderts mehr und mehr reduziert, und auch die Arbeit der Hausfrau wurde durch die Einführung von elektrischen Haushaltsgeräten beträchtlich erleichtert. Die so entstandene zusätzliche Freizeit wurde oft mit der Lektüre von Büchern und Zeitschriften ausgefüllt. Hinzu kam, daß durch Reformen im Bildungswesen bedeutend mehr Menschen lesen konnten als in früheren Zeiten. Der britische Education Act von 1870 gilt dabei als großer Fortschritt. Auch die Entwicklung der öffentlichen Verkehrsmittel muß hier erwähnt werden, denn viele Fahrgäste verbrachten die Fahrt zwischen Wohnung und Arbeitsplatz mit dem Lesen von Büchern und Zeitschriften. Von großer Bedeutung war ebenfalls die Verbreitung der kommerziellen Leihbibliotheken (*circulating libraries*) in Großbritannien. Charles Edward Mudie eröffnete seine erste große Bibliothek bereits 1852, und in neuerer Zeit wurde der Leihverkehr vor allem durch die Ladenketten Boots und W. H. Smith's betrieben. Eine wichtige Rolle spielten schließlich auch die Zeitschriften, in denen Kurzgeschichten und Fortsetzungsromane abgedruckt wurden. Alle diese Faktoren sorgten für die Entstehung eines Massenpublikums für Unterhaltungs- und nicht zuletzt auch für Detektiv- und Kriminalliteratur.

Die zweite Kategorie von Entstehungsbedingungen gehört dem Bereich der Sozialgeschichte an. Hier sind die Schaffung demokratischer Institutionen und einer unabhängigen Gerichtsbarkeit zu nennen. Wesentliche Faktoren bildeten die Einführung des Indizienverfahrens nach Abschaffung der Folter und die damit verbundene Zuhilfenahme naturwissenschaftlicher Untersuchungsmethoden bei der Verbrechensaufklärung. Entscheidend war auch der Aufbau eines staatlichen Polizeiapparats. In Paris bildete sich die Sûreté, und in London begründete Sir Robert Peel 1829 die Metropolitan Police ('Scotland Yard'). Howard Haycrafts Erklärung, nach der die Detektiverzählung nicht entstehen konnte, bevor es Detektive[1] gab, ist äußerst einleuchtend:

> Clearly, there could be no detective *stories* (and there were none) until there were *detectives*. This did not occur until the nineteenth century. (Haycraft, 1984, 5)

Eine Reihe von Forschern sieht einen engen Zusammenhang zwischen der demokratischen Staatsform und der Verbreitung der Detektiverzählung. Diese Demokratiethese wurde zuerst von Howard Haycraft in seinem Buch *Murder for*

1) Aus Gründen der Einfachheit und der Übereinstimmung mit der in Sekundärwerken zur Detektiv- und Kriminalliteratur gebräuchlichen Terminologie wird der Begriff *Detektiv* in der vorliegenden Arbeit nicht, wie im deutschsprachigen Raum üblich, im Sinne von 'Privatdetektiv' verwendet, sondern in der weiteren englischen Bedeutung, die auch beamtete Detektive mit einschließt.

Pleasure (Haycraft, 1984) aufgestellt und hatte, da dieses Buch während des zweiten Weltkriegs erschien, damals aktuellen Bezug. Die Befürworter der Demokratiethese führen drei Hauptgründe dafür an, daß die Detektiverzählung sich nur in demokratischen Ländern entwickeln konnte: Zunächst vergleichen sie die Arbeitsweise des Detektivs mit dem Indizienprozeß, in dem eine Verurteilung des Angeklagten nur aufgrund eines schlüssigen, nach den Gesetzen der Logik ermittelten Beweises möglich ist. Als zweiter Grund wird die große Bedeutung der Verstandeskraft in der Detektiverzählung hervorgehoben, während nichtrationale Elemente (wie z. B. die Propaganda) zu den wesentlichen Kennzeichen des totalitären Staates gehörten. Schließlich geht nach Ansicht dieser Gruppe von Kritikern jede Detektiverzählung von der Annahme aus, daß der Leser sich mit den Wertvorstellungen des Detektivs identifiziert und somit die Taten des Verbrechers verurteilt und seine Bestrafung fordert, der Polizei und der Justiz aber unbegrenztes Vertrauen schenkt. Diese Voraussetzungen seien in autoritären und totalitären Systemen, in denen auch Unschuldige verurteilt und ins Gefängnis geschickt werden könnten, nicht gegeben. Unter solchen Bedingungen werde der Verbrecher eher als ein romantischer Held in der Art Robin Hoods angesehen und nicht als Feind der Gesellschaft. Hierin liegt Haycraft und anderen Kritikern zufolge der Grund dafür, daß die Detektiverzählung erst im 19. Jahrhundert und auch nur in den traditionell demokratisch bestimmten Ländern Großbritannien, USA und Frankreich Fuß fassen konnte (vgl. Haycraft, 1984, 312-318).

Diese Demokratiethese ist allerdings in der Forschung nicht unumstritten. Richard Alewyn hebt hervor, daß es im Detektivroman meistens gerade nicht die staatlichen Organe sind, die den Täter ermitteln, sondern exzentrische Privatdetektive (vgl. Alewyn, 1971b, 189-191). William O. Aydelotte sieht ein Argument gegen die Demokratiethese darin, daß der französische Verbrecher und spätere Chef der Sûreté François-Eugène Vidocq seine Memoiren im Zeitalter Louis Philippes veröffentlichte und daß Gaboriau vorwiegend unter der Herrschaft des Zweiten Kaiserreichs Napoleons III. schrieb (vgl. Aydelotte, 1976, 79 f.). Zwei weitere Einwände führt John G. Cawelti ins Feld: Er meint, die Zeitspanne demokratischer Gesellschaften sei wesentlich größer als die der Popularität der klassischen Detektiverzählung und das snobistische Oberschichtmilieu dieser Literaturform stehe im Widerspruch zur Idee der Demokratie (vgl. Cawelti, 1976, 98 f.). Schließlich weisen Buchloh/Becker darauf hin, daß sich der Detektivroman auch unter dem Nationalsozialismus großer Beliebtheit erfreute (vgl. Buchloh/Becker, 1978, 123 f.).

Neben sozioökonomischen und sozialgeschichtlichen Ursachen waren für die Entstehung der Detektivliteratur auch geistesgeschichtliche Gründe maßgeblich. Eine Reihe von Kritikern sieht eine Analogie zwischen der Methode der Detektion einerseits und dem fortschrittsgläubigen naturwissenschaftlichen Denken des 19. Jahrhunderts und der positivistischen Erkenntnistheorie andererseits. In der Detektiverzählung manifestiere sich der für das vergangene Jahrhundert typische naive Glaube an die Allmacht der menschlichen Vernunft und den endgültigen Sieg des Guten über das Böse. Damit sei dieses Genre letztlich ein Produkt der Aufklärung. So schreibt Ulrich Suerbaum:

> Es ist klar, daß eine Gattung wie der Krimi erst entstehen konnte, nachdem die alte Vorstellung von der Aufdeckung des Verbrechens als einer Sache Gottes durch die Vorstellung von der vollen Zuständigkeit und Verantwortung des Menschen bei Aufklärung und Sühne ersetzt war. (Suerbaum, 1984, 33)

Auch diese These wurde zum Gegenstand einer heftigen Kontroverse. In diesem Zusammenhang ist besonders Richard Alewyns polemisch vorgebrachte Behauptung zu erwähnen, der Detektivroman sei ein Kind der Romantik und nicht des Rationalismus und des Realismus. Alewyn begründet diese Auffassung mit der Ähnlichkeit des exzentrischen Detektivs zum 'Künstler' der Romantiker (vgl. Alewyn, 1971b, 201 f.). Dies wurde wiederum von anderen Kritikern bestritten. Im Grunde handelt es sich bei dieser Auseinandersetzung jedoch um ein Scheingefecht, und Peter Nusser hat sicherlich recht, wenn er feststellt, daß Rationalismus und Romantik in gleicher Weise Voraussetzungen für die Entstehung des Genres waren (vgl. Nusser, 1980, 80). Paul G. Buchloh führt den paradoxen Charakter der Detektiverzählung auf den Zwiespalt im Werk und in der Kurzgeschichtentheorie Edgar Allan Poes zurück. Dieser Zwiespalt ist Buchloh zufolge typisch für die Denkweise des 19. Jahrhunderts:

> *The Murders in the Rue Morgue* wird eingeordnet in die großen Zusammenhänge des 19. Jahrhunderts, die Auseinandersetzung zwischen Ratio-

> nalität und Irrationalität, zwischen dem Durchbruch der Naturwissenschaft und den nicht zu verdrängenden Elementen der Romantik. Zwischen diesen Polen ist Edgar Allan Poes Leben und Werk angesiedelt. Dort liegen die Anfänge der Detektiverzählung, und dort liegen auch Theorie und Ausführung der Poeschen *short story*, die einerseits auf Überlegungen der Romantik basiert und andererseits die Berechenbarkeit menschlicher schöpferischer Produktion und deren Aufnahme durch den Leser herausstellt. (Buchloh, 1972, 94)

Verfolgt man die Entwicklung der Detektiv- und Kriminalliteratur von ihren Anfängen bis zur Gegenwart, so werden einige grundlegende Entwicklungslinien erkennbar: Etwa bis 1920 schrieben die Autoren von Detektivliteratur hauptsächlich Kurzgeschichten; erst danach setzte sich der Roman als vorherrschende Form in diesem Genre durch. Julian Symons führt diese Entwicklung auf soziale, technische und ökonomische Wandlungen zurück. Er nennt hier die größere Verbreitung der kommerziellen Leihbibliotheken und die abnehmende Popularität der Magazine, in denen die Kurzgeschichten zumeist veröffentlicht wurden. Die geringere Beliebtheit der Magazine erklärt er damit, daß die Leser, denen diese Zeitschriften hauptsächlich zum Zeitvertreib bei Bahnreisen dienten, nach der allgemeinen Einführung des Automobils weniger Gelegenheit zu solcher Lektüre hatten (vgl. Symons, 1972, 93 f.).

In engem Zusammenhang mit der Entwicklung hin zur Romanform steht auch die inhaltliche Wandlung der klassischen Detektiverzählung zum modernen Kriminalroman (*crime novel*), die bereits in den dreißiger Jahren einsetzte und sich verstärkt nach dem zweiten Weltkrieg vollzog. Konnte der Autor in einer Kurzgeschichte kaum mehr als ein Rätsel und dessen Lösung durch den Detektiv unterbringen, so bot der Roman aufgrund seiner Länge zusätzliche Möglichkeiten. Im modernen Kriminalroman tritt die Frage nach der Identität des Täters gegenüber der nach seinen Motiven zurück. Der Autor befaßt sich mit den psychologischen und gesellschaftlichen Ursachen und Folgen des Verbrechens. Dies erfordert eine psychologische Charakterzeichnung der Figuren und eine realistische Milieuschilderung, die in der klassischen Detektivliteratur fehlen. Somit können auch die typischen Elemente der Detektiverzählung, wie die vom Ende her konstruierte Handlung, die *clues* und Irrfährten sowie der alle anderen Personen überragende Detektiv, entfallen oder zumindest zurücktreten. Mit diesen Veränderungen nähert sich das Genre wieder der allgemeinen Literatur an.

H. R. F. Keating macht darauf aufmerksam, daß die Detektiv- und Kriminalliteratur mit der Überwindung des Gegensatzes zu anderen Literaturformen in neuerer Zeit zu ihren Ursprüngen zurückkehrt:

> [...] the crime novel parted company from the rich mainstream novel only fairly briefly and it did once and now does again much that the mainstream novel does. The two were one when Dickens wrote *Edwin Drood*; the two are all but one (that duty to entertain first intervening) when Patricia Highsmith writes any one of her books today. (Keating, 1982, 13)

1.3.3. Gattungsstruktur

Während die Kriminalerzählung im weiteren Sinne über keine einheitliche Struktur verfügt, kann das Konstruktionsschema der klassischen Detektiverzählung in allen Einzelheiten genau beschrieben werden. Die Bestimmung der Merkmale dieses Genres ist notwendig, um es von anderen, verwandten Literaturformen (wie der *crime novel*, dem Thriller, dem Abenteuer- oder dem Spionageroman) abzugrenzen, die häufig mit der Detektiverzählung verwechselt werden. Da das Konstruktionsschema in seinen Grundzügen sowohl für die Detektiv-Kurzgeschichte als auch für den Detektivroman maßgebend ist, wird der Terminus *Detektiverzählung* in der vorliegenden Arbeit als Oberbegriff verwendet.

Die Detektiverzählung gilt als eine außerordentlich homogene Literaturform. Sie ist in ihrem Aufbau durch ein System von Gattungskonventionen exakt bestimmt, so daß in der Sekundärliteratur manchmal von der 'gefesselten Detektiverzählung' gesprochen wird. In der anglo-amerikanischen Literaturkritik wurde für derartige Genres der Terminus *formula literature* geprägt. Der Vorteil einer solchen *formula* liegt darin, daß der Leser schon vor Beginn der Lektüre relativ genaue Vorstellungen darüber hat, was ihn beim Lesen der Erzählung erwartet. Die wichtigsten Gattungskonventionen der Detektiverzählung sind bereits in Edgar Allan Poes Kurzgeschichte "The Murders in the Rue Morgue" nachweisbar, die das klassische Muster dieser Literaturform darstellt.

Alle kurzen Erzählungen Poes sind nach den Regeln aufgebaut, die der Autor selbst in seiner Kurzgeschichtentheorie festgelegt hat. Poe formulierte sein theoretisches Konzept in seiner 1842 veröffentlichten Rezension zu Nathaniel Hawthornes *Twice-Told Tales* und seinem Essay "The Philosophy of Composition" (1846). Im Zentrum der Theorie steht die Wirkung auf den Leser, der *single effect*, dem alle anderen Elemente der Erzählung unterzuordnen seien:

> A skilful artist has constructed a tale. He has not fashioned his thoughts to accomodate his incidents, but having deliberately conceived a certain *single effect* to be wrought, he then invents such incidents, he then combines such events, and discusses them in such tone as may best serve him in establishing this preconceived effect. [...] In the whole composition there should be no word written of which the tendency, direct or indirect, is not to the one pre-established design. (Poe, "Twice-Told Tales", Rezension zu Nathaniel Hawthorne, 446)

Zur Erzielung der einheitlichen Wirkung ist es nach Ansicht Poes notwendig, den Ausgang der Handlung, das *dénouement*, als erstes festzulegen und alle anderen Elemente der Erzählung auf das *dénouement* zu beziehen:

> Nothing is more clear than that every plot, worth the name, must be elaborated to its *dénouement* before anything be attempted with the pen. It is only with the *dénouement* constantly in view that we can give a plot its indispensable air of consequence, or causation, by making the incidents, and especially the tone at all points, tend to the development of the intention. (Poe, "The Philosophy of Composition", 480)

Diese Regel bedingt die der Detektiverzählung eigentümliche Handlungsstruktur, die sich grundlegend von der Handlungsstruktur traditioneller Erzählungen unterscheidet. Detektiverzählungen sind von ihrem Ende her konstruiert. Diese Vorgehensweise des Schriftstellers erläutert Agatha Christie in einem Interview:

> "Usually you think first of the basic design - you know, 'That would be an awfully good doublecross or trick.' You start with the wish to deceive, and then work backwards. [...]" (Wyndham, 1966, 26)

Im Gegensatz zur traditionellen Erzählliteratur werden die Ereignisse nicht in ihrer chronologischen Abfolge geschildert, sondern in zeitlicher Umstellung. Obwohl der Mord, der die Detektionshandlung auslöst, gewöhnlich bereits am Anfang der Erzählung verübt wird, erfährt der Leser erst zum Schluß, von wem und unter welchen genauen Umständen er begangen wurde. Genaugenommen besteht eine Detektiverzählung aus zwei Geschichten, die sich gegenseitig überlagern: der verdeckten Geschichte des Mordes und der offen erzählten Geschichte der Aufklärung dieses Mordes. Die Kriminalschriftstellerin Mary Roberts Rinehart drückte dies so aus:

> Yet, in its essence, the crime story is simple. It consists of two stories. One is known only to the criminal and to the author himself. It is usually simple, consisting chiefly of the commission of a murder and the criminal's attempt to cover up after it [...] / The other story is the story which is told. It is capable of great elaboration and should, when finished, be complete in itself. It is necessary, however, to connect the two stories throughout the book. This is done by allowing a bit, here and there, of the hidden story to appear. (MacShane, 1977, 42)

Die Aufklärungsgeschichte dient somit als Metageschichte, deren einzige Funktion darin besteht, die Verbrechensgeschichte zu rekonstruieren. Die Aufklärungsgeschichte gilt als abgeschlossen, wenn die Verbrechensgeschichte vollständig rekonstruiert ist.[1]

Eine weitere Konsequenz des Prinzips der einheitlichen Wirkung stellt die Funktionalität dar, welche die Detektiverzählung beherrscht. Alle ihre Elemente erfüllen ihren Zweck ausschließlich im Hinblick auf das im Zentrum der Handlung stehende Verbrechen und seine Aufklärung. Sie fungieren entweder als echte Hinweise auf den Täter und die Umstände des Verbrechens (*clues*) oder als vom Autor eingebaute Irrfährten (*red herrings*), die den Leser irreleiten sollen. Die Funktionalität der Detektiverzählung läßt wenig Raum für die in der traditionellen Erzählliteratur üblichen psychologischen Charakterzeichnungen, Liebeshandlungen, Milieubeschreibungen und Naturschilderungen. Ausschließlich die Frage nach der Identität des Täters und dem Tathergang ist von Bedeutung; die psychologischen und sozialen Ursachen und Folgen des Verbrechens spielen dabei keine Rolle. Da die Frage nach dem 'wer' im Mittelpunkt steht, werden Detektiverzählungen im englischen Sprachraum auch *whodunits* (= *who's done it?*) genannt. Die Detektiverzählung ist ein Rätsel in Form einer Erzählung.

Die idealtypische Detektiverzählung kann wie folgt gegliedert werden:

---

1) Dieser Aspekt wurde von Elisabeth Schulze-Witzenrath eingehend untersucht (vgl. Schulze-Witzenrath, 1979).

(1) Vorgeschichte des Mordes:

Sie ist gewöhnlich nur kurz und hat den Zweck, den Leser mit den wichtigsten Personen und dem Milieu der Handlung vertraut zu machen.

(2) Auffinden der Leiche

(3) Ermittlung durch den Detektiv und die Polizei:

Der Tatort wird besichtigt, Spuren werden gesammelt, und sämtliche Verdächtigen und Zeugen werden vernommen. Zwischendurch stellen der Detektiv und seine Gesprächspartner bereits Mutmaßungen über die Identität des Mörders, das Mordmotiv und den Tathergang an. Hat der Detektiv den Täter schon entlarvt, während alle anderen noch 'im dunkeln tappen', so macht er bisweilen mysteriös klingende Andeutungen, ohne jedoch seine Gedanken offenzulegen. Die gewählte Erzählform ist zumeist die szenische Darstellung; den weitaus größten Raum nimmt dabei der Dialog ein.

(4) Aufklärungsszene (*dénouement*):

Der Detektiv versammelt in einer großen, dramatischen Schlußszene alle Verdächtigen um sich und offenbart den Weg seiner bis dahin geheimgehaltenen Schlußfolgerungen. Im Gegensatz zur übrigen Erzählung wird hier die berichtende Erzählweise verwandt. Zum Schluß seiner Ausführungen nennt der Detektiv den Namen des Mörders, erläutert dessen Motive und rekonstruiert den Tathergang. Verfügt er nicht über genügend Beweise für seine Behauptungen, so stellt er dem Täter eine Falle, damit dieser sich selbst verrät. Am Ende der Detektiverzählung ist das Rätsel vollständig gelöst. Der Mörder wird der Polizei übergeben, sofern ihm der Detektiv nicht die Chance gewährt, sich durch Selbstmord eigenhändig zu richten.

Dieses Grundschema kann auf vielfältige Weise variiert werden. Die Vorgeschichte kann mehr oder weniger Raum einnehmen oder auch ganz wegfallen. Der Täter kann weitere Morde verüben, um etwaige Zeugen oder Mitwisser zum Schweigen zu bringen. Auch braucht das Verbrechen nicht in jedem Fall ein Mord zu sein. Innerhalb des Schemas ist - unter Berücksichtigung der Konventionen - jeder nur erdenkliche Handlungsverlauf möglich. Dabei ist es völlig unerheblich, ob sich die Handlung auch in der Realität so zutragen könnte wie in einer Detektiverzählung. Nicht die Wahrscheinlichkeit des Geschehens, sondern nur seine theoretische Möglichkeit ist maßgeblich. Das eigentliche Thema der

Detektivliteratur bildet dabei nicht das Verbrechen. Es dient lediglich als Mittel zum Zweck, indem es die Detektion auslöst, die tatsächlich im Mittelpunkt der Detektiverzählung steht. So schreibt Howard Haycraft:

> [...] the crime in a detective story is only the means to an end, which is - detection. (Haycraft, 1984, 253)

Ebenso deutlich formuliert es Karl Heinz Göller:

> Das Verbrechen dient nur als Katalysator, um den Prozeß der logischen Deduktion in Gang zu bringen. (Göller, 1973, 78)

Die Figurenkonstellation der Detektiverzählung kann folgendermaßen beschrieben werden:

Der Held einer jeden Detektiverzählung ist der Detektiv. Dabei kann es sich entweder um einen Privatdetektiv oder um einen Polizeibeamten handeln. Der Privatdetektiv als Figur des *Great Detective* wird als eine Art Übermensch dargestellt, der über ein Supergehirn verfügt. Durch seine brillante Kombinationsgabe hebt er sich von allen anderen Personen ab. Der Meisterdetektiv ist eine Verkörperung der Ratio. Gefühlsregungen sind ihm fremd, und weil er auch keinerlei sexuelle Empfindungen kennt, ist er zumeist Junggeselle. Da er in den Detektiverzählungen eines Autors immer wieder auftritt und somit gleichsam ein 'Markenzeichen' darstellt, stattet der Schriftsteller ihn mit gewissen skurrilen Zügen und einigen menschlichen Schwächen aus. Das exzentrische Wesen des Detektivs verstärkt darüber hinaus noch den Kontrast zwischen ihm und den übrigen Personen.

Der Detektiv wird oft von einer Watson-Figur begleitet, welche die Funktion des Ich-Erzählers übernimmt und ihre Bezeichnung nach dem Freund und Gehilfen von Sherlock Holmes in Doyles Erzählungen erhalten hat. Die Watson-Figur hebt sich durch ihre Einfältigkeit, Leichtgläubigkeit und Naivität besonders deutlich vom Detektiv ab und dient somit als Kontrastfolie für den Meister, denn der Unterschied zwischen den beiden Figuren läßt den Detektiv als noch genialer erscheinen. Außerdem fungiert die Watson-Figur als Perspektiventräger und Vermittler zwischen Detektiv und Leser, da das gesamte Geschehen aus ihrer Sicht erzählt wird. Der Leser kann sich folglich mit der Watson-Figur identifizieren und verfällt in die gleiche bewundernde Haltung gegenüber dem

Detektiv wie diese. Schließlich spielt die Watson-Figur die Rolle eines Augenzeugen, wodurch die Illusion der Authentizität der Handlung erzeugt wird.

In vielen Detektiverzählungen ermitteln neben dem Privatdetektiv auch Polizeibeamte. Diese verkörpern zwar Recht und Ordnung; da sie jedoch in ihrer Vorgehensweise nicht den Scharfsinn des Detektivs zeigen und zudem in ihrer Arbeit häufig durch gesetzliche Bestimmungen eingeengt sind, können sie nur Routinetätigkeiten ausführen. Ihre Funktion erschöpft sich somit darin, durch das Sammeln von Spuren dem Meisterdetektiv das Material zu liefern, das dieser für seine Analyse benötigt.

Der Gegenspieler des Detektivs ist der Mörder, der seine Entlarvung fürchtet und zu verhindern versucht. Der Täter strebt dem Ideal des 'perfekten Mordes' nach, der so minuziös geplant und ausgeführt wurde, daß seine Aufdeckung unmöglich ist. Er ist somit dem Detektiv in seinen intellektuellen Fähigkeiten fast ebenbürtig. Da die Identität des Schuldigen nicht vorzeitig verraten werden darf, kann er nicht anders dargestellt werden als die übrigen Verdächtigen.

Aufgrund der Funktionalität der Detektiverzählung muß das Figureninventar gering und überschaubar gehalten werden, so daß die Figuren eine geschlossene Gesellschaft bilden. Alle in der Detektiverzählung auftretenden Personen (mit Ausnahme des Detektivs und der Watson-Figur) werden als bloße Typen dargestellt, die keinerlei Individualität besitzen und sich im allgemeinen hinter einer Fassade verbergen. Eine psychologische Charakterzeichnung der Figuren widerspräche der Funktionalität des Genres und verbietet sich schon deshalb, weil dies eine vorzeitige Preisgabe der Identität des Täters zur Folge hätte. Das Mordopfer ist oft wohlhabend und wird häufig als ein eigensinniger und unberechenbarer Mensch dargestellt, der seine Familie tyrannisiert und damit zahlreiche Motive für einen Mord bietet. Mörder, Opfer und Verdächtige gehören in der Regel der oberen Mittelschicht an, und sie leben nach dem Lebensstil und vertreten die Wertvorstellungen dieser Gesellschaftsschicht.

Die Funktionalität der Detektiverzählung verlangt, daß sich deren Handlung in einem eng umgrenzten Raum abspielt. Dafür eignen sich in besonderer Weise einsame, abgelegene Landhäuser sowie Schiffe, Flugzeuge, Eisenbahnabteile oder Inseln. Oft wird als Milieu auch der Vorort der Großstadt oder die idyllische Atmosphäre des ländlichen Marktfleckens gewählt. Um dem Leser die

Lösung des Rätsels zu erleichtern, werden die Schauplätze der Detektiverzählungen meistens exakt beschrieben, wobei die Beschreibungen häufig noch durch Grundrisse von Zimmern oder Häusern und Skizzen von Straßenzügen oder ganzen Ortsteilen ergänzt werden.

Der räumlichen entspricht die zeitliche Einheit. Diese wird am ehesten durch das Wochenende gewährleistet, an dem die in der Detektiverzählung auftretenden Personen am Schauplatz der Handlung zusammenkommen. Eine Variante bilden Festtage, z. B. das Weihnachtsfest, anläßlich dessen sich die Mitglieder einer Familie am Ort des Geschehens treffen.

Da die Detektiverzählung als ein Spiel zwischen Autor und Leser verstanden wurde, in dem der Leser mit Hilfe der vom Autor gegebenen *clues* versucht, das Rätsel selbständig zu lösen, wurde schon in den zwanziger Jahren die Forderung nach *fair play* erhoben. So stellte Ronald A. Knox, der selbst Detektivromane schrieb, seinen "Detective Story Decalogue" (Knox, 1983) aus zehn Regeln auf, und S. S. Van Dine formulierte seine "Twenty Rules for Writing Detective Stories" (Van Dine, 1983). Ähnliche Spielregeln besaß auch der Londoner Detection Club, zu dem sich berühmte englische Detektivromanautoren 1928 zusammenschlossen und in dem neue Mitglieder einen Schwur leisten mußten, den Detection Club Oath.

Aus dem Spielcharakter des Genres folgt, daß jede Detektiverzählung aus einer Anzahl von Konstanten und einer Anzahl von Variablen besteht. Die Konstanten vermitteln dem Leser ein Gefühl der Vertrautheit und sorgen dafür, daß das Spiel gespielt werden kann. Die Variablen erzeugen den Reiz des Neuen und Unbekannten und bewirken, daß der Ausgang des Spiels ungewiß bleibt.

Schließlich seien noch zwei Grundmotive erwähnt, die häufig von den Autoren der Detektivliteratur verwandt wurden. Sie werden in der englischsprachigen Kritik als das *least-likely-person motif* und das *locked-room puzzle* bezeichnet. Im ersten Fall erzielt der Autor einen großen Überraschungseffekt, indem sich die unverdächtigste Person als der Schuldige herausstellt. Im zweiten Fall wird die Illusion der logischen Unmöglichkeit dadurch erzeugt, daß die Leiche in einem offenbar von innen verschlossenen Raum aufgefunden wird, so daß sich die Frage stellt, wie der Täter nach dem Mord das Zimmer verlassen konnte.

Aus den bisherigen Ausführungen ergibt sich folgende Definition der Detektiverzählung: Eine Detektiverzählung ist ein Werk der Erzählliteratur von unterschiedlicher Länge, in dem ein rätselhaftes Verbrechen den Ausgangspunkt für die Untersuchung des Falls durch einen Detektiv bildet, der das Rätsel auf dem Wege der Deduktion löst, seine Schlußfolgerungen jedoch erst am Schluß der Erzählung mitteilt. Nach dieser Definition ist die Zuordnung von *crime novels*, Thrillern, Abenteuer- und Spionageromanen, die ebenfalls vom Verbrechen handeln, zur Detektivliteratur bereits dadurch ausgeschlossen, daß in diesen Literaturformen Deduktion entweder gar nicht enthalten ist oder nur eine untergeordnete Rolle spielt.

1.3.4. Die Motivation des Lesers

Während über Entwicklung und Struktur der Detektiverzählung in der Forschung weitgehende Einigkeit herrscht, divergieren die Meinungen der Kritiker über die Gründe für die große Popularität und weite Verbreitung des Genres erheblich. Eine ausführliche Darstellung der Motivationsthesen enthält Peter Hühns Aufsatz "Zu den Gründen für die Popularität des Detektivromans" (Hühn, 1977). Im Rahmen der vorliegenden Arbeit können dagegen nur die wichtigsten dieser Thesen erläutert werden:

François Fosca stellt zwei Arten von Literatur einander gegenüber: solche, die man lese, um die Realität in ihr wiederzufinden, und solche, die man lese, um der Realität zu entfliehen. Der Detektivroman gehöre zur zweiten Kategorie (vgl. Fosca, 1937, 18). Obwohl diese Erklärung zweifellos richtig ist, muß sie dennoch als ungenügend bezeichnet werden, da sie ebenso für andere Arten von Unterhaltungsliteratur zutrifft, z. B. für den Thriller, den Abenteuer- und den Spionageroman, den Western, die Science Fiction oder den Liebesroman.

Das Spezifische der Detektiverzählung liegt dagegen in ihrer Rätselnatur. Diesen Aspekt stellt der amerikanische Autor von Detektivromanen Willard Huntington Wright ('S. S. Van Dine') heraus, indem er die Detektiverzählung als eine Form des Rätsels betrachtet und sie mit dem Kreuzworträtsel vergleicht:

> [...] the detective novel does not fall under the head of fiction in the ordinary sense, but belongs rather in the category of riddles: it is, in fact, a complicated and extended puzzle cast in fictional form. Its widespread popularity and interest are due, at bottom and in essence, to the same factors that give popularity and interest to the cross-word puzzle. Indeed, the structure and mechanism of the cross-word puzzle and of the detective novel are very similar. In each there is a problem to be solved; and the solution depends wholly on mental processes - on analysis, on the fitting together of apparently unrelated parts, on a knowledge of the ingredients, and, in some measure, on guessing. Each is supplied with a series of overlapping clues to guide the solver; and these clues, when fitted into place, blaze the path for future progress. In each, when the final solution is achieved, all the details are found to be woven into a complete, interrelated, and closely knitted fabric. (Wright, 1983, 35 f.)

Diese Rätselthese wird von anderen Theoretikern in Frage gestellt. William O. Aydelotte bezweifelt, daß der Leser überhaupt versucht, in Konkurrenz mit dem Detektiv das Rätsel zu lösen. Er betrachtet den Leser einer Detektiverzählung nicht als Akteur, sondern als Zuschauer:

> The reader is audience. He is like the spectator at a football game, identifying himself with his team, feeling a personal triumph if they win, yet always aware that it is the players and not himself who do the work on which his satisfaction is based. Though the reader both identifies and depends, the emphasis is on the latter, the significant relationship is dependence. (Aydelotte, 1976, 76)

Ulrich Schulz-Buschhaus sieht einen Widerspruch zwischen dem Rätselcharakter des Genres und dem intendierten Verblüffungseffekt. Schulz-Buschhaus nimmt ein eher passives Verhalten des Lesers an, "der sich im pointierten Rätselroman mit eigenen Analysen zurückhalten, ja bereitwillig täuschen lassen muß, wenn er nicht das Vergnügen der Verblüffung, das ihm die Gattungskonvention in Aussicht stellt, vorzeitig verderben will." (Schulz-Buschhaus, 1975, 104 f.) Zu dieser These muß allerdings bemerkt werden, daß die Lösungsaktivität des Lesers und die Verblüffungswirkung in der Aufklärungsszene einander nicht ausschließen, solange die Anstrengungen des Rezipienten im Hinblick auf die Lösung des Rätsels erfolglos bleiben, was vom Autor aufgrund des Spielcharakters der Detektiverzählung intendiert ist.

Michael Holquist postuliert einen Zusammenhang zwischen der Blüteperiode der Detektivliteratur in den zwanziger und dreißiger Jahren und gleichzeitigen avantgardistischen Strömungen in der künstlerischen Literatur. Er führt die

Beliebtheit der Detektivliteratur bei den Intellektuellen dieser Zeit auf die gegensätzliche Haltung der beiden Literaturformen gegenüber der Ratio zurück. Während die Ratio in der avantgardistischen Literatur dieser Epoche als unzulänglich dargestellt werde, triumphiere sie in der Detektiverzählung. Der Intellektuelle habe sich der Detektivliteratur zugewandt, um von ihr besänftigt zu werden:

> Is it not natural to assume, then, that during this period when rationalism is experiencing some of its most damaging attacks, that intellectuals, who experienced these attacks first and most deeply, would turn for relief and easy reassurance to the detective story, the primary genre of popular literature which they, during the same period, were, in fact, consuming? The same people who spent their days with Joyce were reading Agatha Christie at night [...] (Holquist, 1971, 147)

Da Holquists These jedoch auf eine relativ kleine gesellschaftliche Gruppe und einen begrenzten Zeitraum beschränkt bleibt, kann sie nicht die anhaltende Popularität des Genres bei allen Gesellschaftsschichten erklären.

W. H. Auden deutet das Interesse des Lesers an der Detektivliteratur von einem moraltheologischen Standpunkt aus: Der Leser fühle sich sündig und identifiziere sich deshalb mit den Verdächtigen. Durch die Überführung des Mörders werde ihm die Illusion vermittelt, seine Unschuld zurückzubekommen:

> The magic formula is an innocence which is discovered to contain guilt; then a suspicion of being the guilty one; and finally a real innocence from which the guilty other has been expelled, a cure effected, not by me or my neighbors, but by the miraculous intervention of a genius from outside who removes guilt by giving knowledge of guilt. (The detective story subscribes, in fact, to the Socratic daydream: "Sin is ignorance.") (Auden, 1968, 158)

Einige Autoren erklären die Wirkung der Detektivliteratur aus psychologischer Sicht. So glaubt Dennis Porter, der Leser setze sich bei der Lektüre einer Detektiverzählung einem erträglichen Maß an Angst aus, um durch die spätere Befreiung von der Angst einen Lustgewinn zu erhalten:

> The pleasure of fear is [...], first, pleasure in the exposure to an acceptable dosage of fear - a dosage that does not cause us to close our eyes or swoon and that will vary greatly for both individual psychological and cultural reasons - and, second, the pleasure of an acceptable dosage of fear that is immediately followed by the return from fear. (Porter, 1981, 102)

Geraldine Pederson-Krag betrachtet die Detektiverzählung in ihrem Aufsatz "Detective Stories and the Primal Scene" (Pederson-Krag, 1976) unter dem Gesichtspunkt der Psychoanalyse Sigmund Freuds und erkennt dabei Parallelen zwischen der Neugier des Lesers, der die Lösung des Rätsels erfahren möchte, und der Urszene (der Beobachtung des elterlichen Geschlechtsverkehrs durch das kleine Kind), welche die Neugier des Kindes weckt. Darüber hinaus vergleicht sie das Mordopfer in der Detektiverzählung mit dem Elternteil, gegen den sich die negativen ödipalen Gefühle des Kindes richten, und den Verbrecher mit dem anderen Elternteil, für den das Kind positive ödipale Gefühle empfindet (vgl. Pederson-Krag, 1976, 59 f.). Aufgrund dieser Analogien stellt Pederson-Krag die folgende psychoanalytisch begründete Erklärungshypothese auf:

> [...] the reader addicted to mystery stories tries actively to relive and master traumatic infantile experiences he once had to endure passively. Becoming the detective, he gratifies his infantile curiosity with impunity, redressing completely the helpless inadequacy and anxious guilt unconsciously remembered from childhood. (Pederson-Krag, 1976, 63)

Während Porter und Pederson-Krag individualpsychologische Gründe für die Beliebtheit des Genres anführen, entwickelt Gerd Egloff in seiner Arbeit *Detektivroman und englisches Bürgertum* (Egloff, 1974) eine sozialpsychologische Erklärungshypothese. Egloff stellt eine Beziehung zwischen den Strukturelementen der Detektivromane Agatha Christies und der sozioökonomischen Lage im Zwischenkriegsengland her und gelangt dabei zu dem Resultat, daß die Beliebtheit der Detektivliteratur bei der englischen Mittelschicht zwischen den beiden Weltkriegen auf politische, gesellschaftliche und ökonomische Veränderungen im England dieser Zeit zurückzuführen ist. Er konstatiert eine Sehnsucht dieser Gesellschaftsschicht nach dem England vor dem ersten Weltkrieg, das durch lang andauernden Frieden, politische Größe des Empires sowie strikte moralische Normen und strenge Klassentrennung gekennzeichnet gewesen sei. Durch den ersten Weltkrieg und seine Folgen (wie den Verlust der wirtschaftlichen Vormachtstellung des Landes, den Rückgang der Realeinkommen der Mittelschicht, Arbeitslosigkeit und soziale Unruhen) sei diese 'heile Welt' zerstört worden. Im Detektivroman werde der Wunsch der englischen Mittelschicht nach 'Rückkehr zur Normalität' scheinbar erfüllt, denn in dieser Literaturform werde die zeitweilig gefährdete Ordnung durch den Detektiv zum Schluß wiederhergestellt (vgl. Egloff, 1974, 88-104).

Dieter Wellershoff kombiniert in seinem Erklärungsmodell einen sozialpsychologischen mit einem individualpsychologischen Ansatz. Nach Ansicht Wellershoffs hat der Mensch zwei gegensätzliche Grundbedürfnisse: das Bedürfnis nach Sicherheit und das Bedürfnis nach Stimulierung (vgl. Wellershoff, 1973, 79). Da die moderne Gesellschaft dem Menschen zu viel Sicherheit biete, müsse in der Phantasie ein Ausgleich erfolgen:

> Eine Gesellschaft, die zuviel Sicherheit bietet, muß künstliche Risiken und Sensationen schaffen, um den Reizhunger ihrer Mitglieder zu sättigen und ihrem Aktionsdruck wenigstens über die Phantasie ein Ventil zu schaffen. (Wellershoff, 1973, 79)

Diese sozialpsychologische These ergänzt Wellershoff durch eine individualpsychologische, der Psychoanalyse entlehnte Erklärung: Die Bewältigung bzw. Nichtbewältigung frühkindlicher Trennungstraumata bringe zwei konträre Menschentypen hervor, nämlich den Philobaten, der Angstlusterlebnisse suche, und den Oknophilen, der solche meide (vgl. Wellershoff, 1973, 133-135). Wellershoff meint, der Detektivroman befriedige beide Arten von Bedürfnissen:

> Er bedient philobatische und oknophile Bedürfnisse, indem er die Welt zunächst mehrdeutig, fremd und unvorhersehbar erscheinen läßt, aber dann wieder eine überschaubare und beruhigende Ordnung herstellt. (Wellershoff, 1973, 135)

Dieser kurze Überblick über die wichtigsten Versuche, Gründe für die Beliebtheit der Detektivliteratur zu finden, kann mit der Feststellung beendet werden, daß die Argumentation einiger Theoretiker durchaus nachvollziehbar ist, so daß ihre Thesen plausibel erscheinen. Die Freude am Rätsel stellt sicherlich die wichtigste Ursache für das Interesse des Lesers an der Detektivliteratur dar. Dabei ist es weniger wichtig, ob der Leser sich tatsächlich bemüht, den Fall selbständig zu lösen, oder nur gespannt auf die Lösung wartet. Die genaue Reaktion des Rezipienten hängt von seinen individuellen Dispositionen ab und kann nicht vorhergesagt werden. Dagegen ist es im Rahmen dieser Arbeit nicht möglich, zu den psychologisch begründeten Erklärungshypothesen Stellung zu nehmen, da sie mit den Mitteln der Literaturwissenschaft weder bewiesen noch widerlegt werden können.

1.3.5. Soziokulturelle Aspekte

Die Detektiv- und Kriminalliteratur gilt als eine Literaturform, die sich weltweiter Beliebtheit erfreut. Andererseits hat sie in den einzelnen nationalen Kulturen verschiedene Ausprägungen erfahren, in denen sich die unterschiedlichen Merkmale der jeweiligen Soziokultur widerspiegeln. Es stellt sich daher die interessante Frage, ob das Genre bei seinem Lesepublikum in verschiedenen Ländern eher gleiche oder eher unterschiedliche Wirkungen erzielt.

Entsprechend der Thematik der Detektiv- und Kriminalliteratur spielen in diesem Zusammenhang das Rechtssystem und die Stellung der Polizei in den einzelnen Staaten eine große Rolle. A. E. Murch stellt die französischen und die britischen Verhältnisse einander gegenüber und kommt bei ihrem Vergleich zu folgenden Resultaten:

In Frankreich wurde der Polizeiapparat Anfang des 19. Jahrhunderts von Napoleon Bonaparte mit dem Ziel aufgebaut, sein neugeschaffenes Regime vor subversiven Aktivitäten zu schützen. Die Polizei wurde somit vorwiegend zu politischen Zwecken eingesetzt, und zur Verfolgung von Dieben und Mördern bediente man sich damals nicht selten ehemaliger Krimineller, deren prominentester Vertreter der frühere Verbrecher und spätere Chef der Sûreté François-Eugène Vidocq war. Im Gegensatz dazu ist die englische Polizei traditionell unbewaffnet, hat keine politische Funktion und untersteht (mit Ausnahme der Metropolitan Police) nicht unmittelbar der Regierung. Infolge dieser unterschiedlichen historischen Entwicklung in Frankreich und Großbritannien ist das Verhältnis der Bevölkerung gegenüber den Polizeiorganen in den beiden Ländern grundverschieden. In Frankreich wird der Polizei mit Mißtrauen begegnet. In England genießt sie dagegen von jeher einen hervorragenden Ruf. Der englische Polizist gilt als Beschützer der persönlichen Rechte und Freiheiten jedes einzelnen und als Helfer in Notfällen. Ähnliche Unterschiede bestehen zwischen den Rechtssystemen beider Länder. Während das Strafrecht in Frankreich oft zuungunsten des Beschuldigten ausgelegt wird, erhält der Angeklagte vor einem englischen Gericht jede Chance, seine Unschuld zu beweisen, und er wird so lange als unschuldig angesehen, bis ihm seine Straftat einwandfrei nachgewiesen worden ist.

Es versteht sich von selbst, daß vor diesem Hintergrund die Entwicklung der Detektiv- und Kriminalliteratur in England anders verlief als in Frankreich. So sieht Murch einen Zusammenhang zwischen der wichtigen Rolle des Beweises im englischen Strafprozeß und der Bedeutung der *clues* in der englischen Detektiverzählung, die ebenfalls dem Erkennen der Wahrheit dienen. In Frankreich interessiere man sich dagegen weitaus mehr für die Motive des Täters und sympathisiere vielleicht mit ihm. Der französische Kriminalroman sei daher eher eine psychologische Studie des Kriminellen als eine Detektiverzählung (vgl. Murch, 1968, 244-252).

Ernest Mandel führt die Tatsache, daß sich die Detektivliteratur vor allem in den angelsächsischen Ländern entwickelte, auf die Ideologie zurück, die in der Blütezeit der Detektiverzählung in Großbritannien und den USA vorherrschte: Aufgrund der Stabilität der bürgerlichen Gesellschaft und des positiven Selbstverständnisses der herrschenden Gesellschaftsschicht sei jede Auflehnung gegen die soziale Ordnung als kriminelle Aktivität betrachtet worden. In Frankreich sei es dagegen nach der Revolution von 1848 und der Pariser Kommune unmöglich gewesen, den Klassenkampf zu kriminalisieren oder als individuellen Konflikt zu verstehen (vgl. Mandel, 1984, 44 f.)

Während sich nach Ansicht Mandels die Verhältnisse in dieser Hinsicht in Großbritannien und den USA ähneln, weist dieser Autor auch auf die ideologischen Unterschiede zwischen beiden Ländern hin: Da sich der gesellschaftliche Umbruch zum Kapitalismus in Großbritannien weniger grundlegend vollzogen habe als in den USA, seien die vorherrschenden sozialen Werte in der britischen Tradition stärker verankert gewesen als in der amerikanischen. Dagegen sei das Verbrechen in den USA aufgrund der Alltäglichkeit von Korruption und Gewalt nicht als individueller Akt, sondern als eine allgemeine gesellschaftliche Erscheinung aufgefaßt worden. Diese soziokulturellen Gegebenheiten spiegelten sich in der amerikanischen Detektivliteratur wider (vgl. Mandel, 1984, 45-47). Dennis Porter legt dar, daß die abweichende Einstellung zum Verbrechen in den USA auch mit einer veränderten Detektivgestalt verbunden ist: Der Detektiv in der amerikanischen Detektiverzählung verstehe sich im Sinne eines modernen Robin Hoods als Kämpfer für die Gerechtigkeit in einer korrupten Welt (vgl. Porter, 1981, 169).

Erik Routley führt in seiner Arbeit *The Puritan Pleasures of the Detective Story* (Routley, 1972) die Blütezeit der Detektivliteratur während der ersten Hälfte dieses Jahrhunderts in Großbritannien auf die puritanische Tradition dieses Landes zurück. Der große Erfolg des Genres beruht nach Ansicht Routleys auf drei Voraussetzungen, die in der puritanischen Tradition Großbritanniens gegeben sind. Dabei handelt es sich um die traditionelle Integrität der Polizeikräfte, die allgemeine Bereitschaft, einen unfehlbaren Helden zu akzeptieren, und die Freude des Lesers an der Beobachtung (vgl. Routley, 1972, 20).

Interessant ist auch eine Überlegung Richard Alewyns, der die Frage aufwirft, ob die Ausbreitung der Detektivliteratur in den angelsächsischen Ländern nicht auch auf die Doppelbödigkeit einer viktorianischen Moral zurückzuführen sein könnte. Alewyn begründet dies damit, daß es sich dieses Genre zur Aufgabe macht, ehrbare Fassaden abzureißen und das *skeleton in the cupboard* (entsprechend der englischen Redewendung) ausfindig zu machen (vgl. Alewyn, 1971a, 400).

Es steht außer Frage, daß gerade für das internationale Lesepublikum die Darstellung eines bestimmten soziokulturellen Hintergrundes in der Detektivliteratur eine große Faszination darstellt. So resultiert die Beliebtheit der Sherlock-Holmes-Erzählungen nicht zuletzt auch aus dem Milieu, in dem sie situiert sind: dem London der Jahrhundertwende mit seinem Nebel, seinen Gaslaternen und Pferdedroschken. Agatha Christie gilt als Chronistin der Entwicklung der englischen Gesellschaft von den zwanziger Jahren bis weit in die Nachkriegszeit (vgl. Lathen, 1977, 90 f.), und in den beliebten Spielfilmen mit Margaret Rutherford in der Rolle von Miss Marple werden typisch englische Charaktere auf humorvolle Weise dargestellt. Auch Simenons Maigret-Romane beziehen ihre Wirkung zum großen Teil aus der Atmosphäre, die Paris zu jener Zeit ausstrahlte.

Demgegenüber meint Robert Barnard, Agatha Christie vermittle nur scheinbar ein Bild der englischen Gesellschaft. Die universelle Wirkung der Romane und Geschichten dieser Autorin beruhe auf der Oberflächlichkeit in der Darstellung von Charakteren und Schauplätzen, die es dem internationalen Leser möglich mache, die Umgebung, in der Christies Detektivliteratur situiert ist, mit dem ihm vertrauten soziokulturellen Milieu zu identifizieren:

> [...] Agatha Christie only seems to create a vision of England and English society; in fact she creates a broad, rather anonymous society on to which the reader can superimpose his own community, the human types that he himself is familiar with. (Barnard, 1980, 118)

Tatsächlich liegt die wesentliche Ursache für die weltweite Popularität der Detektivliteratur wohl in dieser paradoxen Natur des Genres: Einerseits erlaubt es die oberflächliche Darstellung des soziokulturellen Hintergrundes dem fremden Kulturen gleichgültig gegenüberstehenden internationalen Leser, sich auf die Rätselkomponente zu konzentrieren. Andererseits werden für den am Ausland stärker interessierten Leser durch eben diese Oberflächlichkeit die Klischeevorstellungen bestätigt, die dieser von anderen Ländern besitzt, und damit seine Erwartungen erfüllt.

1.3.6. Terminologie und Typologie

Die Forschungssituation im Bereich der Detektiv- und Kriminalliteratur ist dadurch gekennzeichnet, daß eine allgemein verbindliche Terminologie und Typologie nicht besteht.[1] So existieren in den englischsprachigen Ländern eine Vielzahl von Begriffen nebeneinander: *mystery story, detective story, detective novel, crime story, crime novel, police novel, police procedural* und *thriller*. Der Terminus *mystery story* wird zudem im britischen und im amerikanischen Englisch keineswegs in der gleichen Bedeutung verwandt: Bildet in Großbritannien der Ausdruck *mystery story* den Oberbegriff für Detektiv-, Rätsel- und Geistererzählun-

---

1) Dies gilt allerdings nicht für den Idealtypus der klassischen Detektiverzählung, über dessen Homogenität und dessen Strukturmerkmale in der Forschung weitgehend Einigkeit herrscht. Da jedoch ein großer Teil der Kriminalliteratur (insbesondere die nach dem zweiten Weltkrieg geschriebenen Werke) von diesem Idealtypus mehr oder weniger stark abweicht, ist die Erarbeitung einer Typologie für den gesamten Bereich der Detektiv- und Kriminalliteratur notwendig.

gen, so gelten *mystery story* und *detective story* in den USA als Synonyme (vgl. Buchloh/Becker, 1978, 5, 9).

In der deutschsprachigen Literaturwissenschaft konzentriert sich die Diskussion auf die Frage, ob es sich bei den Phänomenen Detektivroman und -geschichte einerseits und Kriminalroman und -geschichte andererseits um prinzipiell verschiedene literarische Genres oder nur um unterschiedliche Ausprägungen der gleichen Grundgattung handelt. So löste Richard Alewyn mit seiner strengen Unterscheidung zwischen dem Detektiv- und dem Kriminalroman eine lebhafte Diskussion aus. Alewyn grenzt zunächst den Detektivroman, der äußerst homogene Strukturen aufweise, gegen den Kriminalroman ab, der eine weitgehend heterogene Gattung darstelle:

> Der Kriminalroman hat überhaupt keine definierbare Grenze - außer gegenüber dem Detektivroman. Denn so nebelhaft die Konturen des Kriminalromans, so scharf sind die des Detektivromans. Das ist nicht eine Sache des Stoffs, sondern der Form. (Alewyn, 1971a, 373)

Das Hauptcharakteristikum des Detektivromans sieht Alewyn darin, daß dieser Romantyp vom Ende der Handlung her konstruiert ist. Diese invertierte oder rückläufige Form des Erzählens stellt er der progressiven Erzählform des Kriminalromans gegenüber und gelangt dabei zu folgender Unterscheidung:

> Der Kriminalroman erzählt die Geschichte eines Verbrechens, der Detektivroman die Geschichte der Aufklärung eines Verbrechens. (Alewyn, 1971a, 375)

Ulrich Suerbaum lehnt dagegen eine terminologische Trennung zwischen beiden Phänomenen grundsätzlich ab, da er hierfür keinen sachlichen Grund sieht:

> [...] die Erfahrung lehrt jeden Leser oder Fernsehzuschauer, daß zwischen Krimis mit oder ohne dominierende Detektivfigur und mit oder ohne Täterrätsel kein gravierender Unterschied sein kann. Krimi ist Krimi; es stört niemanden, wenn beide Arten innerhalb der gleichen Buchreihe oder Fernsehserie auftreten. (Suerbaum, 1984, 14)

Suerbaum postuliert daher eine Gesamtgattung Krimi, die er wie folgt definiert:

> Wir gehen von der Annahme aus, daß es eine Gesamtgattung Krimi gibt, zu der alle modernen Werke gehören, die Vorgänge um Mord und Verbrechen auf spannend-unterhaltende Weise präsentieren. (Suerbaum, 1984, 14)

Eine ähnliche Position nimmt auch Richard Gerber ein. Für Gerber besteht ein wesentliches Argument gegen die Unterscheidung zwischen Detektiv- und Kriminalliteratur bereits darin, daß diese Differenzierung im Widerspruch zum allgemeinen Sprachgebrauch steht:

> Schauen wir doch den Worten Luthers folgend, den Leuten aufs Maul, wie sie reden. Hat schon einmal jemand gehört, wie jemand irgendwo in einer Bibliothek oder in einer Buchhandlung sagte: "Ich möchte gern einen Detektivroman?" Vielleicht, dann aber sehr selten. Es heißt eben Kriminalroman oder Krimi - dieses Wort steht sogar im Duden. (Gerber, 1971, 406)

Gerber versucht, Alewyns Unterscheidung zu widerlegen, indem er nachweist, daß die drei wichtigsten Merkmale der Detektiverzählung in Doyles erster Sherlock-Holmes-Kurzgeschichte "A Scandal in Bohemia" gar nicht vorhanden sind: Das Verbrechen sei in dieser Geschichte noch gar nicht geschehen, der Täter sei bekannt, und das Verbrechen solle vom Detektiv nicht aufgedeckt, sondern verhindert werden (vgl. Gerber, 1971, 408 f.). Gerbers Argumentation kann man jedoch nicht nachvollziehen, denn er wählt zur Demonstration seiner These gerade eine für Doyle untypische Geschichte. Für die überwiegende Mehrheit der Sherlock-Holmes-Erzählungen gelten die drei von Gerber genannten Kriterien durchaus. Außerdem muß beachtet werden, daß bei Doyles Geschichten nicht immer der reine Typus der Detektiverzählung vorliegt. Vielmehr durchsetzte der Autor das von Poe übernommene Schema mit Elementen der Abenteuererzählung, um das Genre populär zu machen und zu etablieren. Aus diesem Grund lautet auch der Titel der ersten Sammlung von Doyles Sherlock-Holmes-Geschichten *The Adventures of Sherlock Holmes*.

Gerber ersetzt Alewyns Dichotomie durch ein Spektrum, dessen zwei Enden durch den Detektivroman und den Thriller gebildet werden. Diese beiden Subgattungen stellen nach Gerbers Ansicht die beiden Pole des Kriminalromans dar. Im Detektivroman liege der Akzent auf den früheren Phasen der Jagd auf den Verbrecher; im Thriller würden vornehmlich die späteren Phasen geschildert (vgl. Gerber, 1971, 412-414). Diese Sicht des Detektivromans impliziert allerdings, daß die Jagd auf den Kriminellen das Hauptthema des Genres darstellt. Dies widerspricht jedoch der klassischen Auffassung, nach der die Rätselkomponente im Vordergrund steht und das Verbrechen gleichsam nur einen Vorwand für die Detektionstätigkeit bildet.

Andererseits liegt ein wesentlicher Nachteil der Typologie Alewyns darin, daß seine Definition des Kriminalromans sehr weit ist, denn sie schließt Werke der Hochliteratur wie Dostojewskijs *Schuld und Sühne* oder William Faulkners *Knight's Gambit* mit ein (vgl. Alewyn, 1971a, 373). Um zwischen Werken der künstlerischen Literatur, die sich mit dem Verbrechen befassen, und Kriminalromanen im engeren Sinne unterscheiden zu können, führt Gerber einen weiteren Begriff ein, nämlich den der *Verbrechensdichtung*. Allerdings ist Gerbers Typologie sehr fragwürdig, da sie weniger auf objektiven Kriterien als auf subjektiven Wertungen beruht. So versteht Gerber den Kriminalroman als minderwertige Untergruppierung der Verbrechensdichtung, denn er lebt Gerber zufolge lediglich von den niederen Jagdinstinkten des Menschen (vgl. Gerber, 1971, 406 f., 413-416).

Dagegen entwickelt Peter Nusser eine nützlichere Unterscheidung, indem er Definitionen beider Termini einander gegenüberstellt. Die Definition des Begriffs *Verbrechensliteratur* übernimmt er dabei teilweise von Gerber:

> *Verbrechensliteratur* "forscht nach dem Ursprung, der Wirkung und dem Sinn des Verbrechens und damit nach der Tragik der menschlichen Existenz" (Gerber [...]). Sie versucht die Motivationen des Verbrechers, seine äußeren und inneren Konflikte, seine Strafe zu erklären. [...] / Auch die *Kriminalliteratur* beschäftigt sich - wenn auch meist nur am Rande - mit dem Verbrechen und mit der Strafe, die den Verbrecher ereilt. Was sie jedoch inhaltlich von der Verbrechensliteratur abhebt, sind die in ihr dargestellten Anstrengungen, die zur Aufdeckung des Verbrechens und zur Überführung und Bestrafung des Täters notwendig sind. (Nusser, 1980, 1; vgl. Gerber, 1971, 414)

Nach Ansicht Nussers steht also in der Kriminalliteratur (anders als in der Verbrechensliteratur) die Ermittlung im Vordergrund. Im Gegensatz zu Gerber sieht Nusser die Kriminalliteratur jedoch nicht als minderwertige Sonderform der Verbrechensliteratur, sondern beide Begriffe stehen für ihn gleichberechtigt nebeneinander (vgl. Nusser, 1980, 2).

Während die Detektiverzählung einerseits von solchen Formen der Kriminalliteratur unterschieden werden muß, die kein Täterrätsel enthalten, ist es andererseits notwendig, sie gegen die Rätselgeschichte und den Schauerroman abzugrenzen. Diese Forderung vernachlässigt Régis Messac, wenn er die Detektiverzählung folgendermaßen definiert:

> [...] un récit consacré avant tout à la découverte méthodique et graduelle, par des moyens rationnels, des circonstances exactes d'un événement mystérieux. (Messac, 1929, 9)

Im Gegensatz dazu hebt François Fosca, der Messacs Definition als zu weit kritisiert, das Vorhandensein zweier notwendiger Elemente in einer Detektiverzählung hervor, nämlich eines Verbrechens und eines Detektivs:

> [...] l'essentiel du roman policier est une énigme basée sur un crime ou sur un délit, et dont la solution est découverte par un policier, professionnel ou amateur. (Fosca, 1937, 24)

Aus den bisherigen Ausführungen wird deutlich, mit welchen Schwierigkeiten die terminologische Klärung auf dem Gebiet der Detektiv- und Kriminalliteratur verbunden ist. Die Erarbeitung verbindlicher Definitionen ist jedoch eine Grundvoraussetzung für die weitere Forschung, da nur so Mißverständnisse vermieden und allgemein anerkannte Resultate erzielt werden können. Man kann dieses Problem sicherlich nicht umgehen, indem man es wie Buchloh/Becker einfach zu einem Scheinproblem erklärt (vgl. Buchloh/Becker, 1978, 10). Ebenso unzulässig ist es, Termini so willkürlich anzuwenden wie Beatrix Finke, die ihrer Untersuchung den Titel *Erzählsituationen und Figurenperspektiven im Detektivroman* gab, obwohl sie darin u. a. auch Romane von Francis Iles, Boileau-Narcejac und Patricia Highsmith behandelt. Noch unangebrachter ist die Haltung Jerry Palmers, der die grundlegenden Unterschiede zwischen der klassischen Detektiverzählung und dem modernen Thriller sogar leugnet:

> [...] there is no fundamental difference between the modern thriller and the traditional detective story. (Palmer, 1978, 106)

Im Rahmen der vorliegenden Arbeit genügt es, aus den erwähnten Ansätzen zur Erarbeitung einer Typologie die folgenden Schlußfolgerungen zu ziehen: Eine Typologie kann nach inhaltlichen oder nach formalen Kriterien aufgestellt werden. Die Typologien Suerbaums, Gerbers und Nussers gehören der ersten Gruppe an, die von Alewyn zählt zur zweiten Kategorie. Nach inhaltlichen Kriterien ist zu unterscheiden zwischen der Verbrechensliteratur, die vom Verbrechen als solchem handelt, und der Kriminalliteratur, in der die Ermittlung im Zentrum des Interesses steht. Nach diesem Gesichtspunkt zählt die Detektivliteratur zur Kriminalliteratur. Wendet man jedoch formale Kriterien an, so nimmt die Detektiverzählung wegen ihres Rätselcharakters und der dadurch bedingten spezifischen Handlungsstruktur eine Sonderstellung ein. Sie unterscheidet sich hierin deutlich von der übrigen Kriminalliteratur. Andererseits ist die Detektiverzählung von Rätsel- und Schauererzählungen abzugrenzen, die weder zur Verbrechens- noch zur Kriminalliteratur gehören, da sie nicht von Kriminalfällen handeln.

Es muß allerdings darauf hingewiesen werden, daß in der Praxis Mischformen zwischen den einzelnen genannten Typen durchaus nicht selten sind. So lassen sich die Kriminalromane Patricia Highsmiths, in denen die Psychologie des Täters eine wesentliche Rolle spielt, nicht von der künstlerischen Verbrechensliteratur abgrenzen. Zwischen der Detektiv- und der Kriminalliteratur ohne Täterrätsel kann ebenfalls nicht immer deutlich unterschieden werden. In den Romanen der amerikanischen *hard-boiled school* oder in der Maigret-Serie Simenons ist z. B. ein Rätselelement enthalten, das aber im Gegensatz zur klassischen Detektiverzählung nicht im Vordergrund steht. Auch zwischen der Detektiverzählung und der Rätselgeschichte ist die Grenzziehung manchmal schwierig. So enthalten einige Sherlock-Holmes-Geschichten Doyles keine kriminelle Tat im strafrechtlichen Sinne. Da ihre Zentralfigur ein Detektiv ist, der das Rätsel auf rationalem Wege löst, und sie somit eine große Ähnlichkeit zu den eigentlichen Detektiverzählungen aufweisen, erscheint es jedoch gerechtfertigt, sie dennoch zur Detektivliteratur zu zählen. Die Übergänge sind also fließend, und in ihrer historischen Entwicklung haben sich alle Formen stets wechselseitig beeinflußt.

1.3.7. Klassische Detektiverzählung und moderner Kriminalroman

Wenn auch in der Forschung zur Detektiv- und Kriminalliteratur eine verläßliche Typologie bisher nicht vorliegt, so können doch zwei Grundtypen unterschieden werden, die sich im Laufe der historischen Entwicklung des Genres gebildet haben. Dabei handelt es sich um die klassische Detektiverzählung, die in der vorliegenden Arbeit schon beschrieben wurde, und den modernen Kriminalroman. Es muß allerdings darauf hingewiesen werden, daß der moderne Kriminalroman im Gegensatz zur klassischen Detektiverzählung über kein einheitliches und in sich geschlossenes Konstruktionsschema verfügt. Vielmehr haben sich in der Entwicklung der Detektiv- und Kriminalliteratur durch Modifikation der Gattungskonventionen der Detektiverzählung und Vermischung dieser Konventionen mit Elementen anderer Literaturformen bestimmte Entwicklungsrichtungen herauskristallisiert, in die die meisten Werke der modernen Kriminalliteratur mehr oder weniger tendieren. Die folgende Gegenüberstellung der Charakteristika der klassischen Detektiverzählung und des modernen Kriminalromans bezieht sich daher auf Idealtypen und beansprucht keine allgemeine Gültigkeit.[1]

In der klassischen Detektiverzählung dominiert das Rätselelement. Der Leser erfährt die Identität des Verbrechers, seine Motive und den genauen Tathergang erst am Schluß durch Rekonstruktion. Die Handlung ist vom Ende her konstruiert, und die Chronologie wird durchbrochen. Im modernen Kriminalroman entfällt das Täterrätsel. Der Leser erlebt die Tat handlungssynchron als Augenzeuge. Die Konstruktion entspricht der traditionellen Erzählliteratur, und die Chronologie wird eingehalten. Der Mord wird in der klassischen Detektiverzählung vom Täter kunstvoll geplant und ausgeführt. Dabei wendet der Verbrecher alle Arten von Tricks an, um den Detektiv (und damit auch den Leser) in die Irre zu führen. Die Mordmethoden sind oft bizarr und unrealistisch, was z. B. in den vielfältigsten Variationen des 'Mordes im verschlossenen Zimmer' zum Ausdruck kommt. Im modernen Kriminalroman tötet der Mörder dagegen häufig spontan und zeigt oft kein besonderes Interesse daran, seine Spuren zu verwischen. Da die Rätselkomponente und somit auch der Spielcharakter im

---

1) Eine ähnliche Gegenüberstellung erarbeitete auch Julian Symons (vgl. Symons, 1972, 173-175).

modernen Kriminalroman fehlen oder nur von geringer Bedeutung sind, entfällt die Notwendigkeit der Funktionalität hinsichtlich des Personeninventars und der Raum- und Zeitdarstellung, und aus dem gleichen Grund erübrigen sich auch die *clues* und Irrfährten.

Der Detektiv stellt in der klassischen Detektiverzählung die Hauptfigur dar, und er wird als unfehlbare Idealgestalt glorifiziert. Im modernen Kriminalroman nimmt er dagegen, sofern er überhaupt vorhanden ist, keine zentrale Stellung ein und tritt nur als gewöhnlicher Durchschnittsmensch auf. Während die klassische Detektiverzählung aufgrund ihrer Funktionalität und ihres Rätselcharakters auf psychologische Charakterzeichnung und die Darstellung innenweltlicher Vorgänge bei den Verdächtigen und beim Detektiv verzichten muß, kann der moderne Kriminalroman das Verbrechen aus der Perspektive des Täters schildern und dem Leser auf diese Weise Einblick in die psychologischen Vorgänge beim Mörder vor, während und nach der Tat verschaffen. Die psychologischen und gesellschaftlichen Ursachen, Folgen und Implikationen des Verbrechens gelten in der klassischen Detektiverzählung als irrelevant, da sie das Rätselelement nicht betreffen; im modernen Kriminalroman stehen sie hingegen im Mittelpunkt und stellen oft das eigentliche Thema des Romans dar.

Das soziale Milieu, in dem die klassische Detektiverzählung situiert ist, bildet im allgemeinen ausschließlich das gehobene Bürgertum. Die in dieser Literaturform implizit enthaltenen Wertvorstellungen und moralischen Normen im Hinblick auf die Klassentrennung, die Sexualmoral, das geschlechtsspezifische Rollenverhalten und die Ablehnung von sozialen Außenseitern entsprechen denen dieser Gesellschaftsschicht und werden nicht in Frage gestellt. Das Problem der Kriminalität wird auf ein schlichtes Gut-böse-Schema reduziert. Die klassische Detektiverzählung kann als ein modernes Märchen betrachtet werden. Sie spielt in einer idyllischen 'heilen Welt', in der plötzlich und unerwartet Ruhe und Frieden durch einen Mord gestört werden, der in krassem Gegensatz zu der Idylle steht. So entstehen Unruhe, Mißtrauen und Angst unter den Beteiligten, die sich alle gegenseitig verdächtigen. Der Detektiv präsentiert sich schließlich als der große Retter, der im *happy ending* den ursprünglichen paradiesischen Zustand wiederherstellt, indem er den Mörder der Tat überführt und so das Böse ausschaltet. Da der Täter das Böse verkörpert, kann er nicht bekehrt oder resozialisiert werden. Er ist zu beseitigen und aus der Gesellschaft zu entfernen, was der Forderung nach der Todesstrafe gleichkommt. Die klassische Detektiverzählung spiegelt somit eine konservative Grundhaltung wider. Sie ist Ausdruck einer viktorianischen Ethik.

Demgegenüber unterliegt der moderne Kriminalroman hinsichtlich seiner gesellschaftlichen Situierung keinerlei Einschränkungen. Traditionelle Wertvorstellungen werden nicht selten in Frage gestellt, und einzelne Autoren benutzen den Kriminalroman bewußt als eine Möglichkeit, sich kritisch mit der gesellschaftlichen Realität und mit Mißständen im Justiz- und Polizeiwesen auseinanderzusetzen. Der Ausgang des Geschehens bleibt daher im modernen Kriminalroman stets ungewiß, und der Täter wird nicht in jedem Fall gefaßt.

1.4. Methodik

1.4.1. Begründung für eine Wirkungsästhetik

Eine Gemeinsamkeit aller Formen der Detektiv- und Kriminalliteratur liegt in ihrer außergewöhnlichen Popularität. Zur Ermittlung der Gründe für das lebhafte Interesse an diesem Genre muß untersucht werden, welche Bedürfnisse des Rezipienten in dieser Art von Literatur angesprochen oder befriedigt und welche Wünsche scheinbar oder tatsächlich erfüllt werden. Die klassische Detektiverzählung ist zudem dadurch gekennzeichnet, daß sie von ihren Autoren bewußt im Hinblick auf den Leser geschrieben wird, da sie als ein Spiel zwischen Autor und Leser gilt. Es versteht sich daher von selbst, daß die Literaturwissenschaft diesem Untersuchungsgegenstand nur dann angemessen sein kann, wenn sie den Leser und die Rezeption dieser Werke stärker in den Vordergrund ihrer Betrachtung rückt. Die traditionelle Literaturwissenschaft konnte diesem Postulat jedoch nicht gerecht werden, da lange Zeit die Auffassung vorherrschte, das Kunstwerk sei ein autonomes Gebilde, dem eine eigene Bedeutung innewohne. Folglich galten die Produktions- und Rezeptionsbedingungen des Kunstwerks als irrelevant.

Schon Lessing wies auf den grundlegenden Unterschied zwischen der Dichtung und der Malerei hin. Im Gegensatz zur Malerei stelle die Dichtung ihre Gegenstände nicht simultan, sondern sukzessiv dar, nicht als Nebeneinander im Raum, sondern als Nacheinander in der Zeit:

> Wenn es wahr ist, daß die Malerei zu ihren Nachahmungen ganz andere Mittel oder Zeichen gebrauchet als die Poesie, jene nämlich Figuren und Farben in dem Raume, diese aber artikulierte Töne in der Zeit; wenn unstreitig die Zeichen ein bequemes Verhältnis zu dem Bezeichneten haben müssen: so können nebeneinandergeordnete Zeichen auch nur Gegenstände, die nebeneinander oder deren Teile nebeneinander existieren, aufeinanderfolgende Zeichen aber auch nur Gegenstände ausdrücken, die aufeinander oder deren Teile aufeinander folgen. (Lessing, 1959, 875)

Aus diesem Charakteristikum der Literatur folgert Richard Alewyn, daß das traditionelle Kunstverständnis dem Untersuchungsgegenstand Literatur nicht adäquat sein kann. Er wirft der traditionellen Literaturwissenschaft vor, ihren Untersuchungsgegenstand aus einer falschen Perspektive zu betrachten:

> Wer einen Roman bespricht, der behandelt Milieus, Charaktere, Konflikte, Probleme, Stil, auch einmal eine zentrale Situation und neuerdings wohl auch die sogenannte Erzählperspektive, als ob dies alles nebeneinander läge, wie auf einer Landkarte Berge, Flüsse, Straßen und Städte. Literaturkritiker und Literaturhistoriker betrachten ein Buch immer nur, wie es sich dem darstellt, der es gelesen hat und sich dann zurückblickend und in Kenntnis des Ausgangs seine Aspekte vergegenwärtigt. Damit entgeht ihnen etwas Wesentliches, nämlich, daß die Phasen einer Erzählung sich nicht gleichzeitig enthüllen, sondern in einer geplanten Reihenfolge, und sie vergessen, wie ihnen zumute war, als sie das Buch lasen. Als ob das Lesen ein bloßes Mittel sei zum Zweck des Gelesenhabens. (Alewyn, 1971a, 376)

Den gleichen Vorwurf erhebt Dennis Porter auch gegenüber dem Strukturalismus:

> Structuralism, like more traditional criticisms, tends to ignore the reader's active role in the processing of a text, in the task of constructing, dismantling, and reconstructing hypotheses relative to the meaning and direction of the work in question. (Porter, 1981, 6)

Die von Alewyn, Porter und anderen Autoren kritisierte Situation hat sich in den siebziger Jahren gewandelt, als eine Reihe von Arbeiten entstanden, in denen der Rezeptionsprozeß bewußt zum Gegenstand der wissenschaftlichen

Untersuchung erklärt wird. Dabei ist zwischen der Wirkungsästhetik, die sich mit der intendierten Wirkung eines literarischen Werks beschäftigt, und der Rezeptionsästhetik, die dessen tatsächlich ausgeübte Wirkung untersucht, zu unterscheiden. Für die Analyse von Werken der englischsprachigen Detektiv- und Kriminalliteratur werden im Rahmen der vorliegenden Arbeit drei der vorhandenen wirkungsästhetischen Ansätze herangezogen: das Konzept der Unbestimmtheitsstellen von Roman Ingarden, die darauf beruhende Theorie des impliziten Lesers von Wolfgang Iser und das Modell der Spannungsanalyse von Götz Wienold. Ingarden, Iser und Wienold weisen in ihren Arbeiten nach, daß der Prozeß des Lesens keinen passiven Vorgang darstellt, sondern vielmehr vom Leser eine erhebliche Aktivität verlangt.

1.4.2. Das Konzept der Unbestimmtheitsstellen (Roman Ingarden)

Der polnische Philosoph Roman Ingarden gründet sein Konzept der Unbestimmtheitsstellen auf den ontologisch bedingten Unterschied zwischen realen Gegenständen einerseits und im literarischen Werk dargestellten Gegenständen andererseits: Der reale Gegenstand ist in jeder Hinsicht eindeutig bestimmt. Er weist in seinem Sosein keine Unbestimmtheitsstellen auf. Der im literarischen Werk dargestellte Gegenstand ist dagegen ein schematisches Gebilde und enthält eine unendliche Zahl von Unbestimmtheitsstellen. Beginnt z. B. eine Erzählung mit den Worten *An einem Tische saß ein älterer Mann ...*, so weiß der Leser nicht, ob der Tisch aus Holz oder aus Eisen oder ob er vierbeinig oder dreibeinig ist. Der dargestellte Gegenstand ist in dieser Hinsicht nicht bestimmt, er weist Unbestimmtheitsstellen auf. Da die Zahl der Wörter bzw. Sätze in einem literarischen Werk endlich ist, die Zahl der möglichen Bestimmtheiten jedoch unendlich, kann der im literarischen Werk dargestellte Gegenstand niemals vollständig bestimmt werden.

Der Leser nimmt die im Werk enthaltenen Unbestimmtheitsstellen jedoch nicht als solche wahr, denn der Text erzeugt die Illusion der allseitigen Bestimmtheit der in ihm dargestellten Gegenstände. Diese Illusionswirkung ist darauf zurückzuführen, daß der Leser während des Lesevorgangs die dargestellten

Gegenständlichkeiten ergänzt und damit die Unbestimmtheitsstellen auffüllt bzw. beseitigt. Dies ist möglich, weil der Text 'schematisierte Ansichten' enthält, die jeweils einen Aspekt des dargestellten Gegenstandes zur Geltung bringen. Auf diese Weise wird der literarische Gegenstand schrittweise hervorgebracht. Indem der Leser die im Werk enthaltenen schematisierten Ansichten bei der Lektüre aktualisiert, vollzieht sich die Konkretisation des Werkes (vgl. Ingarden, 1965, 261-270; ders., 1968, 49-63).

1.4.3. Der implizite Leser (Wolfgang Iser)

Ingardens Ansatz wurde von Wolfgang Iser aufgegriffen und weiterentwickelt. Iser wendet sich gegen die traditionelle Interpretationsweise, die dem literarischen Text eine von seiner Aktualisierung unabhängige Bedeutung zuschreibt. Vielmehr wird, wie Iser meint, die Bedeutung eines literarischen Textes erst im Lesevorgang generiert. Dies geschieht in einem Prozeß der Interaktion von Text und Leser. Der literarische Text unterscheidet sich von anderen Textarten dadurch, daß sein Gegenstand keine vom Text unabhängige Existenz besitzt, sondern erst vom Text konstituiert wird. Daher ist der literarische Text durch ein hohes Maß an Unbestimmtheit gekennzeichnet. An diesem Punkt seiner Argumentation greift Iser auf das von Ingarden entwickelte Konzept der schematisierten Ansichten zurück und ersetzt dabei Ingardens Begriff der Unbestimmtheitsstelle durch den der Leerstelle. Eine Leerstelle entsteht Iser zufolge, wenn die Beziehungen zwischen den schematisierten Ansichten vom Text nicht explizit gemacht werden, was in der Regel der Fall ist. Solche Leerstellen werden während des Lesevorgangs vom Leser aufgefüllt und beseitigt, indem dieser die nicht formulierten Beziehungen zwischen den einzelnen Ansichten selbst herstellt (vgl. Iser, 1979a, 228-252; ders., 1984, 23-50).

Iser versteht die Leerstellen als Wirkungsbedingung des literarischen Textes und entwickelt auf der Grundlage dieses Gedankens sein Konzept des impliziten Lesers. Mit diesem Begriff bezeichnet er "die Gesamtheit der Vororientierungen, die ein fiktionaler Text seinen möglichen Lesern als Rezeptionsbedingungen anbietet" (Iser, 1984, 60). Es handelt sich dabei also um eine Textstruktur und nicht um einen real existierenden Lesertyp. Diese Textstruktur ist mit der Leserrolle identisch, die den Leser veranlaßt, den ihm vorgegebenen Blickpunkt einzunehmen, um so den Verweisungshorizont der verschiedenen Textperspektiven konstituieren zu können (vgl. Iser, 1984, 50-67).

Die Leerstellen eines literarischen Textes lösen die Aktivität des Rezipienten aus und bilden so die Voraussetzung für die Leserlenkung. Iser verdeutlicht dies am Beispiel des Fortsetzungsromans, der einen Suspense-Effekt erzeugt, indem er an den Stellen unterbricht, an denen sich eine Spannung gebildet hat. Diese Schnittechnik bewirkt, daß der Leser sich die im Augenblick nicht verfügbare Information über den Fortgang des Geschehens vorzustellen versucht (vgl. Iser, 1979a, 236-238).

Bei der Untersuchung mehrerer Werke der englischsprachigen Erzählliteratur aus verschiedenen Jahrhunderten gelangt Iser zu dem Ergebnis, daß die Unbestimmtheit in literarischen Texten seit dem 18. Jahrhundert ständig zunimmt: In Fieldings Roman *Joseph Andrews* (1741/42) wird die Welt aus dem Blickwinkel des Helden als niederträchtig, der Held aber aus der Perspektive der Welt als eigensinnig und borniert dargestellt. Die gegenseitige Korrektur der Positionen ist jedoch nicht in der tatsächlichen Textgestalt enthalten, sondern entsteht als Produkt der Lektüre. In Thackerays *Vanity Fair* (1848) wird der Leser mit einem ganzen Spiegelkabinett von Perspektiven konfrontiert, deren wechselseitige Relativierung dazu führt, daß er sich selbst als Gegenstand der Kritik am Opportunismus gesellschaftlichen Verhaltens entdeckt. In Joyces *Ulysses* (1922) schließlich ergibt sich ein extrem hoher Leerstellenbetrag daraus, daß unzählige Facetten des Alltags zusammengefügt werden, ohne daß ein Zusammenhang zwischen ihnen hergestellt wird. Indem dieser Roman das Zusammenspiel seiner Blickpunkte verweigert, erfährt der Leser, daß alle dem Alltag zugeschriebene Bedeutung zur Illusion wird (vgl. Iser, 1979a, 241-247).

Isers Theorie wurde von anderen auf dem Gebiet der Wirkungsästhetik tätigen Forschern rezipiert und kritisch reflektiert. Unter den Kritikern des Modells ist vor allem Hannelore Link zu erwähnen, die sich eingehend mit Isers Thesen auseinandersetzte und damit eine Kontroverse zwischen ihr und Iser auslöste (vgl. Link, 1974, 542-555). Links Kritik richtet sich hauptsächlich gegen die von ihr festgestellte Diskrepanz zwischen Isers theoretischen Positionen und den Resultaten der Untersuchungen, mit denen Iser seine Thesen demonstriert. Nach Links Ansicht stellen diese Untersuchungen nämlich durchaus Interpretationen im traditionellen Sinne dar, weil durch sie die Intention des Autors ermittelt werden solle. Damit gerate Iser in Widerspruch zu sich selbst:

> Hat nun Iser mit seinen Beispielen lauter unkomplizierte Fälle gewählt, für die Interpretation überflüssig ist? Nein. Er hat sie vielmehr alle *interpretiert*. Ihrer angeblichen Unbestimmtheit legt er [...] jedesmal eine Bedeutung bei, die (mindestens implizit) mehr zu sein beansprucht als eine unter zahllosen anderen gleichberechtigten. (Link, 1974, 548)

Links Einwand beruht allerdings auf der Annahme, daß im Modell Isers die individuelle Aktualisierung des Textes durch den einzelnen Leser nicht vom Text konditioniert wird, der Leser also in seinen Aktualisierungsmöglichkeiten völlig frei ist. Tatsächlich weist Iser jedoch darauf hin, daß die Leserrolle in der Struktur des Textes angelegt ist, so daß der Leser nur über einen Spielraum von Aktualisierungsmöglichkeiten verfügt. In seinem Konzept des impliziten Lesers sieht Iser den Weg, die individuellen Aktualisierungen einer intersubjektiven Betrachtung zugänglich zu machen:

> Daraus folgt, daß die Leserrolle des Textes historisch und individuell unterschiedlich realisiert wird, je nach den lebensweltlichen Dispositionen sowie dem Vorverständnis, das der einzelne Leser in die Lektüre einbringt. Das muß nicht Willkür sein, sondern ergibt sich daraus, daß das Rollenangebot des Textes immer nur selektiv realisiert wird. Die Leserrolle enthält einen Realisierungsfächer, der im konkreten Fall eine bestimmte und folglich nur eine 'episodische Aktualisierung' erfährt. Dadurch aber wird die Textverarbeitung der Beurteilung zugänglich, denn jede einzelne Konkretisation vollzieht sich immer vor dem Hintergrund der im Text parat gehaltenen Wirkungsstrukturen. Ist aber jede Aktualisierung eine bestimmte Besetzung der Struktur des impliziten Lesers, dann bildet diese Struktur eine Referenz, die die individuelle Rezeption des Textes intersubjektiv zugänglich macht. Damit kommt eine zentrale Funktion des impliziten Lesers zum Vorschein: Es ist ein Konzept, das den Beziehungshorizont für die Vielfalt historischer und individueller Aktualisierungen des Textes bereitstellt, um diese in ihrer Besonderheit analysieren zu können. (Iser, 1984, 65 f.)

Unabhängig von den Einwänden seiner Kritiker liegt das Verdienst Wolfgang Isers darin, die vielfältigen Techniken der Leserlenkung in fiktionalen Texten aufgezeigt zu haben. Dabei ist es unerheblich, inwieweit dies auch von herkömmlichen Interpretationen geleistet wird oder geleistet werden kann. Entscheidend ist vielmehr, daß in Isers Arbeiten im Gegensatz zu den Werken der traditionellen Literaturwissenschaft die Wechselbeziehungen zwischen Autor, Text und Leser den Gegenstand der Untersuchung bilden.

1.4.4. Modell der Spannungsanalyse (Götz Wienold)

Götz Wienold entwickelte sein Modell der Spannungsanalyse auf der Grundlage der Funktionsanalyse von Claude Bremond, eines Vertreters der Pariser semiologischen Schule. Bremond geht von folgendem triadischen Schema aus: (1) Eine Ausgangssituation eröffnet eine Möglichkeit. (2) Die Möglichkeit wird entweder aktualisiert oder nicht aktualisiert. (3) Wird die Möglichkeit aktualisiert, so kann diese Aktualisierung erfolgreich oder erfolglos sein (vgl. Bremond, 1973, 32). Als Ausgangsposition nimmt Wienold einen Mangel oder eine Aufgabe an. Die durch den Mangel bzw. die Aufgabe ausgelöste Handlung besteht in dem Versuch, den Mangel zu beheben bzw. die Aufgabe zu lösen. Als Endposition gilt die Behebung oder Nichtbehebung des Mangels bzw. die Lösung oder Nichtlösung der Aufgabe. Die Spannung wird am Abstand zwischen der Anfangsposition und der möglichen bzw. erwarteten Endposition gemessen. Ein literarischer Text kann auch aus der Verknüpfung mehrerer Triaden bestehen, denn es ist möglich, daß der Mangel bzw. die Aufgabe innerhalb einer Triade nicht oder nicht völlig behoben bzw. gelöst wird oder daß sich aus der aktualisierten Endposition einer Triade neue Anfangspositionen (neue Mängel oder Aufgaben) ergeben.

Der Abstand zwischen Anfangs- und Endposition bildet ein Spannungspotential. Aufgrund eines bestimmten Standes des Textrearrangements prospizieren sowohl der Leser als auch die fiktiven Personen einen zukünftigen Stand des Textrearrangements. Das Feld der vorhersehbaren möglichen Füllungen dieses zukünftigen Textrearrangements bestimmt die Spannung. Wienold bezeichnet den Zustand des Textverlaufs am Punkt der Prospektion zukünftiger Textrearrangements als Prospektionszustand. Er unterscheidet R-Prospektionszustände (des Rezipienten) und P-Prospektionszustände (der fiktiven Personen). Das Moment der Überraschung besteht darin, daß ein Ereignis aufgrund des Spannungspotentials eines rearrangierten Textes nicht vorhersehbar ist.

Wienold nennt in seinem Modell drei Arten von Spannungspotential: Die erste betrifft die Prospektionszustände eines P-Stranges im Verhältnis zu den jeweiligen R-Prospektionszuständen. Im modernen Kriminalroman, in dem der Leser das Verbrechen als Augenzeuge miterlebt, entsprechen sich z. B. die Prospektionszustände des Täters und des Lesers weitgehend. Die zweite Art von Spannungspotential betrifft die Verhältnisse der Prospektionszustände verschiedener P-Stränge zueinander und zu den R-Prospektionszuständen. So kreuzen sich verschiedene P-Stränge an Kontaktstellen. Das Spannungspotential resultiert dann daraus, daß die jeweiligen Textrearrangements der verschiedenen Personen sich nicht decken. In Detektiv- und Kriminalromanen stimmt z. B. das Textrearrangement des Mörders nicht mit dem anderer Personen überein, da nur dem Verbrecher die Identität des Täters, Tatmotiv und Tathergang von Anfang an bekannt sind. Die dritte Art von Spannungspotential ergibt sich schließlich aus der Differenz zwischen den jeweiligen P-Prospektionszuständen und R-Prospektionszuständen und dem letzten rearrangierten Text (Abschluß der Lektüre). Solche Differenzen sind für die klassische Detektiverzählung typisch, denn der rearrangierte Text des Täters entspricht im Gegensatz zu den Textrearrangements der anderen Personen und des Lesers in der gesamten Erzählung dem letzten rearrangierten Text. Eine große Rolle spielt auch die Wahrscheinlichkeit der Konvergenz der jeweiligen P-Prospektionszustände und R-Prospektionszustände im letzten rearrangierten Text. So ist im modernen Kriminalroman stets ungewiß, ob die rearrangierten Texte der anderen Personen beim letzten Prospektionszustand des Textes mit denen des Mörders und des Rezipienten konvergieren, d. h. ob der Täter am Schluß entlarvt wird (vgl. Wienold, 1972, 88-95).

2. Die Leserrolle in der klassischen Detektivliteratur

2.1. Realität und Illusion

Seit dem 18. Jahrhundert besteht in der Erzählliteratur die zunehmende Tendenz, im literarischen Werk die Illusion der Realität zu vermitteln. Die Darstellung von Ereignissen, Charakteren, Raum und Zeit entspricht in stärkerem Maße der außerliterarischen Wirklichkeit. Diese literarische Konvention veranlaßt den Leser, die wirkliche Welt für die Dauer der Lektüre zu verlassen und sich unter der Annahme in die Welt der Fiktion zu begeben, daß diese die Realität darstelle.

Die Detektivliteratur geht in dieser Hinsicht gegenüber der traditionellen Erzählliteratur noch einen Schritt weiter. Während in der traditionellen Erzählliteratur die innerfiktionale Realität offen zutage liegt, bleibt sie in der Detektivliteratur hinter den Äußerungen, Schilderungen und Mutmaßungen der fiktiven Gestalten und des Erzählers verborgen. Das tatsächliche Geschehen wird durch eine Metageschichte verdeckt. Erst in der Aufklärungsszene ist die Metageschichte beendet, und die eigentliche Geschichte des Verbrechens kann erzählt werden. Während in der traditionellen Erzählliteratur zwei verschiedene Ebenen zu unterscheiden sind (nämlich die der echten, außerliterarischen Wirklichkeit und die der scheinbaren Realität innerhalb der Fiktion), enthält die Detektiverzählung eine weitere Ebene. Auf dieser erscheint die innerfiktionale Realität für den Betrachter nicht klar erkennbar, sondern 'gebrochen' wie in einem Kaleidoskop. Durch diesen optischen Effekt wird eine zusätzliche Illusionsebene geschaffen, die gleichsam eine Illusion innerhalb der literarischen Illusion darstellt.

Jede Illusion kann nicht als Eigenschaft des betrachteten Gegenstandes gelten, sondern die Illusionswirkung kommt erst im Gehirn des Betrachters zustande. So heißt es in Agatha Christies Roman *They Do it with Mirrors:*

"[...] The illusion is in the eye of the beholder, not in the set itself. [...]"
(Christie, *They Do it with Mirrors*, 157)

Dies trifft auch für die literarische Illusion zu. Wie Wolfgang Iser darlegt, ist die Illusion nicht als solche im fiktionalen Text enthalten, sondern entsteht im Verlauf der Lektüre als Produkt der Interaktion von Text und Leser. Die Voraussetzung dafür bildet der Leerstellenbetrag des Textes. Aufgrund ihrer Gattungskonventionen ist die Detektiverzählung dadurch gekennzeichnet, daß der Mord bzw. das Verbrechen als zentrale Leer- oder Unbestimmtheitsstelle fungiert.[1] Der Leser erfährt zwar, daß ein Mord begangen wurde und wer das Opfer ist; unbestimmt bleiben jedoch die Identität des Täters und die näheren Umstände der Tat. Aus Gründen der Genauigkeit muß hier allerdings darauf hingewiesen werden, daß es sich bei den Leer- bzw Unbestimmtheitsstellen in einer Detektiverzählung nicht um echte, sondern nur um 'vorläufige' Unbestimmtheitsstellen handelt, denn spätestens in der Aufklärungsszene müssen dem Leser alle nicht handlungssynchron vermittelten Sachverhalte als Lösung des Rätsels mitgeteilt werden. Wenn dies in Einzelfällen nicht geschieht, so kann dies nicht als Absicht des Autors interpretiert werden, sondern zeugt nur von seiner Unfähigkeit oder Nachlässigkeit (vgl. Finke, 1983, 47 f.).

Die Unbestimmtheitsstellen in der Detektiverzählung lösen die Aktivität des Rezipienten aus, die darin besteht, daß dieser versucht, in Konkurrenz mit dem Detektiv den Fall selbständig zu klären und so die Lösung des Rätsels vorwegzunehmen. Die Spielregeln des Genres verlangen vom Autor, daß er dieses Leserverhalten bei der Anlage der Erzählung berücksichtigt, indem er einerseits *clues* in die Handlung einfügt, die es dem Leser ermöglichen, durch Anwendung logischer Schlußverfahren zur Lösung zu gelangen, andererseits aber durch geschickte Tarnung dieser Hinweise und das Legen falscher Spuren eben diese Lösung erschwert. Um dieser Aufgabe gerecht zu werden, haben die Autoren der Detektivliteratur eine Fülle von Methoden, Techniken, Strategien und Kunstgrif-

---

1) Iser grenzt sein Konzept der Leerstellen gegen Ingardens Begriff der Unbestimmtheitsstellen ab, indem er präzisiert, daß Unbestimmtheitsstellen eine Komplettierungsnotwendigkeit, Leerstellen dagegen eine Kombinationsnotwendigkeit anzeigen (vgl. Iser, 1984, 284). Dieser Unterschied ist jedoch für die Untersuchung der Detektiv- und Kriminalliteratur irrelevant. Entscheidend ist hier lediglich, daß der Text den Leser zu einer bestimmten Aktivität auffordert, worin diese Aktivität besteht und welche Konsequenzen sie hat.

fen entwickelt, die alle dem Ziel der Leserlenkung dienen. Hieraus ergibt sich, daß das Moment der Beeinflussung und Steuerung des Rezipienten ein entscheidendes Element der klassischen Detektivliteratur darstellt.

Der Autor einer Detektiverzählung muß ständig zwei Ziele verfolgen und miteinander koordinieren: Erstens muß er es dem Leser um der Fairneß willen ermöglichen, das Rätsel zu lösen, indem er Informationen vergibt, mit denen die Lösung angedeutet wird. In diesen Informationen ist die innerfiktionale Realität zwar enthalten, wird aber gleichzeitig so verfremdet, daß der Leser sie nur noch mit großer Mühe erkennen kann. Zweitens muß der Schriftsteller dem Rezipienten eine falsche Vorstellung vom Ablauf des Geschehens suggerieren. Die Kunst der Irreführung des Lesers besteht darin, ihn so zu manipulieren, daß sich seine Aufmerksamkeit anstatt auf die innerfiktionale Wirklichkeit auf die erzeugte Illusion richtet. Das Offensichtliche verliert im Labyrinth der Irrfährten seine Evidenz. Dieses Grundkonzept erläutert Agatha Christie in ihrer Autobiographie:

> The whole point of a *good* detective story was that it must be somebody obvious but at the same time, for some reason, you would then find that it was *not* obvious, that he could not possibly have done it. Though really, of course, he *had* done it. (Christie, *An Autobiography*, 300 f.)

Diese Möglichkeit der Beeinflussung beruht auf einer psychologischen Eigenschaft des Menschen: Wir können uns nicht gleichzeitig auf verschiedene Objekte konzentrieren und übersehen daher um so leichter bestimmte Gegenstände, je intensiver wir unseren Blick auf etwas anderes richten. Der Autor von Detektiverzählungen verfolgt somit die gleiche Strategie wie ein Zauberkünstler. Agatha Christies Detektiv Hercule Poirot und seine Kollegin Miss Marple machen auf solche Parallelen aufmerksam:

> "It is, you see, the simple theory of the conjuring trick. The attention cannot be in two places at once. To do my conjuring trick I need the attention focused elsewhere. [...]" (Christie, *Three Act Tragedy*, 157)

> "[...] if you're looking at one thing, you can't be looking at another. And one so often looks at the wrong thing, though whether because one happens to do so or because you're meant to, it's very hard to say. Misdirection, the conjurers call it. [...]" (Christie, *They Do it with Mirrors*, 84)

So erscheint die am Schluß der Erzählungen präsentierte Lösung dem Leser oft verblüffend einfach und in der Regel völlig plausibel. Das Gebäude der Illusionen fällt wie ein Kartenhaus zusammen, und darunter wird dann die nackte Wahrheit sichtbar. Auch hierin sieht Miss Marple eine Analogie zum Zaubertrick:

> "So difficult when you're watching them to see how they're done, and yet, once they are explained, so absurdly simple. [...]" (Christie, *They Do it with Mirrors*, 171)

Die Schwierigkeit besteht jedoch darin, Illusion und Realität auseinanderzuhalten. Miss Marple erklärt:

> "But everything fits in perfectly well if you can only make up your mind what is reality and what is illusion." (Christie, *They Do it with Mirrors*, 171)

Die Unfähigkeit, diesen Unterschied zu erkennen, führt Hercule Poirot auf die geistige Trägheit seines Watson-Gehilfen Hastings und damit auch des Lesers zurück. Poirot meint, Hastings traue dem äußeren Schein der Dinge, anstatt seinen Intellekt zu gebrauchen:

> '[...] You believe what is said to you. [...]' (Christie, *Curtain*, 178)

> 'You accept things too easily at their face value. [...]' (Christie, *Curtain*, 177)

> '[...] The trouble with you is that you are mentally lazy. [...] You do not like to work with your head. [...]' (Christie, *Curtain*, 62)

Den beiden genannten Zielen des Autors entsprechen zwei Hauptgruppen von Verfahren der Mystifikation: (1) die Verschleierung von lösungsrelevanten Informationen und (2) die Erzeugung einer innerfiktionalen Illusion. Außerdem werden dem Rezipienten durch markierte und unmarkierte Unbestimmtheitsstellen Informationen verweigert. Aufgrund der Spielregeln der Detektiverzählung schließen sich Fairneß und Irreführung in dem Genre nicht gegenseitig aus, sondern bedingen einander. Die Täuschung des Lesers durch den Schriftsteller ist ein notwendiger Bestandteil des Spiels, der verhindern soll, daß das Spiel vorzeitig abgebrochen oder langweilig wird. Der Autor verhält sich fair gegenüber dem Rezipienten, wenn er ihm alle Informationen vermittelt, die zur Lösung erforderlich sind, ihm also keine wichtigen *clues* verschweigt.

Sowohl die Verschleierung von lösungsrelevanten Informationen als auch die Erzeugung einer innerfiktionalen Illusion werden bereits von Doyle als Mystifikationsmittel eingesetzt, von Christie allerdings wesentlich ausgebaut und verfeinert und damit perfektioniert. Daher lassen sich die meisten Techniken der Leserlenkung in der klassischen Detektivliteratur am besten anhand von Christies Romanen und Geschichten demonstrieren. Dennoch werden in der vorliegenden Arbeit für alle Mittel der Lesersteuerung, die auch bei Doyle nachweisbar sind, Beispiele aus den Werken dieses Autors herangezogen.

2.2. Informationsvergabe und Verschleierung

2.2.1. Verschleierung durch scheinbare Irrelevanz

Eine gängige Technik der klassischen Detektivliteratur besteht darin, dem Leser eine lösungsrelevante Information zwar zu vermitteln, sie aber gleichzeitig so zu verbergen, daß er ihre Relevanz nicht erkennt. Ein materieller *clue* findet sich z. B. häufig auf einer Liste von ansonsten bedeutungslosen Gegenständen. So enthält in Christies Roman *The Sittaford Mystery* der Schrank des Ermordeten neben einer Reihe weiterer Utensilien auch zwei Paar Skier:

> Here, packed in unceremoniously, were two pairs of skis, a pair of sculls mounted, ten or twelve hippopotamus tusks, rods and lines and various fishing tackle including a book of flies, a bag of golf clubs, a tennis racket, an elephant's foot stuffed and mounted and a tiger skin. (Christie, *The Sittaford Mystery*, 31)

Das zweite Paar Skier gehört jedoch nicht dem ermordeten Captain Trevelyan, sondern seinem Mörder, der sie benutzte, um den Mord auszuführen, bevor er angeblich am Tatort eintraf, und sich so ein perfektes Alibi zu verschaffen. Ebenso wird in Christies Roman *Hickory, Dickory, Dock* in einer Aufzählung gestohlener Gegenstände auch ein Rucksack genannt (vgl. Christie, *Hickory Dickory*

Death, 16), der dem Täter Nigel Chapman zum Transport von Schmuggelware diente. In Christies Roman *Death in the Clouds* sind auf einer ausführlichen Liste, die sich über mehr als zwei Seiten erstreckt, sämtliche Gegenstände aufgeführt, welche die verdächtigen Passagiere eines Flugzeugs zum Zeitpunkt des Mordes mit sich führten (vgl. Christie, *Death in the Clouds*, 67-69). Die Aktentasche des Zahnarztes Norman Gale enthält auch einen weißen Zahnarztkittel, den er benötigte, um als Steward verkleidet den Mord zu begehen.

Immaterielle *clues* sind oft Teil von kurzen auktorialen Darstellungen des Romans oder der im übrigen belanglosen Konversation. In dem Roman *Evil Under the Sun* deutet Christie mit einem einzigen kurzen und nicht näher erläuterten Satz an, daß der Täter Patrick Redfern das Ferienhotel Jolly Roger am frühen Morgen des Mordtages verläßt, um einen grünen Hut zu verstecken, der zu seinem Mordplan gehört:

> Several people rose early that morning at the Jolly Roger. (Christie, *Evil Under the Sun*, 45)

In Doyles Kurzgeschichte "The Disappearance of Lady Frances Carfax" wird ein scheinbar gewöhnliches Gespräch mit einer Kundin in einem Beerdigungsinstitut wiedergegeben:

> 'It is late,' I heard her say, or words to that effect. The woman was excusing herself. 'It should be there before now,' she answered. 'It took longer, being out of the ordinary.' (Doyle, "The Disappearance of Lady Frances Carfax", 138)

In Wirklichkeit enthält der zweite Teil des letzten Satzes die entscheidende Information für die Lösung. Die Bemerkung *out of the ordinary* bezieht sich nämlich auf die Maße des von der Kundin gewünschten Sarges, in dem die Täter nicht nur eine tatsächlich verschiedene Person beerdigen, sondern auch die entführte Lady Frances lebendig begraben wollten.

In ihrem Roman *Hercule Poirot's Christmas* versteckt Christie einen lösungsrelevanten Hinweis auf die Ähnlichkeit zweier Männer in einer beiläufigen Bemerkung, die in keinem Zusammenhang mit dem Thema des gerade geführten Gesprächs steht:

> Lydia said: / "Perhaps he knew it was not going to be important. Who's that out there in the garden? Superintendent Sugden, or Mr. Farr?" (Christie, *A Holiday for Murder*, 137)

Nach dieser eingeschobenen Bemerkung wird das normale Gespräch fortgesetzt. Wenn bestimmte Äußerungen der üblichen gesellschaftlichen Konversation entsprechen, können sie sogar mehrfach wiederholt werden, ohne daß ihre Relevanz zutage tritt. So stellen in Christies Roman *A Murder is Announced* vier verschiedene Personen fest, daß die Zentralheizung im Haus Miss Blacklocks schon in Betrieb ist (vgl. Christie, *A Murder is Announced*, 23, 27, 28). Die Heizung sorgt nämlich dafür, daß die Realisierung des Mordplans der Täterin nicht dadurch verhindert wird, daß ein Kaminfeuer am Tatort Licht erzeugt.

Eine weitere Möglichkeit, einen wichtigen *clue* unscheinbar zu belassen, ergibt sich aus sprachlichen und orthographischen Besonderheiten. In Christies Roman *Peril at End House* besitzen z. B. die Mörderin und ihre von ihr ermordete Kusine den gleichen Namen *Magdala Buckley*. Diese Tatsache wird jedoch erst in der Aufklärungsszene offenbar, denn im gesamten Roman tritt das Opfer nur unter dem Namen *Maggie* auf, und die Täterin wird meist als *Nick* bezeichnet. Umgekehrt besteht in *A Murder is Announced* nur wenig Ähnlichkeit zwischen den Vornamen der beiden Schwestern *Letitia* und *Charlotte* Blacklock. Da die Kurzformen *Letty* und *Lotty* jedoch leicht miteinander verwechselt werden können, fällt es dem Leser nicht auf, daß die Haushälterin Dora Bunner Miss Blacklock mehrmals versehentlich *Lotty* nennt und damit die wahre Identität Miss Blacklocks verrät. Ein ähnliches Spiel mit Wörtern leitet sich aus den beiden unterschiedlichen Schreibungen des Wortes *inquiry* bzw. *enquiry* im gleichen Roman der Autorin her. Da der Leser sich auf den Inhalt eines Textes konzentriert, entgeht ihm, daß dieses Wort in dem Brief Letitias an ihre Schwester mit *e*, nur zwei Seiten weiter, in einer kurzen Notiz Miss Blacklocks, hingegen mit *i* geschrieben wurde (vgl. Christie, *A Murder is Announced*, 160, 162), woraus er schließen könnte, daß es sich hier um zwei verschiedene Personen handelt.

Häufig resultiert die Unscheinbarkeit lösungsrelevanter Informationen auch daraus, daß ihre Bedeutung sich erst aus der Kombination mehrerer Informationen ergibt, die sich jedoch an verschiedenen Stellen des Buches befinden. So erfährt der Leser in Christies Roman *The Clocks*, daß die Person Mrs Bland das einzige noch lebende Mitglied ihrer Familie ist:

> "[...] Then last year a great-uncle died, his only son had been killed in an air crash and what with war casualties and one thing and another, Mrs. Bland was the only one left of the family. [...]" (Christie, *The Clocks*, 28)

Später äußert dieselbe Frau in einem Gespräch mit Inspektor Hardcastle, daß ihre Schwester am gleichen Ort wohne:

> "I'm fond of travel, but I wouldn't care to live out of England," said Mrs. Bland. "We've got all our friends here - and my sister lives here [...]" (Christie, *The Clocks*, 67)

Der Abstand von fast vierzig Seiten (in der benutzten Ausgabe) macht es dem Leser schwer, die beiden Hinweise miteinander zu verknüpfen, den Widerspruch zu erkennen und so die Lösung zu ermitteln.

2.2.2. Verschleierung durch Ablenkungstechniken

Sehr gern bedient sich der Autor auch raffinierter Ablenkungsmanöver, um einen *clue* zu verstecken. In *Hercule Poirot's Christmas* demonstriert der Detektiv Poirot diese Technik an einem hervorragenden Beispiel. Er fragt den alten Butler Tressilian:

> "The date on that wall calendar, has it remained like it is since the murder?" / Tressilian turned back. / "Which calendar, sir?" / "The one on the wall over there." / [...] The calendar in question was a large one with tear off leaves, a bold date on each leaf. / Tressilian peered across the room, then shuffled slowly across till he was a foot or two away. / He said: / "Excuse me, sir, it has been torn off. It's the twenty-sixth to-day." / "Ah, pardon. Who would have been the person to tear it off?" / "Mr. Lee does, sir, every morning. Mr. Alfred, he's a very methodical gentleman." / "I see. Thank you." (Christie, *A Holiday for Murder*, 116 f.)

Natürlich ist Poirots rätselhafte Frage nach dem Datum auf dem Kalender ohne jede Bedeutung. Der Detektiv möchte lediglich feststellen, wie kurzsichtig der Butler ist. Das gleiche Verfahren liegt in Christies Roman *Three Act Tragedy* zugrunde, wenn Muriel Wills den Mörder Charles Cartwright bittet, ihr einen Teller zu reichen, um sich angeblich daran zu erinnern, ob sich das Muttermal des Butlers Ellis auf dessen linkem oder rechtem Handgelenk befand (vgl. Christie, *Three Act Tragedy*, 147 f.). In Wirklichkeit dient ihr diese Bitte nur als Vorwand, um die Hände Cartwrights genauer betrachten zu können, denn sie hegt den Verdacht, daß Sir Charles mit dem Butler identisch ist. Ebenso läßt Poirot in *Death in the Clouds* den Mörder Norman Gale die Rolle eines Erpressers von Lady Horbury spielen. Scheinbar hat diese Rolle den Zweck, den Verdacht gegen Lady Horbury zu überprüfen; tatsächlich möchte der Detektiv sich jedoch nur vergewissern, daß Gale, den er bereits verdächtigt, ein guter Schauspieler ist und auch in Zusammenhang mit dem Mord eine andere Rolle spielen konnte.

In ihrem Roman *The Murder of Roger Ackroyd* gelingt es Christie auf äußerst geschickte Weise, den Leser davon abzulenken, daß der Täter Dr Sheppard zum Verlassen von Ackroyds Grundstück mehr Zeit benötigt, als dafür erforderlich ist, indem sie die Aufmerksamkeit des Rezipienten auf einen in diesem Augenblick erscheinenden mysteriösen Fremden lenkt. Die an den entsprechenden Stellen gegebenen genauen Zeitangaben verschwinden dadurch leicht aus dem Blickfeld des Lesers:

> The village church clock chimed nine o'clock as I passed through the lodge gates. I turned to the left towards the village, and almost cannoned into a man coming in the opposite direction. (Christie, *The Murder of Roger Ackroyd*, 39)

> "You say it was nine o'clock, Dr. Sheppard, when you met this stranger outside the gate?" / [...] / "Yes," I replied. "I heard the church clock chime the hour." / "How long would it take him to reach the house - to reach this window, for instance?" / "Five minutes at the outside. Two or three minutes only if he took the path at the right of the drive and came straight here." (Christie, *The Murder of Roger Ackroyd*, 73)

In dem Roman *Murder is Easy* fügt Christie unmittelbar nacheinander zwei Informationen in den Dialog ein, die auf zwei verschiedene Personen als Täter hindeuten:

> "Whitfield sent down grapes and peaches from his hot-house. And the old tabbies used to come and sit with her. Honoria Waynflete and Lavinia Pinkerton." (Christie, *Murder is Easy*, 91)

Da Miss Waynflete die wirkliche Täterin ist, dient der Hinweis auf Lord Whitfield nur als Ablenkung. Der Blick des Lesers richtet sich jedoch auf die erste Information, denn Mrs Horton, der die Besuche und Geschenke galten, wurde vergiftet, und Christie deutet hier an, daß das Gift in den Früchten enthalten war, welche die Ermordete von Lord Whitfield bekommen hatte.

2.2.3. Verschleierung durch falsche Kontextualisierung

Häufig ist es nicht möglich, den Leser so zu beeinflussen, daß er das Vorhandensein einer lösungsrelevanten Information nicht bemerkt. In solchen Fällen ist es notwendig, dem Rezipienten eine falsche Interpretation der betreffenden Information zu suggerieren. Die Technik der falschen Kontextualisierung stellt somit ein wichtiges Mittel zur Verschleierung von *clues* dar. Die Grundlage für dieses Verfahren bilden mehrdeutige Elemente, die sich in ein falsches, aber auch in ein richtiges Muster integrieren lassen. Bei der Mehrdeutigkeit der Elemente kann sprachliche Ambivalenz, Ambivalenz von Gegenständen oder von Teilhandlungen vorliegen.

Das Mittel der sprachlichen Ambivalenz verwendete schon Poe in seiner Kurzgeschichte "The Murders in the Rue Morgue". So reagiert der Erzähler auf ein am Tatort aufgefundenes Haar mit dem Ausruf: "[...] this is no *human* hair." (Poe, "The Murders in the Rue Morgue", 216) Die Mehrdeutigkeit des Wortes *human* besteht darin, daß es in Opposition zu *nicht menschlich = übernatürlich*, aber auch zu *nicht menschlich = tierisch* stehen kann. Poe zielt hier darauf ab, daß der Leser das Wort in der ersten Bedeutung versteht und an eine übernatürliche Lösung denkt, während *human* an dieser Stelle in Wirklichkeit in der zweiten Bedeutung benutzt wird. Das Haar stammt nämlich von einem Orang-Utan, dem 'Mörder' der beiden Frauen.

Das klassische Beispiel für sprachliche Ambivalenz findet sich in Doyles Sherlock-Holmes-Erzählung "The Speckled Band" bereits im Titel der Geschichte. Die Mehrdeutigkeit resultiert hier aus der Homonymie des englischen Wortes *band*, das die ermordete Julia Stoner kurz vor ihrem Tod gebrauchte. Das Wort kann sowohl 'Band' als auch 'Bande' oder 'Gruppe' bedeuten. Da sich auf dem Gelände Dr Roylotts, des Stiefvaters der Toten, eine Gruppe von Zigeunern herumtreibt, die als *band of gipsies* bezeichnet wird (vgl. Doyle, "The Speckled Band", 196, 198), legt der Autor dem Leser nahe, diese Interpretation der Worte der Ermordeten für die wahrscheinlichere zu halten und die andere Bedeutung des Wortes zurückzudrängen. Doch schließlich stellt sich heraus, daß die erste Bedeutung von *band* die zutreffende ist: Julia Stoner meinte damit eine Giftschlange, durch deren Biß sie getötet wurde. Die Identifikation der Begriffe 'Band' und 'Schlange' erfolgt in der Lösungsszene, indem Watson die Schlange, die sich um Roylotts Kopf gewunden hat, als "a peculiar yellow band, with brownish speckles" beschreibt und Holmes die Formulierung der Toten wiederholt: "The band! the speckled band!" (Doyle, "The Speckled Band", 212; vgl. Suerbaum, 1984, 65 f.)

Auch Christie nutzt die Polysemie von Wörtern aus, um wichtige Hinweise zu verbergen. In *Evil Under the Sun* verwendet Hercule Poirot zur Beschreibung der sich am Strand sonnenden Urlauber das Wort *bodies*:

> "Regard them there, lying out in rows. What are they? They are not men and women. There is nothing personal about them. They are just - bodies!" (Christie, *Evil Under the Sun*, 10)

Da dieses Wort sowohl lebende als auch tote menschliche Körper bezeichnen kann, wird hier darauf angespielt, daß Christine Redfern, die Komplizin des Täters, vor dem tatsächlichen Mord am Strand die Ermordete darstellt. Weitere Beispiele für die Ambiguität von Wörtern in Christies Detektivromanen bilden in *Lord Edgware Dies* der Name *Paris* (vgl. Christie, *Lord Edgware Dies*, 157), mit dem nicht nur die französische Hauptstadt, sondern auch eine Gestalt der griechischen Mythologie benannt wird, und in *Hercule Poirot's Christmas* das Wort *family*, das in diesem Roman die unehelichen Söhne des Mordopfers Simeon Lee mit einschließt, so daß dem Leser, der das Wort in seiner engeren Bedeutung versteht, die folgende Bemerkung Poirots paradox erscheint:

> "It might be a member of the family - and at the same time a stranger ... you do not see what I mean? [...]" (Christie, *A Holiday for Murder*, 123)

Ebenso ist Zweideutigkeit bei Vornamen gegeben, die gleichzeitig männlich und weiblich sein können. So besitzt in Christies Roman *Mrs McGinty's Dead* ein

Mann den Namen *Evelyn*; dem Leser wird jedoch suggeriert, daß es sich dabei um eine Frau handelt.

Eine Ambiguität einer Lautfolge oder Buchstabengruppe kann auch darin bestehen, daß diese entweder als selbständiges Wort oder als Teil eines anderen Wortes gedeutet werden kann. In Doyles Geschichte "The Boscombe Valley Mystery" murmelt z. B. der im Sterben liegende Charles McCarthy die Lautfolge *a rat* (vgl. Doyle, "The Boscombe Valley Mystery", 95). Während dem Leser die einfachere Erklärung nahegelegt wird, so daß er glaubt, der Sterbende habe von einer Ratte gesprochen, bildet die Lautfolge in Wirklichkeit die beiden letzten Silben des Namens des Mörders, *Black Jack of Ballarat*. Ebenso verwandelt Christie in *Lord Edgware Dies* durch Abtrennen eines Buchstabens in einem Brief das Personalpronomen *she* in *he* (vgl. Christie, *Lord Edgware Dies*, 150), so daß der Verdacht auf einen Mann fällt, während die wirkliche Täterin eine Frau ist, und in ihrem Roman *Sad Cypress* stammt der Überrest eines Etiketts, auf dem *morphine* zu lesen ist (vgl. Christie, *Sad Cypress*, 156), tatsächlich von einem Röhrchen mit Apomorphintabletten, einem starken Brechmittel, das die Täterin benutzte, um das Gift, das sie zusammen mit ihrem Opfer eingenommen hatte, aus ihrem Körper zu entfernen. Das beschriebene Verfahren kann auch auf der Ebene des Satzes angewandt werden. In Christies Roman *The Moving Finger* stellt z. B. der Mörder aus einer kurzen Notiz seines Opfers, die *I can't go on Friday* lautet, durch Elimination des letzten Wortes einen vermeintlichen Abschiedsbrief der Ermordeten mit den Worten *I can't go on* her (vgl. Christie, *The Moving Finger*, 49) und täuscht so einen Selbstmord vor.

Die Bedeutung eines Satzes kann auch von der Betonung einzelner Wörter abhängen. So äußert Miss Murgatroyd in *A Murder is Announced* kurz vor ihrer eigenen Ermordung ihren Verdacht mit den Worten *she wasn't there* (vgl. Christie, *A Murder is Announced*, 172). Da sie zuvor gefragt wurde, ob sie eine der verdächtigen Personen am Tatort vor dem Mord nicht gesehen hätte, liegt der Akzent scheinbar auf dem Personalpronomen *she*. Der wirkliche Sinn des Satzes ergibt sich jedoch aus der Betonung des Wortes *there*. Miss Murgatroyd hat nämlich mit diesen Worten ihrer Verwunderung darüber Ausdruck gegeben, daß sich eine bestimmte Person zum Zeitpunkt des Mordes nicht an dem Platz befunden hatte, an dem sie sich hätte befinden müssen.

Bei anaphorisch verwendeten sprachlichen Symbolen, z. B. bei Personalpronomina, ist manchmal nicht eindeutig, auf welche Person sie sich beziehen. So erwähnt Christie in dem Roman *The Mirror Crack'd from Side to Side*, daß Mrs Badcock kurz vor ihrer Ermordung ihren Cocktail über ihrem Kleid verschüttete. In diesem Zusammenhang fallen die Worte *she did it on purpose* (vgl. Christie, *The Mirror Crack'd*, 151). Mit *she* ist in diesem Fall jedoch nicht, wie man annehmen könnte, Heather Badcock gemeint, sondern ihre Mörderin Marina Gregg, die Mrs Badcock absichtlich am Arm anstieß. Eine ähnliche Form von sprachlicher Ambivalenz liegt vor, wenn Teile eines Gesprächs, die aus ihrem Kontext herausgelöst worden sind, wiedergegeben werden, so daß die semantische Referenz einzelner Wörter nicht mehr zu ersehen ist. So spricht Mrs Inglethorp in Christies Roman *The Mysterious Affair at Styles* zweimal von einem Skandal zwischen Ehepartnern (vgl. Christie, *The Mysterious Affair at Styles*, 40 f.), ohne daß für den Leser klar erkennbar ist, wen sie mit dieser Bemerkung meint.

Ambivalenz von Gegenständen ist gegeben, wenn die Herkunft oder die Funktion eines mit dem Mordrätsel in Zusammenhang stehenden Gegenstandes auf mehrfache Weise gedeutet werden kann. Für diese Art von Ambivalenz enthält Doyles Geschichte "The Speckled Band" mehrere Beispiele. So entdecken Holmes und Watson im Zimmer Roylotts drei Gegenstände, deren Funktion rätselhaft ist: einen verschlossenen eisernen Safe, eine Untertasse mit Milch und eine Hundepeitsche mit einer Schlaufe. In der Aufklärungsszene erweist sich, daß Roylott die Gegenstände benutzte, um seine Stieftochter Julia durch den Biß der Giftschlange zu töten. Der Safe diente ihm als Behältnis für die Schlange, mit der Milch dressierte er das Tier, und die Peitsche mit der Trageschlaufe verwendete er als Gerät zum Heben und Tragen der Schlange. Vorher werden jedoch alle drei Gegenstände falsch kontextualisiert: Zwar äußert Holmes die Vermutung, daß im Safe ein Tier stecken könnte, aber die Milch in der Untertasse läßt an eine Katze denken, und tatsächlich besitzt Roylott, der früher in Indien tätig war, einen Gepard. Ebenso ruft die Bezeichnung *dog lash* für die Peitsche (vgl. Doyle, "The Speckled Band", 206) eine Assoziation mit dem falschen Tier hervor, und der Gedanke an eine Peitsche als Mittel zur Ausübung von Gewalt wird zusätzlich dadurch verstärkt, daß Roylott bei seinem Besuch in London Holmes mit einer Reitpeitsche bedroht (vgl. Suerbaum, 1984, 67 f.).

Auch in Christies Romanen tritt diese Form von Ambivalenz häufig auf. In *Evil Under the Sun* wurde z. B. in einem Kamin grüne Pappe verbrannt. Die Autorin deutet an, daß es sich dabei um einen Kalender gehandelt haben könnte:

> Something had been burnt there recently. [...] some fragments of green paper or cardboard, possibly a pull-off calendar for with it was an unburnt fragment bearing a large figure 5 and a scrap of printing ... *noble deeds* ... (Christie, *Evil Under the Sun*, 110)

In Wirklichkeit stammt die Pappe jedoch von dem Duplikat des grünen Hutes der Ermordeten, mit dessen Hilfe die Komplizin des Täters eine falsche Tatzeit vortäuschte. Ebenso ist ein Rosenkranz in Christies Roman *Death on the Nile* nur scheinbar ein Zeichen religiöser Gesinnung und dient tatsächlich als Versteck für gestohlene Perlen. Durch die Kombination dieses Gegenstandes mit einem kleinen Altarbild wird der Leser jedoch veranlaßt, den Rosenkranz in seiner religiösen Bedeutung und nicht in seiner möglichen praktischen Funktion zu sehen:

> There were evidences here of an Anglo Catholic turn of mind - an exquisite little triptych, and a big rosary of intricately carved wood. (Christie, *Death on the Nile*, 198)

Schließlich kann die Ambivalenz auch Teile der Handlung betreffen. In Doyles Geschichte "The Adventure of the Retired Colourman" erklärt z. B. Watson die Tatsache, daß der Mörder sein Haus streicht, mit dem kläglichen Zustand des Gebäudes. Dieser Zustand steht in Übereinstimmung mit dem Eindruck, den das gesamte Grundstück erweckt:

> I have never seen a worse-kept place. The garden was all running to seed, giving me an impression of wild neglect in which the plants had been allowed to find the way of nature rather than of art. How any decent woman could have tolerated such a state of things, I don't know. The house, too, was slatternly to the last degree, but the poor man seemed himself to be aware of it and to be trying to remedy it, for a great pot of green paint stood in the centre of the hall and he was carrying a thick brush in his left hand. He had been working on the woodwork. (Doyle, "The Adventure of the Retired Colourman", 241)

Tatsächlich dienen Watsons ausführliche Beschreibung und seine Entrüstung nur dazu, die wirkliche Bedeutung des Anstreichens zu verschleiern. Der Täter benutzte nämlich die Farbe, um den Geruch des Gases zu überdecken, mit dem er den Mord ausführte.

Auch Christie macht oft Gebrauch von diesem Mittel. So wird in *Death on the Nile* die Reaktion des Täters Simon Doyle auf Mrs Otterbournes Äußerung, sie kenne den Mörder, folgendermaßen beschrieben:

> Simon, fevered, shouted out: "For God's sake, start at the beginning. You know the person who killed Louise Bourget, you say." (Christie, *Death on the Nile*, 219)

Der Ausdruck *fevered* legt dem Leser hier nahe, daß erregte Verhalten Simon Doyles auf seine Nervosität zurückzuführen. In Wirklichkeit schreit Doyle jedoch, um seine Komplizin zu warnen, die sich nicht im gleichen Raum befindet. In *A Murder is Announced* stellt Christie eine zum Mordplan gehörende Handlung korrekt dar, verbindet diesen Hinweis jedoch mit dem Verdacht gegen eine unschuldige Person:

> "[...] I believe Patrick had tampered with that lamp in the drawing-room - to make the lights go out, because I remember distinctly that it was the shepherdess - *not* the shepherd. And the next day -" (Christie, *A Murder is Announced*, 121)

Im gleichen Roman berichtet Miss Marple über einen Fall, bei dem es sich wie bei der Täterin Miss Blacklock um die Annahme einer falschen Identität zu betrügerischen Zwecken handelt. Der Fall wird jedoch erwähnt, um die unzutreffende Hypothese zu stützen, der Mordanschlag auf Miss Blacklock sei von der Schwester des Millionärs Randall Goedler verübt worden, bei dem Letitia Blacklock als Sekretärin gearbeitet hatte. Auch die Kurzsichtigkeit Miss Blacklocks wird hier falsch kontextualisiert, denn in Wirklichkeit liefert diese Behinderung der Täterin einen Vorwand dafür, daß sie etwaige frühere Bekannte ihrer Schwester, deren Identität sie angenommen hat, nicht erkennt:

> "[...] There's their mother - she's an interested party even if she doesn't inherit direct. If Letty Blacklock hasn't seen her for thirty years, she'd probably not recognise her now. One elderly woman is very like another. You remember Mrs. Wotherspoon drew her own and Mrs. Bartlett's Old

> Age Pension although Mrs. Bartlett had been dead for years. Anyway, Miss Blacklock's short-sighted. Haven't you noticed how she peers at people? [...]" (Christie, *A Murder is Announced*, 126)

Eine sehr originelle Variante einer falschen Kontextualisierung findet sich in Christies Roman *One, Two, Buckle My Shoe*, in dem der Page Alfred eine Detektiverzählung mit dem Titel *Death at Eleven-Forty-Five* liest (vgl. Christie, *One, Two, Buckle My Shoe*, 36) und damit den tatsächlichen Zeitpunkt des realen Mordes verrät.

2.2.4. Verschleierung durch Negation und Relativierung

Wenn eine lösungsrelevante Information für den Leser deutlich erkennbar ist und nicht falsch kontextualisiert wird, kann eine Realitätsverschleierung nur durch die Techniken der Negation und der Relativierung erfolgen. Diese Verfahren bewirken, daß der Leser die innerfiktionale Realität nicht als real betrachtet, weil sie ihm als irreal dargeboten wird. Dies geschieht, indem ein entscheidender Hinweis kurz nach seiner Erwähnung von der gleichen oder einer anderen Person oder vom Erzähler geleugnet oder in Frage gestellt wird. Gelegentlich wird die Möglichkeit, daß der Betreffende der Täter sein könnte, einfach abgestritten:

> "[...] Simon Doyle could not have killed his wife. [...]" (Christie, *Death on the Nile*, 241)

> "And anyway, he couldn't have killed Gulbrandsen. [...]" (Christie, *They Do it with Mirrors*, 107)

Manchmal scheint die Unschuld der jeweiligen Person sogar einwandfrei erwiesen:

> '[...] it has been proved quite conclusively that poor Owen Trefusis cannot possibly have done it.' (Christie, "The Under Dog", 107)

Eine solche Negation erhält zusätzliches Gewicht, wenn es sich dabei um die Meinung des Detektivs handelt:

> Miss Marple could not see her murdering anyone else but a husband [...] (Christie, *Nemesis*, 84)

Eine andere Möglichkeit, die Verneinung zu bekräftigen, besteht in ihrer mehrmaligen Wiederholung innerhalb einer Szene, z. B. in Christies Roman *After the Funeral*:

> "[...] Of course this Gilchrist woman may have done it. Two women living alone together - you never know what quarrels or resentments or passions may have been aroused. Oh yes, we're taking that possibility into consideration as well. But it doesn't seem very likely. [...]" (Christie, *After the Funeral*, 28)

> "[...] Unless it's the highly respectable Miss Gilchrist, and I must say that seems unlikely." (Christie, *After the Funeral*, 29)

> "[...] No, I don't think Miss Gilchrist had anything to do with it. [...]" (Christie, *After the Funeral*, 29)

Oft betrifft die Negation nicht direkt die Person des Täters, sondern den zentralen Hinweis auf seine Identität. So läßt Christie in ihrem Roman *Hallowe'en Party* diesen *clue* von der Täterin selbst leugnen. Mrs Drake tötete nämlich ihr Opfer, indem sie den Kopf des Mädchens in einen mit Wasser gefüllten Eimer hielt, und mußte daher nach dem Mord durchnäßt sein:

> "[...] You see, by the end of the evening nearly everyone was a bit dishevelled or damp or floury. There doesn't seem to be any useful clues there at all. I mean, the police didn't think so." (Christie, *Hallowe'en Party*, 42)

In *After the Funeral* wird der entscheidende *clue*, mit dem sich die Täterin Miss Gilchrist verrät, negiert, indem er als Trivialität bezeichnet wird. Da die Wachsblumen bereits vom Tisch entfernt waren, als Miss Gilchrist in das Haus Enderby Hall kam, konnte sie die Blumen nur in der Rolle ihres Opfers Cora Lansquenet gesehen haben:

> "With the wax flowers thrown in." / "They look so right on that table," Miss Gilchrist murmured. "Really artistic. Sweetly pretty." / But nobody was paying any attention to Miss Gilchrist's well-meant trivialities. (Christie, *After the Funeral*, 148)

Auch die Todesursache bzw. die Mordmethode kann Gegenstand der Negation sein. So wird in *The Mysterious Affair at Styles* in der Gerichtsverhandlung zur Feststellung der Todesursache (*inquest*) durch einen Arzt völlig ausgeschlossen, daß Mrs Inglethorps Tod auf das in ihrer Medizin enthaltene Strychnin zurückzuführen sein könnte, obwohl sich der Mörder tatsächlich dieser Medizin zur Ausführung der Tat bediente:

> "Then you consider that we may dismiss the tonic as not being in any way instrumental in causing her death?" / "Certainly. The supposition is ridiculous." (Christie, *The Mysterious Affair at Styles*, 78)

Ebenso kann die Ursache für den Mord geleugnet werden. In *The Mirror Crack'd from Side to Side* weist z. B. Mrs Bantry, eine Zeugin des Verbrechens, wiederholt die Vermutung zurück, das Mordopfer Heather Badcock könnte, indem sie den Filmstar Marina Gregg angesprochen hat, die ungewöhnliche Reaktion Marinas ausgelöst haben. Tatsächlich ergab sich jedoch für die Filmschauspielerin aus den Worten Mrs Badcocks das Motiv für den Mord. So berichtet Mrs Bantry:

> "[...] Then Mrs. Badcock [...] began some long rigmarole of how years before she'd met Marina Gregg somewhere. [...]" / [...] / "Well, there was nothing particular in that except for the fact that Marina Gregg didn't do her usual stuff." / "You mean she was annoyed?" / "No, no, I don't mean that. As a matter of fact I'm not at all sure that she heard a word of it. She was staring, you know, over Mrs. Badcock's shoulder [...]" / [...] / "[...] It was as though she hadn't heard a word the Badcock woman was saying. [...]" (Christie, *The Mirror Crack'd*, 51)

> "Well, Mrs. Badcock went into a long spiel as people do when they meet celebrities. [...] And she went into a long story of how she'd once met her years ago and how exciting it had been. [...] And then I noticed that Marina Gregg wasn't saying the right things. She was just staring." / "Staring - at Mrs. Badcock?" / "No - no, it looked as though she'd forgotten Mrs Badcock altogether. I mean, I don't believe she'd even heard what Mrs. Badcock was saying. [...]" (Christie, *The Mirror Crack'd*, 66 f.)

Während im Fall der Negation die innerfiktionale Realität geleugnet wird, besteht die Technik der Relativierung darin, daß die Wahrheit zunächst angedeutet, dann aber wieder in Frage gestellt wird. In *Three Act Tragedy* beschreiben z. B. die Hausangestellten des ermordeten Arztes Sir Bartholomew Strange das sonderbare Verhalten des neuen Butlers Ellis, als der sich der Mörder des Arztes verkleidete:

> "I couldn't exactly say what it was, sir, but there was *some*thing –" / [...] / "For one thing, he was standoffish. [...] he kept himself to himself, spent a lot of time in his own room; and he was - well, I don't know how to describe it, I'm sure - he was, well, there was *something* –" (Christie, *Three Act Tragedy*, 65)

> "Not ordinary, sir. He wasn't like any butler I've ever worked with before. He arranged the work different." (Christie, *Three Act Tragedy*, 70)

Die Relativierung erfolgt jeweils unmittelbar nach Äußerung des Verdachts:

> "You didn't suspect he wasn't - not really a butler?" suggested Mr. Satterthwaite. / "Oh, he'd been in service, right enough, sir. The things he knew - and about well-known people in society, too." (Christie, *Three Act Tragedy*, 65)

> "But you don't think he poisoned your master." / "Oh, sir, I don't see how he could have done. I was waiting at table with him, and he couldn't have put anything in the master's food without my seeing him." / "And the drink?" / "He went round with the wine, sir. [...] But what could he have done, sir? If there'd been anything in the wine he'd have poisoned everybody - or all those who took it. [...]" (Christie, *Three Act Tragedy*, 70)

Manchmal werden lösungsrelevante Informationen mit Hilfe von plausibel klingenden, aber falschen Erklärungen relativiert:

> Poirot noted that the evening shoes were a size smaller than the day ones - a fact that might be put down to corns or to vanity. (Christie, *One, Two, Buckle My Shoe*, 62 f.)

> Miss Marple murmured, "It's interesting, that piece of fingernail. It had been worrying me, you know - how to account for her nails." / "Nails?" asked Sir Henry. / "The dead girl's nails," explained Mrs. Bantry. "They were quite short and, now that Jane says so, of course it was a little unlikely. A girl like that usually has absolute talons!" / Miss Marple said, "But of course if she tore one off, then she might clip the others close so as to match. Did they find nail parings in her room, I wonder?" (Christie, *The Body in the Library*, 96)

> For a moment or two he wondered if she knew more about the matter than she was willing to admit. She certainly seemed embarrassed and on the defensive - but on the whole he put it down to a natural fear of the police. (Christie, *A Pocket Full of Rye*, 36)

Der wirkliche Grund für die unterschiedlichen Schuhgrößen und die kurzen Fingernägel liegt darin, daß es sich hier jeweils um zwei verschiedene Personen handelt, und im dritten Textbeispiel hat die betreffende Person tatsächlich (wenn auch ungewollt) den Tod des Mordopfers herbeigeführt. In *The Sittaford Mystery* bietet Christie ihren Lesern sogar drei verschiedene Erklärungen für ein mysteriöses Ereignis an:

> '[...] There are just three solutions of it. (1) That it was supernatural. Well, of course, that may be so, but personally I am ruling it out. (2) That it was deliberate - someone did it on purpose, but as one can't arrive at any conceivable reason, we can rule that out also. (3) Accidental. Someone gave himself away without meaning to do so - indeed quite against his will. An unconscious piece of self-revelation. [...]' (Christie, *The Sittaford Mystery*, 157)

Tatsächlich ist die zweite Alternative, die hier ausgeschlossen wird, die zutreffende. Das rätselhafte Ereignis gehörte nämlich zum Plan des Mörders, der sich damit ein Alibi verschaffte.

2.2.5. Verschleierung durch falsche Personencharakterisierung

In einigen Fällen ist eine Relativierung entscheidender Hinweise nicht explizit im Text enthalten, sondern wird erst durch den Leser vorgenommen. Dabei handelt es sich um eine Reaktion, die vom Autor bewußt herbeigeführt wird. Dieser setzt nämlich das Mittel der Personencharakterisierung ein, um dem Leser ein bestimmtes Bild von den in der Erzählung auftretenden Figuren zu vermitteln. Von diesem Bild wiederum hängt es ab, inwieweit der Rezipient den fiktiven Figuren vertraut und ihren Äußerungen Glauben schenkt. Wenn der Autor einzelne Personen als zerstreut, altersschwach oder geisteskrank charakterisiert, besteht für den Leser ein Hindernis, ihre Darstellungen als lösungsrelevante Informationen zu akzeptieren.

So spielt in Christies Roman *Appointment with Death* eine Schilderung der an Schizophrenie und Verfolgungswahn leidenden Ginevra Boynton eine wesentliche Rolle für die Lösung. Auch Lady Astwell in Christies Erzählung "The Under Dog" wird als hysterisch und leicht geistesgestört beschrieben, obwohl sie als einzige den tatsächlichen Mörder verdächtigt:

> 'Lady Astwell is, I should imagine, Mademoiselle, just a trifle inclined to be unbalanced and hysterical?' / Lily Margrave nodded eagerly. / 'That

> describes her exactly. She is, as I told you, very kind, but it is impossible to argue with her or to make her see things logically.' (Christie, "The Under Dog", 107)

In Christies Roman *Dead Man's Folly* stammen die wichtigsten Hinweise von einem Zweiundneunzigjährigen, der von allen als senil eingeschätzt wird:

> "[...] My granddad saw a body in the woods once. He was scared and ran away, and when he come back it was gone. It was a woman's body. But of course he's batty, my granddad is, so no one listens to what he says." (Christie, *Dead Man's Folly*, 57)

> Poirot said softly: / "*There'll always be Folliats at Nasse House.*" / "I beg your pardon, sir?" / "I am repeating what your old father said to me on the quay." / "Ah, talked a lot of nonsense, Father did. I had to shut him up pretty sharp now and then." (Christie, *Dead Man's Folly*, 168)

Auch den Butler Tressilian in *Hercule Poirot's Christmas* stellt die Autorin als einen alten Mann dar, der nicht mehr fähig ist, seine Beobachtungen auf klare, eindeutige und verständliche Weise mitzuteilen. Seine Äußerungen, in denen sich ein lösungsrelevanter Hinweis auf die Ähnlichkeit mehrerer Männer verbirgt, klingen unrealistisch, verworren und bruchstückhaft. Der Leser ist geneigt, sie als bloße Phantastereien eines altersschwachen Mannes abzutun, der nicht mehr im Vollbesitz seiner geistigen Kräfte ist. Er schenkt ihnen daher nicht die Beachtung, die ihnen aufgrund der darin enthaltenen Informationen zukommen müßte:

> Tressilian said, a little pink flush showing in his cheek: / "It seemes sometimes, sir, as though the past isn't the past! [...] There's a feeling comes over you - as though you'd done everything before. It just seems to me as though the bell rings and I go to answer it and there's Mr. Harry - even if it should be Mr. Farr or some other person - I'm just saying to myself - *but I've done this before....*" (Christie, *A Holiday for Murder*, 91)

> Tressilian was watching him anxiously. He said slowly: / "What's come to the house, sir? Ever since the master was murdered it doesn't seem like the same place. I feel the whole time as though I am going about in a dream. I mix things up, and I sometimes feel I can't trust my own eyes." (Christie, *A Holiday for Murder*, 143)

> Tressilian said, shaking his head: / "My sight's bad - I can't see like I used to do. I get things mixed up - and people. I'm getting too old for my work." (Christie, *A Holiday for Murder*, 143)

Ebenso wird in *A Murder is Announced* Dora Bunner, die Freundin und Haushälterin der Mörderin Miss Blacklock, als vergeßlich, zerstreut, konfus und völlig unzuverlässig charakterisiert:

> She muddled everything, upset the temperamental foreign "help", miscounted the laundry, lost bills and letters - and sometimes reduced the competent Miss Blacklock to an agony of exasperation. Poor old muddle-headed Dora, so loyal, so anxious to help, so pleased and proud to think she was of assistance - and, alas, so completely unreliable. (Christie, *A Murder is Announced*, 20)

Doch gerade Miss Bunner liefert in diesem Roman die wichtigsten *clues*. Einige dieser Hinweise gibt sie in einem Gespräch, das Miss Blacklock und Miss Bunner mit dem Polizeiinspektor Craddock führen. Miss Blacklock gibt sich dabei ruhig, nüchtern und sachlich, während Miss Bunners innere Aufregung nicht zu übersehen ist. Die Kontrastierung der beiden Frauen verleitet den Leser dazu, den Aussagen Miss Blacklocks Glauben zu schenken und die scheinbar unangebrachten Zwischenbemerkungen Miss Bunners als töricht außer acht zu lassen. Auf diese Weise gelingt es Christie, alle richtigen Beobachtungen Dora Bunners falsch oder unerheblich erscheinen zu lassen:

> "[...] someone put down a lighted cigarette and burnt one of the best bits of furniture. [...]" / Miss Blacklock interrupted gently but firmly: / "Dora, all these things, vexatious as they may be, are only trifles. It will be best, I think, if we just answer Inspector Craddock's questions." (Christie, *A Murder is Announced*, 43 f.)

> "Was there a flash first, or a noise when the lights went out?" / "I don't think so." / "I'm sure there *was* a flash," said Dora Bunner. "*And* a crackling noise. Dangerous!" (Christie, *A Murder is Announced*, 46)

> "Where were you standing, Miss Blacklock?" / "She was over by the table. She'd got that vase of violets in her hand," said Miss Bunner breathlessly. / "I was over here." Miss Blacklock went over to the small table by the archway. "Actually it was the cigarette-box I'd got in my hand." (Christie, *A Murder is Announced*, 47)

> "And take those violets away," said Miss Blacklock. "There's nothing I hate more than dead flowers." / "What a pity. I picked them fresh yesterday. They haven't lasted at all - oh, dear, I must have forgotten to put any water in the vase. Fancy that! I'm always forgetting things. [...]" / She bustled away, looking quite happy again. / "She's not very strong," said Miss

> Blacklock, "and excitements are bad for her. [...]" (Christie, *A Murder is Announced*, 48 f.)

Tatsächlich enthalten die Bemerkungen Miss Bunners eine genaue Beschreibung des Tathergangs: Um einen Stromausfall am Tatort herbeizuführen, goß Miss Blacklock das Wasser aus der Vase auf das Elektrokabel der Lampe, das sie zuvor absichtlich beschädigt hatte. Später tauschte sie die Lampe gegen eine andere aus. Sie beging jedoch den Fehler, das Wasser in der Vase nicht nachzufüllen, so daß die Veilchen verwelkten. Da Miss Bunners falsche Erklärung für die vertrockneten Blumen jedoch mit dem allgemeinen Erscheinungsbild dieser Frau übereinstimmt, akzeptiert sie der Leser ohne weiteres und verkennt die wahre Bedeutung dieses Umstands. Die falsche Personencharakterisierung wird schließlich noch zusätzlich verstärkt, indem der Inspektor den Eindruck des Lesers von den beiden in ihrem Charakter gegensätzlichen Frauen bestätigt:

> Having appended the word "Scatty" to Dora Bunner, and "All right" to Letitia Blacklock [...] (Christie, *A Murder is Announced*, 50)

2.3. Informationsverweigerung

2.3.1. Markierte Unbestimmtheitsstellen

Als markierte Unbestimmtheitsstellen gelten solche Textstellen, an denen dem Leser während des Lesevorgangs bewußt ist, daß an der betreffenden Stelle absichtlich wichtige Informationen ausgelassen worden sind. Diese Leerstellen erfüllen in der klassischen Detektivliteratur hauptsächlich den Zweck, beim Leser eine Rätselspannung zu evozieren und ihn dazu anzuregen, eigene Lösungsversuche zu unternehmen. Solche Unbestimmtheitsstellen werden in der Regel erst in der Aufklärungsszene durch Bekanntgabe der Lösung aufgefüllt bzw. beseitigt.

Die zentrale Unbestimmtheitsstelle in der klassischen Detektiverzählung bildet der Mord bzw. das Verbrechen, das die Detektionshandlung auslöst. Diese primäre Unbestimmtheitsstelle eröffnet um sich herum eine theoretisch unbegrenzte Zahl von sekundären Unbestimmtheitsstellen. Dabei handelt es sich um Sachverhalte, die mit dem Täterrätsel in Zusammenhang stehen oder stehen können und die im Idealfall bis zur Aufklärungsszene, zumindest aber über größere Strecken der Handlung hinweg undurchsichtig bleiben. Solche Unbestimmtheitsstellen werden im Text häufig als Fragen formuliert:

Mr. Curry (Castleton) had been doped - When?
ditto had been killed - Where?
Mr. Curry (Castleton) had been taken to No. 19 - How?
Somebody must have seen something! - Who?
ditto - What?
(Christie, *The Clocks*, 174)

"[...] Let us ask ourselves, Madame, what about this murder? Who has been murdered? Where have they been murdered? Why have they been murdered?" (Christie, *Third Girl*, 115)

Vielfach erfolgt eine zusätzliche Thematisierung der Unbestimmtheitsstellen im Text dadurch, daß der Detektiv zu erkennen gibt, daß er die Lösung des Rätsels bereits gefunden hat oder ihr näher gekommen ist, sich jedoch nicht bereit erklärt, über vage Andeutungen hinaus etwas von seinem Wissen preiszugeben. An diesen Stellen übernimmt häufig eine Watson-Figur die Aufgabe, den Informationsvorsprung des Detektivs gegenüber dem Leser hervorzuheben:

I trust that I am not more dense than my neighbours, but I was always oppressed with a sense of my own stupidity in my dealings with Sherlock Holmes. Here I had heard what he had heard, I had seen what he had seen, and yet from his words it was evident that he saw clearly not only what had happened, but what was about to happen, while to me the whole business was still confused and grotesque. (Doyle, "The Red-Headed League", 78)

I know now that the whole thing lay clearly unravelled before him. He had got the last thread he needed to lead him to the truth. (Christie, *The Murder of Roger Ackroyd*, 165)

Eine Reihe von Werken Agatha Christies enthalten besondere Varianten der markierten Unbestimmtheitsstelle. So wird in dem Roman *They Do it with Mirrors* ein von Miss Marple mitgehörtes Gespräch zwischen zwei Personen in einzelnen Fragmenten wiedergegeben:

"... how to spare Carrie Louise the knowledge –" Gulbrandsen was saying. / The next time they passed below, Lewis Serrocold was speaking. / " if it *can* be kept from her. I agree that it is she who must be considered ..." / Other faint snatches came to the listener. / "- Really serious -" "- not justified -" "- too big a responsibility to take -" "- we should, perhaps, take outside advice -" (Christie, *They Do it with Mirrors*, 63)

In einigen ihrer Romane und Geschichten wandelt die Autorin die klassischen Konventionen der Detektivliteratur in der Weise ab, daß sie den Mord, der gewöhnlich nur in seinen Auswirkungen, nämlich durch das Vorhandensein einer Leiche, zum Ausdruck kommt, im Detail darstellt, dabei aber ihre Formulierungen so geschickt wählt, daß aus ihnen weder der Name des Täters noch irgendwelche Hinweise auf seine Identität hervorgehen. Im folgenden Textbeispiel wird dies durch Passivkonstruktionen und die weitgehende Beschränkung auf die Wiedergabe des Dialogs erreicht:

[...] then turned her head as she heard someone approaching. / Then she smiled a pleased welcome. / "Hallo - do go inside, you'll get wet." / "Let me help you." / "Oh, if you don't mind ... so annoying if they all get soaked again. I really ought to let down the line, but I think I can just reach." / "Here's your scarf. Shall I put it round your neck?" / "Oh, thank you ... Yes, perhaps ... If I could just reach this peg ..." / The woollen scarf was slipped round her neck and then, suddenly, pulled tight ... / Miss Murgatroyd's mouth opened, but no sound came except a small choking gurgle. / And the scarf was pulled tighter still ... (Christie, *A Murder is Announced*, 172 f.)

Ebenso beschreibt Christie in dem Roman *Towards Zero* den Täter beim Entwerfen seines Mordplans, ohne jedoch seinen Namen zu nennen oder irgendwelche Einzelheiten zu erwähnen (vgl. Christie, *Towards Zero*, 19 f.).

Alle bisher beschriebenen Formen der markierten Unbestimmtheitsstelle ergeben sich aus dem Rätselcharakter der Detektiverzählung. Es gibt jedoch auch markierte Leerstellen, deren Funktion hauptsächlich in der Erzeugung von zusätzlicher Spannung besteht und die auch für andere Arten von Unterhaltungsliteratur typisch sind. Dazu zählt die Schnittechnik, bei der die Handlung an einem Punkt unterbrochen wird, an dem die Spannung sehr hoch ist. So kündigt Mr MacWhirter in *Towards Zero* Superintendent Battle an, ihm eine wichtige Beobachtung mitzuteilen. An dieser Stelle bricht Christie die Szene ab.

'Last January I attempted to kill myself by throwing myself off Stark Head. I walked up there on Monday night. I stood there for some time. I looked

> down at the sea and across to Easterhead Bay and I then looked to my left. That is to say I looked towards this house. I could see it quite plainly in the moonlight.' / 'Yes.' / 'Until today I had not realized *that was the night when a murder was committed.*' / He lent forward. 'I'll tell you what I saw.' (Christie, *Towards Zero*, 174)

Manchmal erfolgt an solchen Stellen ein Perspektivenwechsel, und der unterbrochene Handlungsstrang wird an einem späteren Punkt des Textes fortgesetzt. In Christies Roman *The Body in the Library* teilt z. B. Sergeant Higgins am Ende des zehnten Kapitels Superintendent Harper aufgeregt mit, daß ein ausgebranntes Auto mit den Überresten einer Leiche gefunden wurde. Diese wichtige Entdeckung wird jedoch erst am Schluß von Kapitel 12 und in Kapitel 13 diskutiert. Christies Roman *By the Pricking of My Thumbs*, in dem der Fall von dem Detektiv-Ehepaar Tommy und Tuppence Beresford untersucht wird, gliedert sich in vier Bücher. Im zweiten Buch werden die Nachforschungen von Tuppence geschildert, die sie ohne Wissen ihres Mannes anstellt. Das Buch endet mit einer Schnittstelle, an der Tuppence von einem Unbekannten einen schweren Schlag auf den Kopf erhält und ohnmächtig wird. Im Buch III erfolgt ein Perspektivenwechsel zu Tommy, der seine Frau vermißt, und erst im letzten Kapitel des dritten Buches wird der Tuppence betreffende Handlungsstrang fortgeführt, indem erzählt wird, wie sie in einem Krankenhaus erwacht.

2.3.2. Unmarkierte Unbestimmtheitsstellen

Im Gegensatz zu markierten Unbestimmtheitsstellen liegen unmarkierte Unbestimmtheitsstellen dann vor, wenn der Rezipient das Fehlen eines oder mehrerer relevanter Handlungsteile während des Lesevorgangs gar nicht wahrnimmt und er erst an einem späteren Punkt der Handlung oder in der Aufklärungsszene merkt, daß ihm an der jeweiligen Textstelle etwas Entscheidendes vorenthalten wurde. Die Funktion solcher Unbestimmtheitsstellen besteht in der Erzielung eines Verblüffungseffekts bei der Lektüre jenes Textteils, in dem die betreffende Leerstelle zugleich aufgedeckt und beseitigt wird.

Ein typisches Beispiel für die Verwendung unmarkierter Unbestimmtheitsstellen bildet Agatha Christies berühmter Detektivroman *The Murder of Roger*

Ackroyd. Da in diesem Werk die Watson-Figur, der Arzt Dr Sheppard, mit dem Täter identisch ist, muß der Erzähler bei seiner Darstellung der Ereignisse alle Details ausklammern, die unmittelbar mit dem Mord und seinem Motiv sowie mit der Verwischung der Spuren in Zusammenhang stehen. Sheppard lügt dabei nicht, sondern stellt die äußeren Geschehnisse und seine eigenen Gedankengänge nur selektiv dar. So schildert er die Szene, in der er den Mord ausführt, folgendermaßen:

> The letter had been brought in at twenty minutes to nine. It was just on ten minutes to nine when I left him, the letter still unread. I hesitated with my hand on the door handle, looking back and wondering if there was anything I had left undone. (Christie, *The Murder of Roger Ackroyd*, 39)

Diese Szene setzt sich aus einer Reihe von Details zusammen, die zusammengefügt ein geschlossenes Bild ergeben, so daß die Unbestimmtheitsstelle, die sich in diesem Textbeispiel zwischen dem ersten und dem zweiten Satz befindet, für den Leser nicht erkennbar ist. Eine weitere zentrale Unbestimmtheitsstelle ist in diesem Roman an der Textstelle enthalten, an der Sheppard kurz nach dem Auffinden der Leiche mit dem Diktiergerät den wichtigsten materiellen *clue* vom Tatort entfernt, der ihn verraten könnte:

> Parker hurried away, still wiping his perspiring brow. / I did what little had to be done. I was careful not to disturb the position of the body, and not to handle the dagger at all. (Christie, *The Murder of Roger Ackroyd*, 43)

Während die Unbestimmtheitsstelle im ersten zitierten Textbeispiel in der Auslassung eines wichtigen Handlungssegments besteht, wird die betreffende Handlung (das Entfernen des Diktiergeräts) an dieser Stelle zwar (mit dem zweiten Satz des Beispiels) erwähnt, jedoch so unbestimmt belassen, daß der Rezipient sie nicht erkennen kann. Auch in diesem Fall bleibt das geschlossene Bild erhalten. Der gesamte Roman ist von der Autorin so angelegt, daß unmarkierte Unbestimmtheitsstellen nur so in die Handlung eingefügt werden, daß die Auslassung relevanter Handlungsteile nicht zu einer Zerstörung des einheitlichen Gesamteindrucks führt, der vom Werk ausgeht (vgl. Finke, 1983, 133-139).

Ein ähnliches Verfahren wendet Christie in dem Roman *Cat Among the Pigeons* an. Die Lehrerin Miss Chadwick bemerkt nachts ein verdächtiges Licht in der Turnhalle der Schule Meadowbank und betritt die Halle, um den vermeintlichen Eindringling zu überraschen. An diesem Punkt nimmt die Autorin einen Schnitt vor:

> She was out of breath, but completely resolute. Only when she got at last to the door, did she slacken up and take care to move softly. The door was slightly ajar. She pushed it further open and looked in ... (Christie, *Cat Among the Pigeons*, 156)

Danach geht Christie zur Schilderung eines parallel verlaufenden Geschehens über, und erst im darauffolgenden Kapitel wird die entstandene Leerstelle scheinbar aufgefüllt. Der Leser erfährt nun, daß Miss Chadwick in der Turnhalle die Leiche ihrer Kollegin Miss Vansittart gefunden hat. Dies wird jedoch nicht unmittelbar dargestellt, sondern rückblickend berichtet. In Wirklichkeit handelt es sich bei dieser Leerstelle aber um eine unmarkierte Unbestimmtheitsstelle, denn am Schluß stellt sich heraus, daß Miss Chadwick die andere Lehrerin in der ausgelassenen Szene erschlug.

Die Auslassung von Teilen eines Gesprächs kann nicht nur als markierte, sondern auch als unmarkierte Unbestimmtheitsstelle fungieren. In diesen Fällen wird ein Gespräch unvollständig wiedergegeben, ohne daß die Unvollständigkeit offenbar wird. So schildert Christie in *The Mirror Crack'd from Side to Side* eine Unterhaltung zwischen Mrs Badcock und ihrer Mörderin Marina Gregg. Diese Konversation wird im Verlauf des Romans von Mrs Bantry, einer Zeugin des Verbrechens, zweimal wiederholt (vgl. Christie, *The Mirror Crack'd*, 37-39, 51 f., 66 f.). Der entscheidende Abschnitt des Gesprächs, aus dem das Motiv des Mordes hervorgeht, wird jedoch jedesmal ausgelassen und erst in der Aufklärungsszene mitgeteilt.

Eine weitere Möglichkeit, unmarkierte Unbestimmtheitsstellen zu verwenden, besteht darin, bei der Beschreibung des Tatorts eine wichtige Beobachtung des Detektivs unerwähnt zu lassen. Solche Auslassungen verstoßen allerdings gegen die Konventionen und geschriebenen Regeln der Detektivliteratur, nach denen dem Leser keine lösungsrelevante Information verschwiegen werden darf, und sind daher mit dem Prinzip der Fairneß unvereinbar. Dennoch teilt Doyle in seinen Sherlock-Holmes-Geschichten dem Leser oft die materiellen *clues*, die den Detektiv zur Lösung führen, nicht mit. So wird dem Rezipienten in der Geschichte "The Norwood Builder" bei der Schilderung von Holmes' Nachforschungen im Haus des Bauunternehmers (vgl. Doyle, "The Norwood Builder", 49) vorenthalten, daß zwei übereinanderliegende Korridore unterschiedlich lang sind, was darauf schließen läßt, daß das Haus ein geheimes Versteck enthält. Ebenso wird in "The Adventure of the Retired Colourman" erst in der Lösungsszene erwähnt, daß Holmes in das Haus des Täters eingebrochen ist und dort wichtige Entdeckungen gemacht hat. Das Vorhandensein derartiger Leerstellen gesteht Doyle sogar ein, indem er seinen Detektiv, der in der Geschichte "The Adventure of the Blanched Soldier" ausnahmsweise die Rolle des Erzählers übernimmt, darauf hinweisen läßt:

> I have, as my friend Watson may have remarked, an abnormally acute set of senses, and a faint but incisive scent was apparent. It seemed to centre on the hall-table. I turned, placed my hat there, knocked it off, stooped to pick it up, and contrived to bring my nose within a foot of the gloves. Yes, it was undoubtedly from them that the curious tarry odour was oozing. I passed on into the study with my case complete. Alas, that I should have to show my hand so when I tell my own story! It was by concealing such links in the chain that Watson was enabled to produce his meretricious finales. (Doyle, "The Adventure of the Blanched Soldier", 51)

2.4. Illusionserzeugung

2.4.1. Illusionserzeugung durch Irrfährten

Das Ziel der Irreführung des Lesers kann nur erreicht werden, wenn sich der Autor einer Detektiverzählung nicht darauf beschränkt, die innerfiktionale Realität zu verschleiern, sondern bestimmte Verfahren gezielt einsetzt, um bewußt eine Illusion in der Illusion zu erzeugen. Vom Text geht eine Suggestivwirkung aus, die dem Rezipienten ein falsches Bild vom Ablauf der Ereignisse, von einzelnen Details sowie vom Charakter und von den Motiven der handelnden Figuren vermittelt, so daß sich für ihn die Schwierigkeit vergrößert, die innerfiktionale Realität zu erkennen.

Als klassisches Mittel der Mystifikation des Rezipienten gilt die Irrfährte (*red herring*). Eine solche falsche Spur ist dem Anschein nach ein *clue*, der auf die

Lösung hindeutet. Tatsächlich werden jedoch die Gedanken des Lesers in eine falsche Richtung gelenkt, so daß er bei seinen Schlußfolgerungen in eine Sackgasse gerät und sich noch weiter von der Wahrheit entfernt. Buchloh/Becker und Schulz-Buschhaus sehen eine Irrfährte bereits in Poes Erzählung "The Murders in the Rue Morgue" in der Verdächtigung und Verhaftung des Bankangestellten Le Bon (vgl. Buchloh/Becker, 1978, 38; Schulz-Buschhaus, 1975, 9). Dieser Ansicht kann man allerdings nicht zustimmen, da die Schuld Le Bons von Dupin und dem Erzähler nicht ernsthaft erwogen wird (vgl. Thomson, 1973, 87).

Dagegen ist dieses Mittel bei Arthur Conan Doyle durchaus nachweisbar. Schon in dem Roman *A Study in Scarlet*, in dem der berühmte Detektiv Sherlock Holmes zum erstenmal auftritt, findet sich eine solche falsche Spur: Inspektor Lestrade von Scotland Yard entdeckt an der Wand des Zimmers, in dem der Tote aufgefunden wird, das mit Blut geschriebene deutsche Wort *Rache*, mit dem der Täter die Polizei irreleiten und den Verdacht auf Sozialisten und Geheimbünde richten wollte. Ebenso läßt in Doyles Geschichte "The Adventure of the Lion's Mane" ein in der Tasche des Toten gefundenes Stück Papier mit der Nachricht einer jungen, hübschen Frau an eine Liebesaffäre denken. In der Geschichte "The Adventure of the Devil's Foot" schildert Mortimer Tregennis, dessen Familie einem ungewöhnlichen Verbrechen zum Opfer gefallen ist, dem Detektiv nach anfänglichem Zögern eine scheinbar wichtige Beobachtung:

> Mortimer Tregennis considered earnestly for a moment. / "There is one thing occurs to me," said he at last. "As we sat at the table my back was to the window, and my brother George, he being my partner at cards, was facing it. I saw him once look hard over my shoulder, so I turned round and looked also. The blind was up and the window shut, but I could just make out the bushes on the lawn, and it seemed to me for a moment that I saw something moving among them. I couldn't even say if it was man or animal, but I just thought there was something there. When I asked him what he was looking at, he told me that he had the same feeling. That is all that I can say." (Doyle, "The Adventure of the Devil's Foot", 154)

Tatsächlich ist Tregennis jedoch selbst der Täter, und der berichtete Vorfall ist eine reine Erfindung. Den gleichen Trick wendet auch Christie in *Death on the Nile* an. Hier wird dem Leser geschickt die Illusion vermittelt, ein Gespräch werde von einer unbekannten Person heimlich mitgehört. Aber auch in diesem Fall ist die Person, die sich angeblich im Dunkeln versteckt, nicht existent:

"[...] just press with my finger - *Oh!*" / The exclamation startled him. / "What is it, Mademoiselle?" / She had turned her head and was staring into the shadows. / "Someone - standing over there. He's gone now." / Hercule Poirot looked round sharply. / The place seemed quite deserted. / "There seems no one here but ourselves, Mademoiselle." (Christie, *Death on the Nile*, 64)

Agatha Christie baut in ihrem Werk das Mittel der Irrfährte zu einem zentralen Instrument der Illusionserzeugung aus. Die Irrfährten werden zumeist verwandt, um den Verdacht auf eine falsche Person zu lenken oder um ein unzutreffendes Tatmotiv anzudeuten. Die Verdachtslenkung kann mit Hilfe von vermeintlichen materiellen *clues* erfolgen, deren Natur oder deren Fundort auf eine bestimmte Person aus dem Verdächtigenkreis hinweisen. So befindet sich in *Evil Under the Sun* unter den am Tatort gefundenen Gegenständen ein Stück einer zerbrochenen Pfeife, die den Verdacht auf Captain Marshall lenkt, der seine Pfeife angeblich verlegt hat. Ebenso ist in *A Murder is Announced* der Revolver Colonel Easterbrooks verschwunden, und in *They Do it with Mirrors* wird die Tatwaffe in einem Klavierhocker entdeckt, auf dem Stephen Restarick zum Zeitpunkt des Mordes saß. In der Regel werden solche falschen Fährten absichtlich vom Täter gelegt, um eine andere Person in Verdacht geraten zu lassen.

Eine weitere Form der Verdachtslenkung besteht darin, daß einzelne Personen offensichtlich kein Alibi für die Tatzeit nachweisen können. Dies gilt z. B. für Walter Hudd in *They Do it with Mirrors*, der gerade zum Zeitpunkt des Verbrechens eine durchgebrannte Sicherung auswechselte:

"[...] And our prize suspect - there's no doubt about it - is young Walter Hudd. It was he who switched on a reading lamp which resulted in a fuse going, thereby giving him the opportunity to leave the Hall and go to the fuse box. The fuse box is in the kitchen passage which opens off from the main corridor. It was during his absence from the Great Hall that the shot was heard. So that's suspect No. 1 perfectly placed for committing the crime." (Christie, *They Do it with Mirrors*, 107 f.)

Die Alibis einzelner Verdächtiger erweisen sich häufig im Verlauf der Handlung als falsch:

"Well," he said, "what do you think? We're getting at some of it now! You notice one thing. George Lee was telephoning when he heard the scream! His wife was telephoning when she heard it! That doesn't fit - it doesn't fit at all." (Christie, *A Holiday for Murder*, 73)

In der Erzählung "Three Blind Mice" zeigt sich, daß sich für solche fehlenden oder falschen Alibis oft sehr harmlose und banale Erklärungen finden. Die Ehepartner Giles und Molly Davis verdächtigen sich in dieser Erzählung nämlich gegenseitig, obwohl jeder von ihnen nur vor dem anderen geheimgehalten hat, daß er am Tag eines Verbrechens nach London gefahren ist, um ein Weihnachtsgeschenk für seinen Ehepartner zu besorgen.

Manchmal fungieren nicht solche Personen als Objekte der Verdachtslenkung, die tatsächlich in der Erzählung auftreten, sondern mysteriöse Unbekannte, deren Existenz gelegentlich in Betracht gezogen wird. In *A Murder is Announced* richtet sich z.B. der Hauptverdacht gegen die ominösen Zwillinge Pip und Emma, die Kinder der Schwester des Millionärs Randall Goedler, die als Erben für das Vermögen Goedlers in Frage kommen, und in *Evil Under the Sun* wird auch die Möglichkeit des 'großen Unbekannten' diskutiert, der sich angeblich heimlich auf die Insel Smugglers' Island schlich und Arlena Marshall ermordete.

Häufig ist das Motiv des Verbrechens Gegenstand der Mystifikation. So enthält der Roman *Hercule Poirot's Christmas* gleichzeitig zwei falsche Tatmotive: Simeon Lee kündigt seinem Rechtsanwalt kurz vor seiner Ermordung in einem Telefongespräch an, daß er beabsichtigt, sein Testament zu ändern, und er hat angeblich Superintendent Sugden wegen eines Raubs seiner Diamanten zu sich bestellt. In *A Murder is Announced* deutet Christie ein unzutreffendes Tatmotiv mittels geschickter Formulierungen an. Als Miss Blacklocks Perlenkette reißt und die Frau daraufhin in große Aufregung gerät, stellt Inspektor Craddock die folgenden Spekulationen an:

> [...] if they were real? / Why not? She might herself be unaware of their value. Or she might choose to protect her treasure by treating it as though it were a cheap ornament worth a couple of guineas at most. What would they be worth if real? A fabulous sum ... Worth doing murder for - *if anybody knew about them*. (Christie, *A Murder is Announced*, 183)

Der wirkliche Grund für die Aufregung Miss Blacklocks liegt jedoch darin, daß sie die Perlenkette zum Verdecken einer Operationsnarbe benutzt, die ihre wahre Identität verraten könnte.

Im Idealfall sind die Irrfährten so über die Erzählung verteilt, daß fast jede beteiligte Person verdächtig erscheint. In *The Murder of Roger Ackroyd* hatten z. B. fast alle im Roman auftretenden Figuren sowohl ein Motiv als auch die Möglichkeit, Roger Ackroyd zu töten: Die Haushälterin Miss Russell hatte gehofft, Ackroyd heiraten zu können, bevor eine andere Frau erschien. Ackroyds mittellose Schwägerin Cecil und ihre Tochter Flora, die zu ihrem reichen Verwandten gezogen waren, bekamen ständig den Geiz Ackroyds zu spüren. Der Abenteurer und Großwildjäger Major Blunt, ein alter Freund des Ermordeten, hatte Ackroyd die Tatwaffe, einen kleinen Dolch aus Tunesien, bei einem früheren Besuch geschenkt. Ursula Bourne, das Stubenmädchen, verhält sich sonderbar und kündigt ihre Stelle. Der Butler Parker lauscht an der Tür, und Ackroyds junger Sekretär Geoffrey Raymond fällt durch seine außergewöhnliche Gelassenheit auf. Die verdächtigste Person ist Ackroyds Stiefsohn Ralph Paton, dessen Schuhabrücke auf dem Fenstersims von Ackroyds Zimmer gefunden worden sind.

Ein äußerst listiges Verfahren der Mystifikation wendet Christie in ihrem bekannten Roman *The A.B.C. Murders* an: An mehreren Stellen der Handlung unterbricht der Watson-Erzähler Captain Hastings seine Schilderung und fügt kurze Abschnitte in den Roman ein, in denen das Verhalten eines Mr Alexander Bonaparte Cust, der dem Leser zunächst völlig unbekannt ist, ohne jede Erläuterung beschrieben wird. Der Verdacht gegen Cust wird zunächst nur angedeutet, dann jedoch in den immer länger werdenden und in immer kürzeren Abständen eingeschobenen Zwischenpassagen zunehmend offensichtlicher. Dabei wird der Verdacht noch durch Custs Initialen A.B.C., die der alphabetischen Reihenfolge der Morde[1] entsprechen, verstärkt. In Wirklichkeit wurde Cust vom wahren Täter jedoch nur mißbraucht, der den Verdacht auf diese Weise von sich selbst ablenken wollte.

Eine besonders originelle Variante der Irrfährte enthält auch *The Clocks*. In diesem Roman werden am Tatort vier Uhren entdeckt, die alle dreizehn Minuten nach vier anzeigen und deren Zweck äußerst mysteriös erscheint. Obwohl

---

1) Vor- und Familienname des Ermordeten sowie sein Wohnort beginnen in diesem Roman jeweils mit dem gleichen Buchstaben, und die Namen des ersten Opfers beginnen mit *A*, die des zweiten Opfers mit *B*, etc.

dieser vermeintliche *clue* von der Autorin so in den Mittelpunkt gestellt wird, daß er sogar den Titel des Romans bildet, haben die Uhren keinerlei Bedeutung für die Lösung und dienen lediglich zur Verwirrung des Rezipienten.

2.4.2. Illusionserzeugung durch Sekundärhandlungen

Eine Sonderform der Irrfährte stellen Sekundärhandlungen dar, die in die Erzählung eingebaut werden, aber in keinem Zusammenhang mit dem Mordrätsel stehen. Da diese Tatsache jedoch erst in der Aufklärungsszene oder in den späteren Phasen der Handlung offenbar wird, erfüllen solche Nebenhandlungen bis zu diesem Punkt den Zweck, Material für zusätzliche Irrfährten zu liefern. Die Fixierung des Lesers auf das zentrale Mordrätsel und seine Unkenntnis jener Sachverhalte, die von diesem unabhängig sind, machen es dem Rezipienten dabei unmöglich, eine Trennung der in der Detektiverzählung gegebenen Informationen in lösungsrelevante und nicht lösungsrelevante Hinweise vorzunehmen.

Arthur Conan Doyles berühmter Roman *The Hound of the Baskervilles* enthält ein klassisches Beispiel für eine Sekundärhandlung: Dr Watson, der sich auf dem alten Landsitz Baskerville Hall aufhält, um Sherlock Holmes bei der Aufklärung der mysteriösen Todesumstände von Sir Charles Baskerville behilflich zu sein, berichtet dem Detektiv in einem Brief, daß der Butler Barrymore nachts eine Kerze an ein Fenster hält und daß seine Frau schluchzt und weint. Für diese seltsamen Vorgänge findet sich jedoch eine Erklärung, die zu dem untersuchten Todesfall in keiner Beziehung steht. Im Moor hält sich nämlich der Bruder Mrs Barrymores verborgen, der aus einem Gefängnis entflohen ist und den das Ehepaar mit Nahrung versorgt.

In den Detektivromanen Agatha Christies wird der Leser mit einer Gesellschaft konfrontiert, deren auffallendstes Merkmal ihre Undurchsichtigkeit ist. Alle Verdächtigen verstecken sich hinter einer Fassade und bemühen sich ständig, diese aufrechtzuerhalten. Erst durch den Mord und die sich daran anschließende Ermittlungstätigkeit bröckelt die Fassade nach und nach ab, so daß zahlreiche Emotionen, Konflikte, Charaktereigenschaften, Pläne und Vorkommnisse zum Vorschein kommen, die dem Leser vorher unbekannt waren. Dabei wird auch so manches *skeleton in the cupboard* entdeckt. Es bleibt jedoch während längerer Strecken der Handlung unklar, ob die zunächst angedeuteten und später aufgedeckten Sachverhalte in Zusammenhang mit dem Mordrätsel stehen oder reine Sekundärgeheimnisse darstellen. Ein Beispiel für die Häufung von Sekundärhandlungen bildet der Roman *Death on the Nile*, in dem eine heimliche Alkoholikerin, eine Kleptomanin, ein Dieb und ein gefährlicher Agitator zum Figureninventar gehören.

Manchmal sind die Nebenhandlungen räumlich und zeitlich so eng mit dem zentralen Mordrätsel verflochten, daß es unmöglich ist, beide Elemente auseinanderzuhalten. In *The Mysterious Affair at Styles* verabreicht z. B. Mrs Cavendish dem Mordopfer Mrs Inglethorp nicht nur vor ihrem Tod ein harmloses Schlafmittel, sondern betritt sogar in der Mordnacht heimlich das Schlafzimmer der Ermordeten, um in den Besitz eines Zettels zu gelangen, der, wie sie glaubt, den Ehebruch ihres Mannes beweist. Darüber hinaus unterscheiden sich die Informationen, in denen die Sekundärhandlung angedeutet wird und die somit im Hinblick auf das Mordrätsel als Irrfährten fungieren, äußerlich nicht von echten *clues*. So enthält das folgende Textbeispiel aus Christies Roman *The Murder at the Vicarage* einen Hinweis darauf, daß es sich bei dem vermeintlichen Archäologen Dr Stone in Wirklichkeit um einen Dieb handelt, der sein Diebesgut von seiner Komplizin im Wald verstecken läßt:

> "[...] And I got up and looked out of my window. And what do you think I saw?" / I looked inquiring. / "Gladys Cram," said Miss Marple, with great emphasis. "As I live, going into the wood with a suitcase." / "A suitcase?" / "Isn't it extraordinary? What should she want with a suitcase in the wood at twelve o'clock at night?" / We both stared at each other. / [...] / "Perfectly amazing," I said. "Was she going to - er - sleep in the barrow by any chance?" / "She didn't, at any rate," said Miss Marple. "Because quite a short time afterwards she came back, and she hadn't got the suitcase with her." / We stared at each other again. (Christie, *The Murder at the Vicarage*, 126 f.)

In vielen Romanen der Autorin erweisen sich einzelne Verdächtige als Kriminelle, denen jedoch nicht der im Zentrum der Handlung stehende Mord, sondern ein geringeres Verbrechen wie Diebstahl, Erpressung, Betrug, Drogenschmuggel oder Spionage zur Last gelegt werden kann. So entpuppt sich z. B. der Mönch Father Lavigny in *Murder in Mesopotamia* als ein bekannter Dieb von

Kunstgegenständen, und der Butler Parker in *The Murder of Roger Ackroyd* ist ein Erpresser. Das Ehepaar Croft in *Peril at End House* fälscht das Testament Nick Buckleys in der Hoffnung, die junge Frau beerben zu können. In *Evil Under the Sun* stellt sich heraus, daß Horace Blatt die Insel Smugglers' Island zum Heroinschmuggel benutzt, und in dem Roman *The Mysterious Affair at Styles*, der während des ersten Weltkriegs spielt, wird der Arzt Dr Bauerstein, der Styles Court am Abend vor dem Tod Mrs Inglethorps besuchte, als deutscher Spion verhaftet.

Manchmal fungieren jedoch nicht kriminelle Taten als Material für Sekundärhandlungen, sondern persönliche Geheimnisse, die eine Folge der in der klassischen Detektiverzählung implizit enthaltenen konservativen Moral- und Wertvorstellungen und Vorurteile sind. In *The Murder of Roger Ackroyd* verschweigt z. B. Ursula Bourne, die einer vornehmen, aber verarmten Familie entstammt und gezwungen ist, ihren Lebensunterhalt als Stubenmädchen zu verdienen, aufgrund ihrer gesellschaftlichen Stellung ihre Ehe mit Ralph Paton. In *Evil Under the Sun* war der Pfarrer Stephen Lane wegen seiner religiösen Wahnvorstellungen Patient in einer psychiatrischen Klinik, und in *After the Funeral* beruht das falsche Alibi Michael Shanes darauf, daß er die fragliche Zeit mit seiner Geliebten verbrachte, dies jedoch vor seiner Ehefrau geheimhalten mußte.

Häufig verschweigen einzelne Personen ihre wahre Identität und spielen eine Rolle. In einigen Fällen handelt es sich dabei um den Täter. So nimmt Charlotte Blacklock in *A Murder is Announced* die Identität ihrer verstorbenen Schwester Letitia an, um in den Genuß einer Erbschaft zu kommen. Das Motiv der falschen Identität kann jedoch auch als Sekundärhandlung verwandt werden. In diesem Fall beabsichtigen einzelne Personen auf diese Weise, ihre heimlichen Ziele zu erreichen, die aber nicht in Zusammenhang mit dem untersuchten Mordfall stehen. So stellt sich in *Hercule Poirot's Christmas* erst zum Schluß heraus, daß Stephen Grant (alias Stephen Farr) ebenso wie der Mörder Superintendent Sugden ein unehelicher Sohn Simeon Lees ist und daß es sich bei der jungen Spanierin nicht, wie angenommen wurde, um Pilar Estravados, die Enkelin des Ermordeten, handelt. Stephen gab sich als der Sohn von Simeon Lees ehemaligem Kompagnon Ebenezer Farr aus, war jedoch tatsächlich aus Südafrika angereist, um seinen Vater kennenzulernen. Ebenso benutzte die Spanierin den Paß der durch eine Bombe ums Leben gekommenen Pilar, um sich von Simeon Lee Geld zu erschwindeln.

Christie baut geschickt einen Mordverdacht gegen diese beiden Personen auf, indem sie an einzelnen Stellen durch die Darstellung innenweltlicher Vorgänge bei diesen beiden Verdächtigen von den Konventionen der Detektivliteratur abweicht. Durch solche Innendarstellungen wird dem Leser scheinbar ein Wissensvorsprung gegenüber dem Detektiv verschafft. Tatsächlich sind diese Textstellen jedoch zweideutig formuliert, so daß für den Rezipienten nicht erkennbar ist, ob es sich bei den angedeuteten Zielen dieser Personen um den Mord oder um andere Pläne handelt. Die Innendarstellungen werden in der Form der erlebten Rede vergeben:

> Then he remembered his purpose and his lips set back in a grim line. No, by Hell, he'd go on with it! He'd planned this for years. He'd always meant to do - what he was going to do. Yes, he'd go on with it! / That momentary reluctance, that sudden questioning of himself: "Why? Is it worth it? Why dwell on the past? Why not wipe out the whole thing?" - all that was only weakness. He was not a boy to be turned this way and that by the whim of the moment. He was a man of forty, assured, purposeful. He would get on with it. He would do what he had come to England to do. (Christie, *A Holiday for Murder*, 1)

> Her heart beat a little faster. Would it be all right? Would she be able to accomplish what she had set out to do? Surely - surely - she had thought it all out so carefully.... She was prepared for every eventuality. Oh, yes, she would succeed - she must succeed.... (Christie, *A Holiday for Murder*, 3)

2.4.3. Illusionserzeugung durch falsche Hypothesen

Neben den gewöhnlichen Irrfährten werden auch komplexere Techniken zur Erzeugung einer innerfiktionalen Illusion eingesetzt. In vielen Detektivromanen und -geschichten beruht die Illusionswirkung darauf, daß während des gesamten Handlungsablaufs bis zur Aufklärungsszene eine Voraussetzung angenommen wird, die nicht gegeben ist. Diese Hypothese kann ausdrücklich formuliert werden oder implizit enthalten sein; sie wird aber niemals in Frage gestellt. In den meisten Fällen steht sie in engem Zusammenhang mit dem Verbrechen, das die

Detektionshandlung auslöst. So kann sie die Tatsache des Verbrechens als solche, die Umstände des Verbrechens, seine Ausführung oder den Täter betreffen.

Manchmal liegt der Trugschluß bereits in der Interpretation der Sachverhalte, die auf ein Verbrechen oder auf eine andere Todesursache hindeuten. Es kann z. B. dem Anschein nach Selbstmord vorliegen, während es sich in Wirklichkeit um Mord handelt. In Christies Kurzgeschichte "The Dream" bestellt der Millionär Benedict Farley den Detektiv Poirot durch einen Brief seines Sekretärs zu sich und berichtet ihm von einem immer wiederkehrenden Traum, in dem er sich mit einem Revolver erschießt. Eine Woche später wird Farley tatsächlich erschossen in seinem Zimmer aufgefunden, und alle Umstände deuten auf Selbstmord. Am Schluß der Geschichte stellt sich jedoch heraus, daß der Millionär von seinem Sekretär Hugo Cornworthy ermordet wurde, der sich als Farley ausgegeben hatte, als er Poirot von dem angeblichen Traum erzählte. Ebenso vergiftete sich in *The Moving Finger* die Frau des Rechtsanwalts Symmington scheinbar mit Zyanid, nachdem sie einen anonymen Brief erhalten hatte, während sie in Wirklichkeit von ihrem Ehemann umgebracht wurde, der das bei der Toten aufgefundene Stück Papier mit den Worten *I can't go on* fälschte.

Es kann aber auch der entgegengesetzte Fall vorliegen, daß ein Selbstmord als Mord getarnt wird. So erschießt sich in der Sherlock-Holmes-Geschichte "The Problem of Thor Bridge" die Frau des Magnaten Gibson mit einem Revolver und baut mit Hilfe eines raffinierten Tricks die Illusion auf, daß sie von der Geliebten ihres Mannes ermordet wurde: Sie befestigt den Revolver an einer Schnur, an deren anderem Ende sie einen schweren Stein festgebunden hat. Da die Schnur über einem Brückengeländer hängt, kann Mrs Gibson die Waffe nach ihrem Selbstmord im Wasser verschwinden lassen. In der Erzählung "Murder in the Mews" schildert Christie den Tod einer jungen Frau, der zunächst als Selbstmord gedeutet wird. Dann werden jedoch bestimmte Umstände offenbar, die einen Mord nahelegen. So hält die Tote die Pistole in der rechten Hand, obwohl sie Linkshänderin war, und ein mit Zigarettenstummeln gefüllter Aschenbecher und ein Manschettenknopf scheinen darauf hinzuweisen, daß sich eine zweite Person im Raum befand. Tatsächlich wurden diese Umstände jedoch von der Freundin der Ermordeten künstlich geschaffen, um einen Mordverdacht gegen jemanden zu erzeugen.

In anderen Fällen eines scheinbaren Mordes liegt Totschlag vor, oder das Opfer ist von einem Tier getötet worden oder eines natürlichen Todes gestorben. So wird in Christies Roman *Taken at the Flood* ein Totschlag irrtümlich als Mord angesehen und untersucht. Schon in Poes Erzählung "The Murders in the Rue Morgue" erweist sich ein Orang-Utan als 'Täter', und in der Sherlock-Holmes-Geschichte "The Adventure of the Lion's Mane" ist die wahre Todesursache ein seltsames und gefährliches Meerestier mit dem Namen *Cyanea capillata*. In Doyles Geschichte "The Adventure of Shoscombe Old Place" hat Sir Robert Norberton seine Schwester nicht, wie angenommen wird, ermordet, sondern nur ihren Tod geheimgehalten. Ebenso wird in Christies Roman *After the Funeral* der natürliche Tod Richard Abernethies in Frage gestellt.

Gelegentlich wird ein Mord angenommen, obwohl das vermeintliche Opfer noch am Leben ist. In Doyles Geschichte "The Norwood Builder" hält sich z. B. der angeblich ermordete Bauunternehmer Jonas Oldacre in einem Versteck in seinem Haus verborgen, um seinen Gläubigern zu entgehen und sich an der Mutter des Tatverdächtigen zu rächen, die seinen Heiratsantrag einst ablehnte. In der Sherlock-Holmes-Geschichte "The Man with the Twisted Lip" ist sogar das 'Mordopfer' mit dem Tatverdächtigen identisch, der sich als Bettler verkleidet hat und daher nicht erkannt wird. Umgekehrt stellt sich in "The Adventure of the Retired Colourman" erst zum Schluß heraus, daß überhaupt ein Mordfall vorliegt. Der Täter Josiah Amberley konsultiert nämlich den Detektiv, da seine Frau und deren Geliebter angeblich mit Amberleys Geld verschwunden sind. In Wirklichkeit hat Amberley die beiden jedoch umgebracht.

Als falsche Hypothese kann auch eine Annahme über bestimmte Umstände dienen, die mit dem untersuchten Verbrechen in engem Zusammenhang stehen. In "The Adventure of the Lion's Mane" läßt sich sogar Sherlock Holmes durch ein unbenutztes Handtuch irritieren, das an dem Strand liegt, an dem der Lehrer McPherson starb. Daraus wird die falsche Schlußfolgerung gezogen, daß McPherson gar nicht im Wasser gewesen war. Tatsächlich hatte er sich jedoch nach dem Angriff des Tieres nur nicht abgetrocknet:

> The latter fact proved that he had made all ready to bathe, though the towel indicated that he had not actually done so. (Doyle, "The Adventure of the Lion's Mane", 189)

Seit jeher wird das Motiv des 'Mordes im verschlossenen Raum' von den Autoren der Detektivliteratur gern benutzt, um eine gute Täuschungswirkung zu erzielen. Christie macht von diesem Motiv in "Dead Man's Mirror" Gebrauch. In dieser Erzählung wird die Leiche in einem Zimmer aufgefunden, dessen Fenster geschlossen sind und dessen Tür aufgebrochen werden mußte, wobei sich der Zimmerschlüssel in der Tasche des Toten befindet:

> He twitched aside the window curtain and examined the french windows, trying them gently. They were closed. (Christie, "Dead Man's Mirror", 112)

> He went over to the door, where it hung crookedly with its splintered lock. There was no key in the door, as he knew - otherwise he would not have been able to see through the keyhole. There was no sign of it on the floor. Poirot leaned over the dead man and ran his fingers over him. / "Yes," he said. "The key is in his pocket." (Christie, "Dead Man's Mirror", 113)

Ähnlich wie in Poes Geschichte "The Murders in the Rue Morgue", in der das gleiche Problem vorliegt, werden dem Leser hier bewußt falsche Tatsachen vorgespiegelt, denn in Wirklichkeit bestand doch eine Möglichkeit für die Täterin, den Raum durch das Fenster zu verlassen:

> He turned the handle of the left-hand window as he spoke, the middle shaft came up out of the hole in the ground, and Poirot was able to pull the two doors of the window towards him. Having opened them wide, he closed them again - closed them without turning the handle, so as not to send the shaft down into its socket. He let go of the handle, waited a moment, then struck a quick, jarring blow high up on the centre of the shaft. The jar of the blow sent the shaft down into the socket in the ground - the handle turned of its own accord. (Christie, "Dead Man's Mirror", 158)

Auch die Ausführung des Verbrechens bietet dem Autor verschiedene Möglichkeiten zur Mystifikation des Lesers. So konzentriert sich in *The Mysterious Affair at Styles* die Untersuchung der Frage, auf welche Weise das tödliche Strychnin in den Körper Mrs Inglethorps gelangt ist, auf den Kaffee und den Kakao, den sie getrunken hat, während das Gift tatsächlich in ihrer Medizin enthalten war. In *Death in the Clouds* legen ein am Tatort aufgefundenes Blasrohr und ein vergifteter Pfeil die Vermutung nahe, der Mord sei aus einiger Entfernung verübt worden, während der Täter in Wirklichkeit seinem Opfer den Pfeil mit der Hand in den Hals stieß. In Christies Roman *Murder in Mesopotamia* entwirft Dr Leidner einen besonders raffinierten Mordplan, um seine Frau zu töten:

Während allgemein davon ausgegangen wird, daß der Täter Mrs Leidner in ihrem Schlafzimmer erschlug, hat Leidner nach übereinstimmenden Zeugenaussagen diesen Raum zur Tatzeit gar nicht betreten und hatte daher scheinbar keine Möglichkeit, das Verbrechen auszuführen. Tatsächlich beging er den Mord jedoch vom Dach des Hauses aus, indem er seine Frau zuerst mit Hilfe einer vor ihrem Fenster erscheinenden Maske veranlaßte, das Fenster zu öffnen und nach oben zu schauen, und dann einen schweren Gegenstand, den er an einer Schnur befestigt hatte, auf ihren Kopf hinunterfallen ließ. Beim späteren Auffinden der Leiche schloß Leidner das Fenster und legte die Tote an eine andere Stelle des Zimmers.

Ein Beispiel dafür, daß auch in einer Detektiverzählung, die nicht von einem Mord handelt, eine wirksame Täuschung hinsichtlich der Ausführung der Tat möglich ist, liefert die Kurzgeschichte "Motive *v* Opportunity" aus Christies Sammlung *The Thirteen Problems*. In dieser Geschichte wird eine Person gesucht, die ein Testament durch ein leeres Blatt Papier austauschte. Das logische Problem besteht dabei darin, daß zwei Personen zwar die Möglichkeit, aber kein Motiv hatten, den Austausch vorzunehmen, während für zwei andere Personen das genaue Gegenteil gilt. Dieses scheinbare Paradoxon beruht jedoch auf einem Denkfehler, der darin liegt, daß für ein sichtbares Phänomen (das Vorhandensein eines leeren Blatts Papier in dem für das Testament bestimmten Umschlag) eine Ursache (der Austausch des Dokuments durch ein leeres Blatt Papier) als wahr angenommen wird, die theoretisch nur eine von mehreren möglichen Ursachen ist. Es wird dabei kein Grund dafür angegeben, daß diese besondere Ursache für wahr gehalten wird. Da diese Erklärung jedoch einfach und plausibel ist, ergibt sich für den Leser der Eindruck einer zwingenden Kausalität. Das Paradoxon löst sich auf, wenn die falsche durch die richtige Ursache für das Vorhandensein des leeren Blatts Papier in dem Umschlag ersetzt wird: Das Testament wurde mit einer speziellen Tinte geschrieben, die sich von selbst auslöscht. Den gleichen Trick wendet die Autorin in der Geschichte "The Million Dollar Bond Robbery" an, in der ein Paket mit Schuldverschreibungen im Wert von einer Million Dollar spurlos von einem Schiff verschwindet und trotz gründlicher Durchsuchung des Schiffs nicht wiedergefunden wird. Tatsächlich haben sich die

Wertpapiere jedoch gar nicht an Bord befunden, denn das Paket war schon vorher ausgetauscht worden.

Der größte Teil aller falschen Hypothesen betrifft den Verbrecher. Manchmal wird hinsichtlich der Person des Täters eine Annahme als selbstverständlich vorausgesetzt, die nicht mit den Tatsachen übereinstimmt. Eine solche Annahme kann sich beispielsweise auf das Geschlecht des Täters beziehen. So erweckt Christie in ihrem Roman *Murder is Easy*, in dem die Morde von einer Frau begangen werden, gezielt den Eindruck, bei dem Mörder handle es sich um einen Mann, obwohl aus dem von Miss Pinkerton am Anfang des Romans geäußerten Verdacht das Geschlecht des Betreffenden gar nicht hervorgeht:

> "The look on a person's face ..." (Christie, *Murder is Easy*, 14)

Die Illusion wird vor allem dadurch aufgebaut, daß der Amateurdetektiv Luke Fitzwilliam bei seiner scheinbar methodischen Analyse ausschließlich Männer als Tatverdächtige berücksichtigt. Die Grundannahme, der Täter sei männlichen Geschlechts, ist im gesamten im Roman dargestellten Deduktionsprozeß nur implizit enthalten und wird an keiner Stelle ausdrücklich formuliert oder begründet. Den Ausgangspunkt der Überlegungen bildet eine Liste aller Verdächtigen, die nur Namen von Männern enthält:

> *Dr. Thomas. / Mr. Abbot. / Major Horton. / Mr. Ellsworthy. / Mr. Wake. / Mr. Jones. / Amy's young man. / The butcher, the baker, the candlestick maker, etc.* (Christie, *Murder is Easy*, 60)

Bei der Wiedergabe von Lukes Schlußfolgerungen verwendet Christie zur Bezeichnung des Unbekannten in geschickter Weise abwechselnd die Substantive *man* und *person*:

> She believed that she knew the man whom Miss Pinkerton had suspected, but it was, as she had pointed out, only a *belief* on her part. It was possible that she was mistaken. / Who was the person in Miss Waynflete's mind? / Miss Waynflete was distressed lest an accusation by her might injure an innocent man. Therefore the object of her suspicions *must* be a man of high standing, generally liked and respected by the community. (Christie, *Murder is Easy*, 117)

Das gleiche Verfahren mit umgekehrten Vorzeichen liegt in dem Roman *The Moving Finger* zugrunde, in dem von der falschen Voraussetzung ausgegangen wird, die anonymen Briefe seien von einer Frau geschrieben worden, während der Schuldige in Wirklichkeit ein Mann ist. Bei der Aufstellung der Liste der Verdächtigen wird als einziger Mann Mr Pye berücksichtigt, der jedoch abnorme feminine Züge hat. Im Gegensatz zu *Murder is Easy* wird die Hypothese hinsichtlich des Geschlechts des Täters in diesem Roman explizit formuliert. Sie bildet den Abschluß eines langen Vortrags Inspektor Graves', in dem dieser seinem staunenden Publikum die Resultate der polizeilichen Untersuchungen im Fall des anonymen Briefschreibers darlegt. Indem Christie beim Leser Bewunderung für die Methoden der Polizei erzeugt, gelingt es ihr, den Rezipienten von der Richtigkeit der vom Inspektor vorgebrachten falschen Hypothese zu überzeugen:

> Symmington asked: / 'Have you come to any definite opinion as to the writer?' / Graves cleared his throat and delivered a small lecture. / 'There are certain similarities shared by all these letters. [...] They were written by a woman, and in my opinion a woman of middle age or over, and probably, though not certainly, unmarried.' / We maintained a respectful silence for a minute or two. (Christie, *The Moving Finger*, 66 f.)

In *Mrs McGinty's Dead* wird die Glaubwürdigkeit der Hypothese hinsichtlich des Geschlechts des Täters durch die romantische Ausdrucksweise eines Zeitungsberichts erzielt. Eva Kane, deren Kind ein Junge ist, spricht in einem Interview von ihrer 'Tochter', obwohl das Kind zu diesem Zeitpunkt noch nicht geboren war:

> *"My daughter shall grow up happy and innocent.* Her *life shall not be tainted by the cruel past. That I have sworn. My tragic memories shall remain mine alone."* (Christie, *Mrs. McGinty's Dead*, 72 f.)

Zusätzlich wird in diesem Roman die Ambivalenz des Namens *Evelyn* als männlicher und weiblicher Vorname zum Suggerieren der falschen Hypothese ausgenutzt.

Die Irreführung des Lesers hinsichtlich der Person des Täters kann auch darin bestehen, daß der Eindruck erzeugt wird, der Mörder gehöre einem geschlossenen Kreis von wenigen Personen an, die sich zur Tatzeit nachweislich am Ort des Verbrechens aufhielten und häufig Mitglieder einer Familie sind. Die Ermittlung konzentriert sich daher ständig auf eine kleine Gruppe, während sich als Täter ein Außenseiter erweist, der gar nicht zu dieser Gruppe zählt. Der offensichtliche Verdächtigenkreis kann sich in einzelnen Fällen, wie z. B. in Christies Erzählung "The Mystery of the Spanish Chest", auf nur zwei Personen reduzieren. Es wird hier also ein falscher Schwerpunkt gebildet, der manchmal noch durch eine Liste aller Verdächtigen verstärkt wird, auf welcher der Name des wirklich Schuldigen natürlich fehlt. So enthält die Liste in *Murder in Mesopotamia* sieben Namen, jedoch nicht den des Täters Dr Leidner:

> '[...] Under the heading of *means and opportunity* we have seven names. Nurse Leatheran, Miss Johnson, Mrs Mercado, Mr Mercado, Mr Reiter, Mr Emmott and Father Lavigny.' (Christie, *Murder in Mesopotamia*, 103)

In *Three Act Tragedy* stehen jene Personen im Zentrum des Verdachts, die an beiden Gesellschaften teilnahmen, auf denen sich zwei einander ähnelnde Morde ereigneten. Da sich der Täter jedoch bei der zweiten Gesellschaft als Butler verkleidete, während er sich angeblich in Monte Carlo aufhielt, gehört er nicht zu diesem Personenkreis und befindet sich von vornherein außerhalb jedes Verdachts. In *Hercule Poirot's Christmas* besteht die Ermittlungstätigkeit hauptsächlich darin, daß der Detektiv und die Polizei die Familienmitglieder des ermordeten Simeon Lee befragen, die sich zum Zeitpunkt der Tat im Haus Gorston Hall befanden. Der wirkliche Täter ist jedoch der Polizeibeamte Superintendent Sugden. Ebenso erweist sich in Christies Roman *4.50 from Paddington* kein Mitglied der Familie Crackenthorpe als Täter, sondern der Arzt Dr Quimper.

Eines der Muster, die in Christies Detektivromanen und -geschichten immer wiederkehren, ist das 'perfekte Alibi'. Die Autorin vermittelt bewußt den Eindruck, es sei nach den Gesetzen der Logik unmöglich, daß die Person, die sich in der Aufklärungsszene als der Täter herausstellt, den Mord begangen habe. Die betreffende Person steht somit von Anfang an außerhalb des Verdächtigenkreises. Diese Illusion eines perfekten Alibis kann auf zwei Arten erzeugt werden: Entweder ist das Alibi fingiert, oder der Täter besitzt tatsächlich für die angenommene Tatzeit ein einwandfreies Alibi, das jedoch völlig wertlos ist, weil ein falscher Zeitpunkt des Verbrechens vorgetäuscht wurde. Für beide Methoden hat Christie die vielfältigsten Variationen entwickelt.

Der Täter kann sich ein Alibi verschaffen, indem er die Illusion erzeugt, er habe sich zur Tatzeit an einem anderen Ort befunden. So hält sich Lewis Serrocold in *They Do it with Mirrors* scheinbar in seinem Arbeitszimmer auf, begeht jedoch tatsächlich den Mord in einem anderen Teil des Hauses. Lady Edgware in *Lord Edgware Dies* nimmt angeblich an einer Dinner-Party in Chiswick teil, während sie ihren Mann in seinem Haus in Regent Gate ersticht, und Victor Drake in dem Roman *Sparkling Cyanide* befindet sich dem Schein nach zum Zeitpunkt des Mordes sogar am anderen Ende der Welt in Buenos Aires. In allen drei Fällen verschafft sich der Täter sein Alibi mit Hilfe einer anderen Person, die in *Lord Edgware Dies* sogar die Täterin an deren angeblichem Aufenthaltsort als 'Double' vertritt. In *The Sittaford Mystery* gründet sich das Alibi Major Burnabys auf die Unmöglichkeit, den Tatort zum Zeitpunkt des Verbrechens zu Fuß erreicht zu haben. Tatsächlich benutzte er jedoch Skier. Eine raffiniertere Art, ein falsches Alibi zu konstruieren, besteht darin, den Leser glauben zu lassen, die betreffende Person sei zur Tatzeit gar nicht in der Lage gewesen, einen Mord zu verüben. Simon Doyle in *Death on the Nile* simuliert z. B. eine Schußverletzung am Bein, während er seine Frau erschießt. Ein noch besseres Alibi besitzt der Richter Wargrave in Christies bekanntem Roman *Ten Little Niggers*. Er täuscht nämlich seine eigene Ermordung vor und wird daher als Täter gänzlich ausgeschlossen.

Die Vortäuschung einer falschen Tatzeit kann ebenfalls auf verschiedene Weise erfolgen. So kann die Tatzeit dem Leser direkt suggeriert werden. In *The Murder at the Vicarage* geschieht dies z. B. durch eine künstlich verursachte Explosion, die sich wie ein Schuß anhört. Der gleiche Effekt wird in "Dead Man's Mirror" durch das Zerschlagen einer mit Luft gefüllten Papiertüte erzielt. In *Hercule Poirot's Christmas* simuliert der Täter den Kampf zwischen Mörder und Opfer und den Todesschrei Simeon Lees mit Hilfe einer schlauen mechanischen Vorrichtung: Er befestigt eine Schnur an den Möbeln im Zimmer des Ermordeten und läßt die beiden Enden der Schnur aus dem Fenster hängen. Die Möbel stellt er so übereinander, daß sie umfallen und einen großen Lärm verursachen, wenn von außen an der Schnur gezogen wird. Den Todesschrei ahmt der Mörder mit einem 'sterbenden Schwein' nach, einem Ballon, der beim Entweichen der Luft ein Geräusch erzeugt.

In anderen Fällen erfolgt die Suggestion auf indirekte Art, indem die Illusion erzeugt wird, das Mordopfer sei nach dem tatsächlichen Zeitpunkt der Tat noch am Leben oder in diesem Augenblick bereits tot. Wird der Mord vor der angeblichen Tatzeit verübt, so muß dem Leser der Eindruck vermittelt werden, das Opfer lebe noch, obwohl das Verbrechen in Wirklichkeit bereits stattgefunden hat. Dazu kann ein technisches Hilfsmittel benutzt werden, wie z. B. ein Diktiergerät in *The Murder of Roger Ackroyd*, auf dem die Stimme des Toten nach dem Mord zu hören ist. Es ist aber auch möglich, daß der Täter oder sein Komplize die Rolle der Person übernehmen, die bereits tot ist. So zieht in *One, Two, Buckle My Shoe* der Mörder Alistair Blunt den Kittel seines Opfers, des Zahnarztes Mr Morley, an, und in dem Roman *The Mystery of the Blue Train* stellt Ada Mason, das Dienstmädchen der Ermordeten und eine Komplizin des Täters, ihre Chefin nach dem Mord dar. In *Hickory, Dickory, Dock* verschafft sich der Täter Nigel Chapman ein hervorragendes Alibi, indem er sich auf einer Polizeiwache von einer jungen Frau anrufen läßt, die sich als Patricia Lane ausgibt. Wenig später wird Patricia tot aufgefunden. Tatsächlich erschlug Chapman sein Opfer bereits vor seinem Besuch bei der Polizei und ließ den Anruf von seiner Komplizin ausführen. In der Kurzgeschichte "The Affair at the Victory Ball" schlüpft der Mörder in ein Harlekinskostüm, das auch sein Opfer auf einem Kostümfest trägt. Eine sehr originelle Variante dieser Technik findet sich in der Geschichte "Problem at Sea": Hier ist der Täter ein ehemaliger Bauchredner, der die angeblich aus einer Schiffskabine kommende Stimme seiner Frau nachahmt.

Liegt der tatsächliche Zeitpunkt des Verbrechens dagegen später, als angenommen wird, so muß der Leser davon überzeugt werden, daß das Opfer bereits tot ist, während der Mord tatsächlich noch gar nicht geschehen ist. In *Evil Under the Sun* wird dies erreicht, indem die Komplizin des Täters kurz vor dem Mord mit Hilfe eines Duplikats von Arlena Marshalls grünem Hut, einer falschen roten Locke und eines Bräunungsmittels die Rolle der am Strand aufgefundenen Toten spielt. In der Geschichte "A Christmas Tragedy" aus dem Buch *The Thirteen Problems* kommt dem Mörder der günstige Umstand zu Hilfe, daß sich im Haus zufällig die Leiche einer auf natürliche Weise verschiedenen Person befindet, die noch nicht vom Beerdigungsinstitut abgeholt worden ist und die er daher zum Vortäuschen einer falschen Tatzeit benutzen kann. Dagegen müssen die Täter in

The Body in the Library erst einen zusätzlichen Mord begehen, um sich die nötige zweite Leiche zu beschaffen. In der Erzählung "The Mystery of the Spanish Chest" wird das Vorhandensein einer Leiche vor dem tatsächlichen Mord nicht unmittelbar dargestellt, sondern ergibt sich daraus, daß nachträglich der Tatablauf unzutreffend rekonstruiert wird: Während allgemein angenommen wird, daß der Täter sein Opfer nach dem Mord in die Kommode legte, versteckte sich der eifersüchtige Ehemann selbst darin, um seine Frau zu überwachen, und wurde erst später vom Mörder erstochen.

Die Annahme einer falschen Tatzeit hat zur Folge, daß sich die Rekonstruktion der Alibis der einzelnen Verdächtigen für diese Zeit als völlig nutzlos erweist. Der Roman *The Murder of Roger Ackroyd* enthält z.B. eine detaillierte Aufstellung, aus der genau zu ersehen ist, wo sich jede einzelne Person am Abend des Mordes zwischen 21.45 und 22.00 Uhr befand (vgl. Christie, *The Murder of Roger Ackroyd*, 78). Tatsächlich wurde der Mord jedoch schon eine Stunde früher, nämlich kurz vor 20.50 Uhr, verübt. Auch in *Hercule Poirot's Christmas* kreisen die Gespräche ständig um die Alibis der Tatverdächtigen für die angenommene Tatzeit, obwohl Simeon Lee zu diesem Zeitpunkt schon länger als eine Stunde tot war.

Manchmal betrifft die falsche Hypothese nicht das Verbrechen als solches, sondern andere wichtige Elemente der Erzählung. In einigen ihrer Werke stellt Christie die Figurenkonstellation bewußt in einer irreführenden Weise dar. So wird dem Leser in *Death on the Nile* der Eindruck vermittelt, Simon Doyles ehemalige Verlobte Jacqueline de Bellefort verfolge Doyle und seine hübsche reiche Frau Linnet auf ihrer Hochzeitsreise, um sich an dem jungen Paar zu rächen. Tatsächlich besteht die Beziehung zwischen Simon und Jacqueline jedoch immer noch, und die beiden haben es nur auf das Geld Linnets abgesehen. Ebenso täuscht die Autorin in *Evil Under the Sun* ein Liebesverhältnis zwischen Patrick Redfern und Arlena Marshall vor, während Redfern in Wirklichkeit ein Schwindler ist, der Arlena um ihr Geld betrügt, wobei er von seiner Komplizin Christine, welche die Rolle der 'betrogenen Ehefrau' spielt, unterstützt wird.

2.4.4. Illusionserzeugung durch Umkehrung der Perspektive

Manchmal erscheint die falsche Hypothese dem Leser glaubwürdig, weil der Autor ihn das Geschehen aus einer falschen Perspektive heraus betrachten läßt. Diesem Verfahren liegt die Neigung des Rezipienten zugrunde, einen bestimmten Blickpunkt zu beziehen und sämtliche Ereignisse und Sachverhalte von diesem Punkt aus zu betrachten und zu interpretieren. Er übersieht dabei alle Deutungsmöglichkeiten, die sich erst aus einer Verlagerung der Perspektive ergeben würden. Der Verblüffungseffekt in der Aufklärungsszene resultiert daraus, daß sich herausstellt, daß der bisher eingenommene Blickwinkel der innerfiktionalen Realität nicht adäquat war, so daß die Zusammenhänge nicht offenbar werden konnten. Diese Möglichkeit der Irreführung wird meistens in der Weise realisiert, daß der Täter bzw. die Person, welche die rätselhaften Umstände verursacht hat, so dargestellt wird, als sei sie deren Opfer. Durch diese Rollenänderung wird die Blickrichtung des Lesers umgekehrt, so daß seine Aufmerksamkeit vom tatsächlichen Opfer abgelenkt wird und der Täter, der die Stellung des Opfers einnimmt, über jeden Verdacht erhaben erscheint. Oft handelt es sich bei dem vermeintlichen Opfer um den jeweiligen Klienten des Detektivs, der die Detektionstätigkeit auslöst, indem er den Detektiv um Hilfe bittet.

Schon Doyle wendet diesen Kunstgriff in mehreren seiner Kurzgeschichten an. So gelingt es Neville St Clair in "The Man with the Twisted Lip", den Eindruck zu erwecken, er sei einem Mord zum Opfer gefallen, während er sich in Wirklichkeit als Bettler verkleidet. In "The Norwood Builder" täuscht Jonas Oldacre seine Ermordung vor, indem er sich in seinem Haus versteckt, und in "The Adventure of the Retired Colourman" spielt Josiah Amberley, der Sherlock Holmes als Klient aufsucht, die Rolle des 'betrogenen Ehemannes', während er tatsächlich seine Frau und deren Liebhaber ermordet hat. Auch Agatha Christies Detektiv Hercule Poirot ist manchmal für Klienten tätig, die das zu untersuchende Verbrechen selbst ausgeführt haben. Lord Mayfield in der Erzählung "The Incredible Theft" entwendet z. B. die sich in seinem Besitz befindlichen geheimen Pläne für ein Bombenflugzeug, um sie einer ausländischen Regierung im Austausch gegen einen ihn kompromittierenden Brief zukommen zu lassen. In der Geschichte "The Adventure of Johnnie Waverly" ist der Vater des dreijährigen Johnnie auch der Entführer des Kindes. Ebenso wird in "Double Sin" ein Raub von wertvollen Miniaturen vorgetäuscht, und in "The Veiled Lady" erweist sich eine junge verschleierte Frau, die Poirot in melodramatischer Weise von ihrer Erpressung berichtet, als Mitglied einer Bande von Juwelendieben.

In einigen Romanen Christies stellt das Muster des scheinbar mißglückten Mordanschlags das zentrale Mittel der Illusionserzeugung dar. Dabei sind zwei Grundvarianten zu unterscheiden. Die erste Möglichkeit besteht darin, daß auf eine Person, bei der es sich in Wirklichkeit um den Täter handelt, mehrere Mordanschläge verübt werden, die jedoch mißlingen. So entsteht der Eindruck, jemand trachte dieser Person nach dem Leben. Einer der Anschläge hat scheinbar aufgrund eines Irrtums des Mörders oder eines unvorhergesehenen Zufalls den Tod einer anderen Person zur Folge. Da dem Leser suggeriert wird, der Anschlag habe nicht dem Ermordeten, sondern der Person in der Opferrolle gegolten, betrachtet er den tatsächlich geschehenen Mord unter einem falschen Blickwinkel, so daß er den Täter in der Rolle des Opfers der Anschläge von vornherein nicht verdächtigt. Der gesamte Handlungsablauf ist dabei so angelegt, daß die Hypothese des mißlungenen Mordversuchs durch einzelne Vorkommnisse immer wieder bestätigt wird, was den Leser veranlaßt, die am Anfang des Romans eingenommene Perspektive beizubehalten.

In *Peril at End House* vermittelt Christie dem Leser die Illusion, der Mörder Maggie Buckleys habe nicht Maggie, sondern ihre Kusine Nick töten wollen. Der angebliche Fehler des Täters wird damit erklärt, daß Maggie zum Zeitpunkt des Mordes das Umhängetuch ihrer Kusine trug:

> 'But why? But why? Who could have wanted to kill *her*?' / Poirot's reply came quickly and firmly. / 'It was not her they meant to kill, Mademoiselle! It was *you*! They were misled by the shawl.' (Christie, *Peril at End House*, 80)

Tatsächlich ist jedoch Nick die Täterin, die Maggie vorsätzlich ermordete und auf diese Weise Hercule Poirot irreführen wollte. Indem Christie bereits vor dem Mord einen Anschlag auf Nick unmittelbar schildert und die junge Frau von drei weiteren berichten läßt, denen sie angeblich bereits entgangen war, erzeugt die Autorin beim Leser eine Erwartung, die durch den Mord scheinbar erfüllt wird. Dadurch scheint sich die Annahme der mißlungenen Mordanschläge zu bewahrheiten. Eine endgültige Bestätigung der falschen Hypothese erfolgt schließlich in Form eines zusätzlichen Anschlags auf Nick nach dem Mord.

Ebenso wird in *The Mirror Crack'd from Side to Side* das vermeintliche Scheitern des Verbrechens darauf zurückgeführt, daß Heather Badcock ihren Cocktail über ihrem Kleid verschüttete und Marina Gregg Mrs Badcock daraufhin ihren eigenen Cocktail anbot, in dem sich das scheinbar für Marina bestimmte Gift befand. In *A Murder is Announced* gelingt es Miss Blacklock auf diese Weise, zwei Morde zu begehen, ohne selbst in Verdacht zu geraten. Sowohl der Mord an Rudi Scherz als auch die Ermordung Dora Bunners werden in diesem Roman als mißglückte Mordanschläge auf Miss Blacklock angesehen. In dem Roman *One, Two, Buckle My Shoe*, den Christie wahrscheinlich zu Beginn des zweiten Weltkriegs schrieb und der in den USA unter dem Titel *The Patriotic Murders* erschien, wird gezielt die Illusion aufgebaut, der reiche und mächtige Bankier Alistair Blunt, ein Garant des Wohlstands und eine Symbolfigur der konservativen und demokratischen Traditionen Großbritanniens, sei Opfer eines internationalen Komplotts von Kommunisten, Anarchisten und Faschisten. Tatsächlich ist Blunt der Täter, und die Morde waren nicht, wie angenommen wurde, öffentlicher, sondern privater Natur.

Bei der zweiten Variante des Musters des scheinbar mißglückten Mordanschlags versucht der Täter, den Detektiv irrezuführen, indem er auf sich selbst einen Mordanschlag verübt, dabei aber so vorgeht, daß er den Anschlag überlebt. Der vorgetäuschte Mordanschlag kann nach dem tatsächlichen Mord erfolgen. So läßt die Täterin Josephine in dem Roman *Crooked House* einen schweren Marmorblock auf ihren Kopf herabfallen, und Miss Gilchrist in *After the Funeral* ißt mit Arsen vergifteten Kuchen. Dabei wird dem Leser die Illusion vermittelt, die betreffende Person habe genauere Kenntnisse über das geschehene Verbrechen, so daß der Mörder sie beseitigen wolle:

> Though neither Taverner nor I had any real clue to the poisoner of old Leonides, it was highly possible that Josephine had. What I had taken for childish nonsense and "showing off" might very well have been something quite different. Josephine, in her favourite sports of snooping and prying, might have become aware of some piece of information that she herself could not assess at its proper value. (Christie, *Crooked House*, 117)

Der fingierte Mordversuch kann jedoch auch gleichzeitig mit dem wirklichen Mord unternommen werden. In dem Roman *Death Comes as the End* erkranken z. B. die Brüder Yahmose und Sobek nach dem Genuß von vergiftetem Wein schwer. Während Yahmose den Mordanschlag überlebt, stirbt Sobek an der Vergiftung. Scheinbar plante der Mörder, beide Brüder zu töten, und der Ausgang des Anschlags ist nur auf die unterschiedlichen Charaktere Yahmoses und Sobeks zurückzuführen:

> "It is fortunate that Yahmose drank much less of the poisoned wine. He sipped his wine, whereas it seems your son Sobek tossed it off at a draught." / Imhotep groaned. / "You have there the difference between them. Yahmose timid, cautious and slow in his approach to everything, even eating and drinking. Sobek, always given to excess, generous, free-handed - alas! imprudent." (Christie, *Death Comes as the End*, 97)

Tatsächlich hat jedoch Yahmose seinen Bruder vergiftet und selbst nur so viel von dem Wein getrunken, daß für ihn keine Todesgefahr bestand.

2.4.5. Illusionserzeugung durch Konstruktion falscher Theorien

In manchen Detektivromanen und -geschichten werden falsche Hypothesen zu vollständigen Theorien und Erklärungsmodellen ausgeweitet. Dabei geht der Autor nach folgender Verfahrensweise vor: Er präsentiert eine Reihe von Fakten, zwischen denen er dann logische Beziehungen herstellt. Daraus ergibt sich eine Theorie, in welcher der Ablauf der Ereignisse rekonstruiert wird. Die Theorie erklärt dabei sämtliche genannten Fakten. In der Aufklärungsszene stellt sich jedoch heraus, daß die aufgestellte Theorie mit der innerfiktionalen Realität in keiner Weise übereinstimmt. Die falsche Theorie wird daher durch eine neue Theorie ersetzt, die ebenfalls alle Fakten zu erklären vermag, sich aber im Gegensatz zur ursprünglichen Theorie mit der Wirklichkeit deckt. Dieses Verfahren basiert darauf, daß sich der Leser während des Lesevorgangs nicht dessen bewußt ist, daß für eine Gruppe von Fakten eine theoretisch unbegrenzte Zahl von Erklärungen möglich sind, von denen aber nur eine einzige zutreffend sein kann. Dies hat zur Folge, daß er die nächstliegende Erklärung, die äußerst plausibel erscheint, für die einzig mögliche und richtige hält.

So schildert Doyle in der Sherlock-Holmes-Geschichte "The Man with the Twisted Lip" die folgenden rätselhaften Ereignisse: Neville St Clair fährt wie jeden Tag in die Londoner Innenstadt, um dort seinen Geschäften nachzugehen. Als seine Frau, die sich an diesem Tag zufällig ebenfalls in der City aufhält, durch eine Straße geht, hört sie plötzlich einen Schrei. An einem Fenster eines Hauses erkennt sie das Gesicht ihres Mannes, der sich offenbar in großer Aufregung befindet und ihr zuwinkt. Als das Gesicht auf einmal vom Fenster verschwindet, versucht Mrs St Clair, die glaubt, daß sich ihr Mann in Not befindet, in das Zimmer zu gelangen, wird aber vom Besitzer des Hauses aufgehalten und auf die Straße zurückgestoßen. Mit der Unterstützung einiger Polizisten gelingt es ihr schließlich aber doch, die Wohnung im zweiten Stock des Hauses zu betreten. Dort findet sie allerdings nur einen verkrüppelten Bettler vor, den Bewohner der Wohnung, während von ihrem Mann jede Spur fehlt. Ein Kinderspielzeug, das Neville St Clair besorgt hatte, Blutspuren auf dem Fensterbrett und dem Fußboden sowie das Vorhandensein sämtlicher Kleidungsstücke des Mannes, mit Ausnahme seines Mantels, in der Wohnung lassen jedoch darauf schließen, daß St Clair sich tatsächlich dort aufhielt und einem scheußlichen Verbrechen zum Opfer gefallen ist. Als das Wasser, das sich unter dem Schlafzimmerfenster des Bettlers befindet, bei Ebbe absinkt, kommt im Schlamm der Mantel St Clairs zum Vorschein, dessen Taschen mit Geldstücken gefüllt sind.

Auf der Grundlage dieser Fakten wird das Geschehen folgendermaßen rekonstruiert: Der Bettler stößt St Clair aus dem Fenster und muß sich auch der Kleidungsstücke des Mannes entledigen, um keinen Verdacht aufkommen zu lassen. Als ihm einfällt, daß der Mantel auf dem Wasser treiben würde, anstatt zu sinken, füllt er die Taschen in der Eile mit den Münzen, die er sich erbettelt hat. Nachdem er den Mantel hinausgeworfen hat, hört er die Polizei kommen, und es fehlt ihm daher die Zeit, auch die anderen Kleidungsstücke St Clairs auf die gleiche Weise verschwinden zu lassen. Dieser erzeugten Illusion steht der tatsächliche Ablauf der Ereignisse gegenüber: Neville St Clair führt ein Doppelleben in der Rolle eines Bettlers. Als er voller Entsetzen vom Fenster aus seine Frau auf der Straße sieht, wirft er seine Arme hoch, um sein Gesicht zu verstecken, fleht den Hausbesitzer an, Mrs St Clair am Betreten der Wohnung zu hindern, und verkleidet sich dann als Bettler. Darauf fällt ihm ein, daß seine Kleidungsstücke ihn verraten könnten, und er öffnet das Fenster des Schlafzimmers. Dabei fängt eine kleine Wunde, die er sich am gleichen Tag zugezogen hat, wieder zu bluten an. St Clair wirft seinen Mantel, mit den Geldstücken beschwert, aus dem Fenster ins Wasser, hat jedoch keine Zeit mehr, das gleiche mit den übrigen Kleidungsstücken zu tun.

Ähnlich verfährt Doyle in der Geschichte "The Yellow Face". In dieser Erzählung berichtet Grant Munro, der über das merkwürdige Verhalten seiner Frau besorgt ist, dem Detektiv von mehreren sonderbaren Vorkommnissen: Zuerst bittet Mrs Munro ihren Mann um hundert Pfund, ohne ihm den Grund hierfür zu nennen. Dann bemerkt Munro am Fenster eines kleinen Wohnhauses, das sich in der Nähe seines eigenen Landhauses befindet, ein Gesicht, dessen Farbe unnatürlich gelb ist. Nachdem er seiner Frau mitgeteilt hat, daß das andere Haus bewohnt ist, besucht Mrs Munro die neuen Nachbarn mehrmals heimlich. Als Munro daraufhin in das fremde Haus eindringt, findet er es verlassen vor, und in dem Zimmer, in dem das seltsame Gesicht erschien, entdeckt er ein Foto seiner Frau. Außerdem erfährt Holmes von seinem Klienten, daß Mrs Munro früher in den USA verheiratet war und daß ihr erster Ehemann und ihr Kind dort an Gelbfieber gestorben sind. Aufgrund dieser Tatsachen entwickelt der Detektiv die folgende Theorie: Der frühere Ehemann Mrs Munros, den sie wegen seiner Krankheit verlassen hat, ist nicht tot, sondern befindet sich in dem fremden Haus und droht ihr damit, ihr Geheimnis preiszugeben, während Mrs Munro versucht, ihn davon abzuhalten. Zu diesem Zweck dienten auch die hundert Pfund. Tatsächlich erweist sich das gelbe Gesicht jedoch als eine Maske, hinter der sich die Tochter Mrs Munros verbirgt, die wie ihr Vater schwarzer Hautfarbe ist. Diese Tatsache hat Mrs Munro vor ihrem Mann geheimgehalten, und das Geld war für die Frau bestimmt, die sich um das Kind kümmert.

Während Doyle dem Leser die falsche Theorie geschlossen und zusammenhängend präsentiert, baut Christie sie allmählich und in einzelnen Schritten auf. In dem Roman *After the Funeral* beruht die Theorie auf der falschen Hypothese, Richard Abernethie, der tatsächlich an einer Krankheit gestorben ist, sei ermordet worden. Die Zweifel am natürlichen Tod Abernethies werden am Anfang des Romans geweckt und verstärken sich nach und nach im Verlauf der Handlung.

Als Auslöser fungiert dabei eine scheinbar ungeschickte Bemerkung von Abernethies Schwester Cora Lansquenet am Tag der Beerdigung:

> "But he *was* murdered, wasn't he?" she said. (Christie, *After the Funeral*, 16)

Indem dieser Satz mehrmals wiederholt wird (vgl. Christie, *After the Funeral*, 19, 23, 26, 30), prägt er sich dem Leser unwillkürlich ein, so daß er die Worte Coras bald für wahr hält. Die Überzeugungskraft der Hypothese wird zusätzlich dadurch verstärkt, daß Cora als *enfant terrible* charakterisiert wird und dafür bekannt ist, daß sie ständig unangenehme Wahrheiten ausplaudert. Dabei ergibt sich die suggestive Wirkung des Wortes *truths* aus seiner Betonung und Wiederholung:

> After all, Cora had always been, if not subnormal, at any rate embarrassingly *naïve*. She had never had any idea of what should or should not be said. At nineteen it had not mattered so much. The mannerisms of an *enfant terrible* can persist to then, but an *enfant terrible* of nearly fifty is decidedly disconcerting. To blurt out unwelcome truths - / Mr. Entwhistle's train of thought came to an abrupt check. It was the second time that that disturbing word had occurred. *Truths*. And why was it so disturbing? Because, of course, that had always been at the bottom of the embarrassment that Cora's outspoken comments had caused. It was because her *naïve* statements had been either true or had contained some grain of truth that they had been so embarrassing! (Christie, *After the Funeral*, 17)

> Such a fool, Cora. Always had been. Rushing in where angels fear to tread ... Blurting out unpleasant truths ... / *Truths*! / That blasted word again .... (Christie, *After the Funeral*, 26)

Durch die Ermordung Coras erfolgt eine scheinbare Bestätigung der falschen Hypothese. Gleichzeitig ist dieses Verbrechen, das scheinbar den zweiten, in Wirklichkeit aber den ersten und einzigen Mord in diesem Roman darstellt, ein Bestandteil der Theorie, die dem Leser suggeriert wird. Nach dieser Theorie wurde Cora Lansquenet ermordet, weil sie Informationen über den Mord an Richard Abernethie besaß. Diese Annahme wird ausdrücklich von Poirot formuliert, der sie allerdings von der Richtigkeit der grundlegenden Hypothese abhängig macht:

> "[...] Given that the original assumption is correct, it is logical. The perfect murder, the murder of Richard Abernethie, has been committed, all has gone off smoothly - and suddenly it appears that there is one person who has a knowledge of the truth! Clearly that person must be silenced *as quickly as possible*." (Christie, *After the Funeral*, 61)

Die Illusion wird zudem verstärkt, indem die Untersuchung des angenommenen Mordes an Richard Abernethie in ihrem Verlauf genau der Analyse eines tatsächlichen Mordfalls entspricht. So wird zunächst der Verdächtigenkreis eingegrenzt:

> "[...] This Cora, she knows Richard Abernethie was killed, yet she acquiesces in the hushing up. She says 'I think you are all quite right.' Therefore it *must* be one of the family who is concerned, someone whom the victim himself might prefer not to have openly accused. Otherwise, since Cora was fond of her brother, she would not agree to let the sleeping murderer lie. [...]" (Christie, *After the Funeral*, 62)

Danach wird die Mordmethode bestimmt:

> "Where poison is concerned there are all sorts of possibilities. It must, presumably, have been a narcotic of some sort if he died in his sleep and if there were no suspicious appearances. Possibly he was already having some narcotic administered to him." (Christie, *After the Funeral*, 62)

Schließlich werden Untersuchungen eingeleitet, um die Vermutungen zu verifizieren:

> "[...] Find out what medicines Mr. Abernethie was taking at the time of his death and before. Find out if Richard Abernethie ever said anything to his doctor about fancying himself being poisoned. [...]" (Christie, *After the Funeral*, 65)

Der weitere Aufbau der Theorie wird in folgenden Schritten vorgenommen: Der Leser erfährt von einem Besuch Richard Abernethies bei seiner Schwester Cora, bei dem er angeblich den Verdacht äußerte, von jemandem vergiftet zu werden. Miss Gilchrist, die Gesellschafterin Coras, scheint sich ebenfalls in großer Gefahr zu befinden, ermordet zu werden, weil auch sie Genaueres über Abernethies Vermutungen erfahren haben könnte:

> He paused and then said in a different voice: "Has it occurred to you, my friend, that your Miss Gilchrist may be in some danger herself?" / [...] / "[...] Cora voiced her suspicions on the day of the funeral. The question in

the murderer's mind will be, did she voice them to anybody when she first heard of Richard's death? And the most likely person for her to have spoken to about them will be Miss Gilchrist. [...]" (Christie, *After the Funeral*, 65 f.)

Diese Hypothese, die den Leser einen Mordanschlag auf Miss Gilchrist erwarten läßt, wird scheinbar dadurch bestätigt, daß ein solcher Anschlag tatsächlich verübt wird. Ein weiteres Indiz, das für eine Ermordung Richard Abernethies spricht, folgt in Form eines mehrdeutigen Satzes in einem Brief Abernethies an seine Schwester Cora:

"*Please don't say anything to anyone about what I told you. It may be a mistake.* [...]" (Christie, *After the Funeral*, 97)

Dieser Satz scheint zu beweisen, daß Abernethie vor seinem Tod gegen jemanden einen Verdacht hegte. Schließlich wird die vollständige Theorie formuliert, die sich aus den einzelnen Fakten und Hypothesen ergibt. Nach dieser Theorie wird der Ablauf der Ereignisse wie folgt rekonstruiert:

"[...] Richard Abernethie had been down to the cottage. He had talked to Cora. He had, perhaps, actually mentioned a *name*. The only person who might possibly have known or overheard something was Miss Gilchrist. After Cora is silenced, the murderer might continue to be anxious. Does the other woman know something - anything? [...]" (Christie, *After the Funeral*, 109 f.)

In der Aufklärungsszene erweist sich, daß die grundlegende Hypothese und die darauf beruhende Theorie falsch waren. Richard Abernethie ist eines natürlichen Todes gestorben, und der mehrdeutige Satz in seinem Brief bezieht sich auf seine Befürchtung, nicht mehr lange zu leben. Die Täterin Miss Gilchrist äußerte die Hypothese in der Rolle von Cora Lansquenet absichtlich, um von ihrem geplanten Mord an Cora abzulenken.

Mit ähnlichen Mitteln erzeugt Christie in dem Roman *They Do it with Mirrors* die Illusion, Carrie Louise Serrocold werde von jemandem langsam vergiftet. Die Illusionsbildung vollzieht sich in diesem Roman in folgenden Stufen: Zunächst fragt Christian Gulbrandsen, der den Landsitz Stonygates besucht, Miss Marple nach dem Gesundheitszustand Mrs Serrocolds. Dann belauscht Miss Marple ein Gespräch zwischen Gulbrandsen und Lewis Serrocold, in dem die beiden Männer vereinbaren, etwas vor Carrie Louise geheimzuhalten.

Danach wird eine Theorie formuliert, welche die sonderbaren Vorkommnisse scheinbar erklärt. Diese Theorie wird vom Täter Lewis Serrocold als Tatsache ausgegeben:

> "[...] Christian Gulbrandsen came here expressly to tell me that he believed my wife was being slowly and cold-bloodedly poisoned." (Christie, *They Do it with Mirrors*, 89)

Für die Richtigkeit dieser Anschauung werden im folgenden zwei Beweise angeführt: Die Medizin Mrs Serrocolds enthält Arsen, und in einem von Gulbrandsen auf einer Schreibmaschine verfaßten Brief wird die Theorie ebenfalls explizit genannt. Schließlich folgt eine Bestätigung der Theorie, indem ein Unbekannter Carrie Louise eine Schachtel mit vergifteten Pralinen schickt. In der Lösungsszene erweist sich die gesamte Theorie als Illusion, und für jeden einzelnen Sachverhalt wird die richtige Erklärung bekanntgegeben: Gulbrandsen hatte herausgefunden, daß Serrocold Gelder unterschlug, und da er mit einem Gerichtsverfahren gegen Serrocold rechnete, war er um Carrie Louise besorgt. Nach dem Mord an Gulbrandsen fälschte Serrocold den Brief, indem er einige Zeilen hinzufügte, und außerdem täuschte er die Mordanschläge auf seine Frau vor.

In einigen ihrer Detektivromane hält Christie für ihre Leser jeweils mehrere alternative Erklärungsmodelle bereit, die nicht der Wirklichkeit entsprechen. Die Autorin verfährt dabei wie folgt: Sie stellt eine Hypothese auf, die im weiteren Handlungsverlauf als Prämisse für eine Reihe von Schlußfolgerungen dient. So entsteht eine Theorie, die so lange aufrechterhalten wird, bis Erkenntnisse gewonnen werden, die nicht mit ihr im Einklang stehen. Dann wird die Theorie modifiziert oder eine neue Theorie aufgestellt, die mit den zuletzt erlangten Erkenntnissen übereinstimmt. Erweist sich später, daß auch diese Erklärung nicht der Wirklichkeit entspricht, so wird eine dritte Theorie entwickelt. Auf diese Weise werden sukzessive Theorien aufgestellt und falsifiziert, wobei die grundlegende Prämisse, die als Ausgangspunkt für alle Überlegungen dient, aber niemals in Frage gestellt wird. In der Aufklärungsszene stellt sich dann heraus, daß sämtliche Erklärungsmodelle falsch waren, weil eben diese Prämisse sich nicht mit der innerfiktionalen Realität deckte.

Diese Strategie läßt sich an einem Beispiel aus *Three Act Tragedy* veranschaulichen. In diesem Roman verschwindet der Butler Ellis des ermordeten Sir

Bartholomew Strange nach dem Mord spurlos. Die Polizei hält Ellis für den Mörder:

> "[...] Well, I'll tell you exactly how the matter stands. I think there's no doubt the butler's the man we've got to look for. He was a new man - Sir Bartholomew had only had him a fortnight, and the moment after the crime he disappears - vanishes into thin air. That looks a bit fishy, doesn't it? Eh, what?" (Christie, *Three Act Tragedy*, 51)

> "[...] Depend on it, the butler's our man. Very likely he's a regular criminal. [...]" (Christie, *Three Act Tragedy*, 54)

Dann werden jedoch im Zimmer des Butlers Entwürfe eines Briefes gefunden, aus denen hervorgeht, daß Ellis den Mörder kannte und ihn zu erpressen versuchte. Die an der Ermittlung beteiligten Personen glauben zunächst, daß Ellis mit dem Geld, daß er vom Täter erhalten hat, geflüchtet ist:

> "Ellis, as we thought, is a scoundrel. He wasn't the murderer, but he knew who the murderer was, and he was preparing to blackmail him or her –" (Christie, *Three Act Tragedy*, 84)

> "I presume," said Mr. Satterthwaite, "that he got what he wanted. He was paid to disappear, and he did disappear - most effectually." / "Yes," said Sir Charles. "I suppose that is the explanation." (Christie, *Three Act Tragedy*, 85)

Da jedoch die Suche nach dem verschwundenen Butler trotz intensiver Fahndung erfolglos bleibt, wird die Vermutung geäußert, Ellis könnte ein weiteres Opfer des Täters geworden sein:

> "Don't you see? *Ellis is dead.*" / Both men were startled, but Egg reiterated her assertion. / "Of course he's dead. That's why he disappeared so successfully that no one can find a trace of him. He knew too much, and so he was killed. Ellis is the third murder." (Christie, *Three Act Tragedy*, 88)

> "[...] There's a secret passage there, you know. [...] The murderer might have given Ellis the money and shown him the way to get out of the house - gone down the passage with him and killed him there. [...]" (Christie, *Three Act Tragedy*, 88 f.)

Am Schluß des Romans zeigt sich, daß alle Theorien falsch waren. Der Leser wird dadurch verblüfft, daß der Butler Ellis nie existiert hat. Es handelte sich bei dieser Figur nur um eine Rolle des Mörders, des ehemaligen Schauspielers Sir Charles Cartwright.

Eine zweite Theorie im gleichen Roman betrifft die ominöse Figur Mrs de Rushbridger. Als Prämisse dient hier die Vermutung, das merkwürdige Verhalten Sir Bartholomews seinem Butler Ellis gegenüber sei durch einen unmittelbar vorhergehenden Telefonanruf ausgelöst worden:

> "You remember when that incident occurred, Satterthwaite? *Just after Ellis had brought him a telephone message*. I think it's a fair deduction to assume that it was that telephone message which was the cause of Tollie's sudden unusual hilarity. [...]" (Christie, *Three Act Tragedy*, 75)

Von dieser ersten Hypothese wird eine zweite abgeleitet, die besagt, die Mitteilung sei verschlüsselt gewesen. Im folgenden werden dann verschiedene Vermutungen geäußert, die alle auf dieser Annahme beruhen und zusammen eine vollständige Theorie ergeben:

> "[...] It just crosses my mind that it may have been a code message of some kind - a harmless sounding natural thing, but which really meant something entirely different. If Tollie had been making inquiries into Babbington's death, this may have had something to do with those inquiries. Say, even, that he employed a private detective to find out a certain fact. He may have told him in the event of this particular suspicion being justified to ring up and use that particular phrase which would convey no hint of the truth to anyone taking it. That would explain his jubilation, it might explain his asking Ellis if he was sure of the name - he himself knowing well there was no such person, really. In fact, the slight lack of balance a person shows when they have brought off what can be described as a long shot." (Christie, *Three Act Tragedy*, 75)

Die zweite Hypothese wird schon bald widerlegt, indem Erkenntnisse gewonnen werden, die nicht mir ihr vereinbar sind. Die Person Mrs de Rushbridger existiert nämlich doch, so daß der Name nicht, wie in der ersten Theorie angenommen wurde, ein Kodewort war. Dennoch wird die grundlegende Hypothese, nach der Sir Bartholomews seltsame Reaktion auf den Inhalt der telefonischen Mitteilung zurückgeführt wird, beibehalten. Sie wird nun zum Ausgangspunkt für neue Überlegungen, die ebenfalls auf ihr basieren:

> Mrs. de Rushbridger - Cartwright's theory wouldn't work - it wasn't a code message - there *was* such a person. But could there be something about the woman herself? Was she perhaps a witness of some kind, or was it just

> because she was an interesting case that Bartholomew Strange had displayed this unusual elation? Was she, perhaps, an attractive woman? To fall in love at the age of fifty-five did (Mr. Satterthwaite had observed it many a time) change a man's character completely. It might, perhaps, make him facetious, where before he had been aloof - (Christie, *Three Act Tragedy*, 79)

In Wirklichkeit handelt es sich bei sämtlichen Theorien um den mysteriösen Telefonanruf und die Person Mrs de Rushbridger lediglich um eine vom Mörder gelegte Irrfährte, die für die Lösung keinerlei Bedeutung hat.

In dem Roman *A Murder is Announced* ist die erste Theorie relativ einfach. Danach wird der Tod des jungen Schweizers Rudi Scherz bei dem gespielten Überfall auf Miss Blacklocks Haus als Unfall oder Selbstmord erklärt. Erst in einem späteren Stadium der Handlung stellt Miss Marple die Theorie auf, ein Unbekannter habe sich im Haus befunden und Scherz erschossen. Da sich die erste Erklärung als falsch herausgestellt hat und die neue Theorie komplizierter als die ursprüngliche ist, erscheint dem Leser, der einfachen Lösungen mißtraut, das zweite Erklärungsmodell glaubwürdig:

> "[...] I think that after he'd called 'Hands up' somebody came up quietly behind him in the darkness and fired those two shots over his shoulder. It frightened him to death. He swung round and as he did so, that other person shot him and then let the revolver drop beside him ..." (Christie, *A Murder is Announced*, 80)

In *Dead Man's Folly* werden verschiedene alternative Theorien diskutiert, die alle auf der gleichen unzutreffenden Hypothese basieren und daher alle falsch sind. In diesem Roman wird aus dem spurlosen Verschwinden Hattie Stubbs' nach dem Mord an der vierzehnjährigen Pfadfinderin Marlene Tucker, die bei einem Detektivspiel das in einem Bootshaus liegende Opfer darstellte, der falsche Schluß gezogen, auch Lady Stubbs sei einem Verbrechen zum Opfer gefallen. Aufgrund dieser Hypothese wird für die Ermordung des Mädchens ein unzutreffendes Motiv konstruiert. So wird angenommen, Marlene habe den Mord an Lady Stubbs beobachtet und sei deswegen ebenfalls umgebracht worden. Auf der Grundlage dieses Erklärungsmodells wird das Verbrechen mehrfach rekonstruiert, wobei in jeder einzelnen Rekonstruktion ein anderer Verdächtiger als Täter eingesetzt wird:

> "Perhaps the girl did come out on the balcony. De Sousa realises she's seen what he's doing, so he comes ashore and deals with her, gets her to let him into the boathouse by asking her what she's doing there. She tells him, pleased with her part in the Murder Hunt, he puts the cord round her neck in a playful manner - and whoooosh ..." Major Merrall made an expressive gesture with his hands. (Christie, *Dead Man's Folly*, 145)

> "[Alec Legge] might have been having an affair with Lady Stubbs," said Bland doubtfully, "and she might have been threatening to tell his wife, and he might have done her in, and the girl might have seen it happen -" (Christie, *Dead Man's Folly*, 146)

> "[...] say [Alec Legge] did manage to hide the body, he could have thrown her hat into the river as a blind. And Marlene Tucker saw him and so he disposed of her? That part of it's always the same." (Christie, *Dead Man's Folly*, 146)

> "[...] [Miss Brewis is] head over heels in love with her employer. Supposing she followed Lady Stubbs into the woods and killed her and that Marlene Tucker, bored in the boathouse, came out and happened to see it? Then of course she'd have to kill Marlene too. What would she do next? Put the girl's body in the boathouse, come back to the house, fetch the tray and go down to the boathouse again. [...]" (Christie, *Dead Man's Folly*, 148)

Nachdem sämtliche Möglichkeiten durchgespielt wurden, wird als Fazit das angenommene Motiv für den Mord an Marlene Tucker noch einmal bestätigt:

> "It comes to this, then. We can summarise it as follows: we've got five or six people who *could* have killed Marlene Tucker. Some of them are more likely than others, but that's as far as we can go. In a general way, we know *why* she was killed. She was killed because she saw something. But until we know *exactly* what it was she saw - *we don't know who killed her.*" (Christie, *Dead Man's Folly*, 149)

Auch in diesem Fall ist bereits die Grundhypothese falsch. Hattie Stubbs wurde nämlich nicht ermordet, sondern sie ist vielmehr die Täterin, die das Mädchen im Bootshaus erdrosselte. Für den Mord bestand ein ganz anderes Motiv, als angenommen wurde.

2.4.6. Illusionserzeugung durch emotionale Beeinflussung

Neben den bisher beschriebenen Techniken werden in der klassischen Detektivliteratur auch subtilere Mittel zur Mystifikation eingesetzt. Die emotionale Beeinflussung des Rezipienten stellt ein wichtiges Merkmal des Genres dar, das von vielen Theoretikern, die sich in ihren Untersuchungen auf den rationalen Aspekt der Detektiverzählung konzentrieren, nicht genügend berücksichtigt wird. Das emotionale Element dieser Literaturform geht zum großen Teil auf den Zwiespalt im Werk Edgar Allan Poes zurück, der einerseits mit seinen Schauergeschichten dem Leser die Existenz übersinnlicher Phänomene suggerierte, andererseits aber in seinen *Tales of Ratiocination* die ausschließlich rationale Auslegbarkeit der Welt postulierte. In den Detektivgeschichten dieses Autors dient die emotionale Beeinflussung des Lesers der Erzielung eines Desillusionierungseffekts in der Aufklärungsszene, der Poes These von der rationalen Erklärbarkeit aller Phänomene größere Überzeugungskraft verleihen soll. Es versteht sich von selbst, daß eine wirksame Desillusionierung den vorherigen intensiven Aufbau einer Illusion voraussetzt, der nicht ohne emotionale Mittel gelingen kann. Obwohl der Desillusionierungseffekt in der späteren Entwicklung der Detektivliteratur nur noch zur Verblüffung des Rezipienten eingesetzt wird und nicht mehr wie bei Poe den Zweck der Untermauerung einer philosophischen Behauptung hat, wird die emotionale Beeinflussung des Lesers trotz der primär rationalen Ausrichtung des Genres von den meisten Autoren von Detektiverzählungen dennoch beibehalten.

Bereits in dem Prototyp der Detektiverzählung, Poes Geschichte "The Murders in the Rue Morgue", wird immer wieder hervorgehoben, wie rätselhaft und offensichtlich unerklärbar der Fall ist:

> '[...] A murder so mysterious, and so perplexing in all its particulars, was never before committed in Paris - if indeed a murder has been committed at all. The police are entirely at fault - an unusual occurrence in affairs of this nature. There is not, however, the shadow of a clew apparent.' (Poe, "The Murders in the Rue Morgue", 203)

Dadurch wird dem Leser suggeriert, er könne das Rätsel nicht mit Hilfe seines Verstandes lösen. Außerdem wird der Überraschungseffekt der am Schluß dargebotenen erstaunlich einfachen und völlig plausiblen Lösung auf diese Weise noch verstärkt. Der Eindruck des Mysteriösen ergibt sich in der klassischen Detektivliteratur weitgehend aus der Häufung von sprachlichen Klischees, durch die Rätselhaftigkeit evoziert wird. In den Erzählungen Doyles gehört die Vermittlung solcher Klischees zur Rolle des Watson-Erzählers:

> 'This is all an insoluble mystery to me,' said I. 'It grows darker instead of clearer.' (Doyle, *The Sign of Four*, 47)

> And the more I thought of what had happened, the wilder and darker it grew. (Doyle, *The Sign of Four*, 60)

> His death was an absolute mystery, and likely to remain so. (Doyle, "The Second Stain", 309)

Das Werk Agatha Christies enthält eine Fülle von Ausdrücken, die Rätselhaftigkeit evozieren: *odd, queer, strange, peculiar, curious, bizarre, puzzling, pointless, absurd, fantastic, unreal, unaccountable, inexplicable, incomprehensible, unbelievable, incredible, unimaginable, impossible* etc. Dazu gehören auch Wendungen wie *I don't understand, I can't see, I can't imagine, I haven't the least idea, it doesn't make sense, it doesn't seem to tie up* oder *there seems no rhyme or reason in the thing* und natürlich das Wort *mystery* bzw. *mysterious* selbst, das sehr häufig verwendet wird.

Die Detektiverzählung hat mit dem Schauerroman gemein, daß sie irrationale Assoziationen weckt, die in der Detektiverzählung jedoch lediglich der Erzielung eines Desillusionierungseffekts in der Aufklärungsszene dienen. Die suggerierte Beteiligung übernatürlicher Faktoren am Geschehen stellt sich nämlich als Illusion heraus. Für alle scheinbar unerklärlichen Vorgänge findet sich am Schluß eine natürliche Erklärung. Schon Poes Detektiv Dupin und sein Erzähler verbringen ihre Zeit in völliger Abgeschiedenheit in einer alten, verlassenen Villa und geben sich dort hinter geschlossenen Fensterläden und bei Kerzenlicht merkwürdigen Träumereien hin. Beliebte Motive der Detektivliteratur, die irrationale Gedanken auslösen, sind alte Häuser, seltsame Landschaften, Dunkelheit, Gewitter, heidnische Kulte, der Aberglaube, der Teufel, Hexen, Verwünschungen, Magie, Gespenster, spiritistische Praktiken, paranormale Wahrnehmungen und ähnliches. Diese Darstellungsmittel stammen oft aus dem Schauerroman; die Detektiverzählung greift hier jedoch auch häufig auf traditionelle Elemente der Literatur zurück. Mit solchen Motiven werden die in jedem Menschen vorhandenen grundlegenden Ängste und sonstigen Emotionen wachgerufen, die in den Schichten seines Unbewußten verborgen sind und oft einen größeren Einfluß auf ihn ausüben als seine Ratio. Dabei nutzen die Autoren geschickt die Tatsache aus, daß die moderne Gesellschaft, die sich seit der Aufklärung der Illusion hingibt, die Welt rational erklären zu können, dazu neigt, alles aus dem Bewußtsein zu verdrängen, was mit dem Verstand nicht faßbar ist. Indem die Detektivliteratur auf das Irrationale anspielt, aktualisiert sie beim Rezipienten die Gefühle, die sich unter der Oberfläche des vordergründigen Rationalismus des modernen Menschen verbergen.

In einigen Erzählungen wird der Leser bereits durch den Titel auf das Unheimliche, Angstauslösende und Übernatürliche eingestimmt und somit eine entsprechende Erwartungshaltung ausgelöst. So änderte schon Poe in seinem Manuskript den Titel der ersten Detektiverzählung von "The Murders in the Rue Trianon Bas" in "The Murders in the Rue Morgue", denn das Wort *morgue* bedeutet auch im Englischen 'Leichenschauhaus'. Beim Rezipienten stellen sich daher schon vor Beginn der Lektüre Gefühle ein, die mit dem Tod verbunden sind. Die Suggestion wird in diesem Fall durch die im Titel enthaltene Alliteration noch verstärkt. Ähnlich verfährt Doyle, wenn er einer seiner Sherlock-Holmes-Geschichten den Titel "The Adventure of the Devil's Foot" gibt. Der Gedanke an den Teufel wird im Text selbst aufrechterhalten, indem wiederholt auf Satan angespielt wird:

> "It's devilish, Mr. Holmes, devilish!" cried Mortimer Tregennis. "It is not of this world. [...]" (Doyle, "The Adventure of the Devil's Foot", 153)

> "We are devil-ridden, Mr. Holmes! My poor parish is devil-ridden!" he cried. "Satan himself is loose in it! We are given over into his hands!" (Doyle, "The Adventure of the Devil's Foot", 161)

Zugleich verstärkt Doyle den Eindruck des Diabolischen auf der sprachlichen Ebene durch die ständige Verwendung von Ausdrücken wie *sinister, dreadful, awful, horror, horrible, terror* oder *terrible*. In der Schlußszene klärt sich jedoch auf völlig rationale Weise auf, welche Bewandtnis es mit dem unheimlichen Titel hat. Er bezieht sich auf das seltene Gift *Radix pedis diaboli* (englisch: *devil's-foot root*), das aus einer Wurzel gewonnen wird, die in ihrer äußeren Form dem Fuß Satans gleicht.

Neben solchen suggestiven Titeln findet man auch subtile Anspielungen auf den Tod, die scheinbar beiläufig in den Text eingefügt werden und keine Bedeutung für die Detektionshandlung haben. In *Hercule Poirot's Christmas* spielt z. B. David Lee zum vermeintlichen Zeitpunkt des Mordes den Totenmarsch auf dem Klavier, und die gestohlenen Diamanten Simeon Lees werden in einem Miniaturgarten wiedergefunden, der das Tote Meer darstellt. Ebenso wird für Dora Bunner in *A Murder is Announced* vor ihrer Ermordung ein Geburtstagskuchen mit dem Namen *Delicious Death* gebacken. Die suggestive Wirkung dieses ungewöhnlichen Namens wird dabei durch die Alliteration und die inhaltliche Gegensätzlichkeit seiner beiden Bestandteile noch vergrößert.

Das gleiche Ziel verfolgt Christie, wenn sie eine Person, bei der es sich in der Regel um das Mordopfer handelt, als gleichsam überirdisches oder diabolisches Wesen charakterisiert. So wird Mrs Boynton in *Appointment with Death* mit einer Erzpriesterin eines vergessenen Kults verglichen und an einer Stelle so dargestellt, als sei sie eine göttliche Gestalt. Dabei geht die Autorin sehr geschickt vor, indem sie zunächst mit ihrer Beschreibung die Illusion des Irrationalen aufbaut und am Ende der Szene mit der Nennung des Namens Mrs Boyntons diese Illusion wieder zerstört, so daß der Leser abrupt in die Realität zurückversetzt wird:

> Sarah stared up. One of the caves held a sitting figure. What was it? An idol? A gigantic squatting image? No, that was the flickering lights that made it loom so large. But it *must* be an idol of some kind, sitting there immovable, brooding over the place.... / And then, suddenly, her heart gave a leap of recognition. [...] here, like an arch priestess of some forgotten cult, sat Mrs. Boynton.... (Christie, *Appointment with Death*, 66 f.)

Simeon Lee in *Hercule Poirot's Christmas* wird als ein diabolischer Charakter beschrieben:

> "Mills of the devil, more likely! Nothing saintly about Simeon Lee. The kind of man you might say had sold his soul to the devil and enjoyed the bargain! And he was proud, too, proud as Lucifer." (Christie, *A Holiday for Murder*, 109 f.)

Auch den gewöhnlichen Aberglauben nutzt Christie aus, um irrationale Assoziationen hervorzurufen. So ereignet sich der Mord in der Kurzgeschichte "The Sign in the Sky" ausgerechnet an einem Freitag, der auf den dreizehnten fällt, und in dem Roman *Nemesis* wird auf die magische Eigenschaft der Ziffer 3 angespielt:

> The Three Sisters, thought Miss Marple, once again considering that phrase. Why did anything thought of in threes somehow seem to suggest a sinister atmosphere? The Three Sisters. The Three Witches of Macbeth. (Christie, *Nemesis*, 88)

In vielen Detektiverzählungen stellt die Illusion des Unheimlichen ein dominierendes Element dar. Als klassisches Beispiel für solche Erzählungen, die dem Schauerroman ähneln, gilt Arthur Conan Doyles bekanntester Roman *The Hound of the Baskervilles*. Die Vermischung des klassischen Musters der Detektiverzählung mit Mitteln der *Gothic novel* erfolgt in diesem Roman zunächst dadurch, daß der unaufgeklärte Tod Sir Charles Baskervilles mit einer alten Familienlegende der Baskervilles in Zusammenhang gebracht wird, die von einem übernatürlichen, einem riesigen Hund ähnelnden Wesen handelt. Der Bericht des Arztes Dr Mortimer enthält bestimmte Indizien, die darauf hindeuten, daß das unheimliche Tier die Ursache für den plötzlichen Tod von Sir Charles gewesen sein könnte. Auch in der folgenden Detektionshandlung suggeriert Doyle weiterhin das Übernatürliche, indem er durch die Verwendung von einzelnen Topoi und sprachlichen Klischees der *Gothic novel* ständig die Atmosphäre des Schauerromans heraufbeschwört. Zu den Versatzstücken dieses Genres gehört das geheimnisumwitterte Schloß (vgl. Becker, 1975, 67). Der Autor identifiziert Baskerville Hall mit diesem, indem er laufend den Eindruck des Düsteren hervorhebt, der sich mit dem Landsitz verbindet, das Haus mit einem Geist vergleicht und es wie ein Spukschloß beschreibt:

> Through the gateway we passed into the avenue, where the wheels were again hushed amid the leaves, and the old trees shot their branches in a *sombre* tunnel over our heads. Baskerville shuddered as he looked up the long, *dark* drive to where the house glimmered like a ghost at the farther end. [Hervorhebungen von mir] (Doyle, *The Hound of the Baskervilles*, 62)

> The avenue opened into a broad expanse of turf, and the house lay before us. In the *fading light* I could see that the centre was a heavy block of building from where a porch projected. The whole front was draped in ivy, with a patch clipped bare here and there where a window or a coat-of-arms broke through the *dark* veil. From this central block rose the twin towers, ancient, crenellated, and pierced with many loopholes. To right and left of the turrets were more modern wings of *black* granite. A *dull* light shone through heavy mullioned windows, and from the high chimneys which rose from the steep, high-angled roof there sprang a single *black* column of smoke. [Hervorhebungen von mir] (Doyle, *The Hound of the Baskervilles*, 63)

Der gesamte Roman wird von der sonderbaren Stimmung beherrscht, die von der Öde und Einsamkeit des Moors ausgeht:

> [...] and looked out from my window. It opened upon the grassy space which lay in front of the hall door. Beyond, two copses of trees moaned and swung in a rising wind. A half moon broke through the rifts of racing clouds. In its cold light I saw beyond the trees a broken fringe of rocks and the long, low curve of the melancholy moor. (Doyle, *The Hound of the Baskervilles*, 65 f.)

Auch in vielen anderen Detektiverzählungen spielen die Landschaft und alte Häuser eine wichtige Rolle als Kulisse, die ständig eine Atmosphäre des Unheimlichen erzeugt. Richard Alewyns Feststellung, der Detektivroman siedle sich vorzugsweise in modernen Großstädten an (vgl. Alewyn, 1971b, 199), trifft für die überwiegende Mehrheit der Romane Agatha Christies und auch für einige Geschichten Arthur Conan Doyles nicht zu. Die Sherlock-Holmes-Geschichte "The Adventure of the Devil's Foot" spielt z. B. in der Grafschaft Cornwall. In Doyles Beschreibung der Landschaft lösen die gefährlichen Klippen, die Einsamkeit und Dunkelheit der Moore und die Überreste einer prähistorischen Zivilisation beim Leser melancholische Gefühle und Gedanken an den Tod und an die Vergänglichkeit alles Irdischen aus, die in Wörtern wie *sinister* und *sombre* ihre Entsprechung finden. Nur die Kirchtürme zeigen an, daß auch der Mensch in dieser Öde existiert:

> [...] we looked down upon the whole sinister semicircle of Mounts Bay, that old death trap of sailing vessels, with its fringe of black cliffs and surge-swept reefs on which innumerable seamen have met their end. [...] / [...] / On the land side our surroundings were as sombre as on the sea. It was a country of rolling moors, lonely and dun-coloured, with an oc-

casional church tower to mark the site of some old-world village. In every direction upon these moors there were traces of some vanished race which had passed utterly away, and left as its sole record strange monuments of stone, irregular mounds which contained the burned ashes of the dead, and curious earthworks which hinted at prehistoric strife. The glamour and mystery of the place, with its sinister atmosphere of forgotten nations [...] (Doyle, "The Adventure of the Devil's Foot", 149)

Christies Roman *Appointment with Death* spielt bei den Ruinen der antiken Stadt Petra im Nahen Osten. Durch suggestive Formulierungen und religiöse Anspielungen erzeugt die Autorin das Gefühl, immer tiefer in den Abgrund des Todes zu stürzen, dessen unheimlicher Macht man hilflos ausgeliefert ist:

Sarah was very tired with the long hot journey in the car. Her senses felt dazed. The ride was like a dream. It seemed to her afterward that it was like the pit of Hell opening at one's feet. The way wound down - down into the ground. The shapes of rock rose up around them - down, down into the bowels of the earth, through a labyrinth of red cliffs. / Sarah felt stifled - menaced by the ever narrowing gorge. She thought confusedly to herself, *Down into the valley of death - down into the valley of death....* On and on. It grew dark - the vivid red of the walls faded - and still on, winding in and out, imprisoned, lost in the bowels of the earth. She thought, *It's fantastic and unbelievable - a dead city*. And again like a refrain came the words: *The valley of death....* (Christie, *Appointment with Death*, 66)

Manchmal verbirgt sich das Unheimliche und Irrationale unter der Oberfläche des Schönen und Harmonischen:

He ascended the path in the quarry, noticing once more the beauty of the scene. A lovely spot, and yet in some way, Poirot felt as he had felt before, that it could be a haunted spot. There was a kind of pagan ruthlessness about it. It could be along these winding paths that the fairies hunted their victims down or a cold goddess decreed that sacrifices would have to be offered. (Christie, *Hallowe'en Party*, 150)

Doyle verwendet in "The Adventure of Shoscombe Old Place" das Horrorelement der alten Gruft. Die Szene mutet gespenstisch an:

It was pitch-dark and without a moon, but Mason led us over the grasslands until a dark mass loomed up in front of us which proved to be the ancient chapel. We entered the broken gap which was once the porch and our guide, stumbling among heaps of loose masonry, picked his way to the corner of the building, where a steep stair led down into the crypt. Striking a match, he illuminated the melancholy place - dismal and evil-smelling, with ancient crumbling walls of rough-hewn stone, and piles of coffins, some of lead and some of stone, extending upon one side right up to the arched and groined roof which lost itself in the shadows above our heads. Holmes had lit his lantern which shot a tiny tunnel of vivid yellow light upon the mournful scene. Its rays were reflected back from the coffin-plates, many of them adorned with the griffin and coronet of this old family which carried its honours even to the gate of Death. (Doyle, "The Adventure of Shoscombe Old Place", 232)

Ein beliebter Schauplatz von Detektiverzählungen sind alte, verfallene Häuser, die während des gesamten Handlungsverlaufs eine Atmosphäre des Unheimlichen ausstrahlen. Auch diese Konvention begründete schon Edgar Allan Poe in "The Murders in the Rue Morgue". In dieser Geschichte handelt es sich dabei allerdings nicht um den Ort des Verbrechens, sondern um das Gebäude, in dem der Detektiv Dupin und der Erzähler wohnen. Das Haus wird wie folgt beschrieben:

[...] a time-eaten and grotesque mansion, long deserted through superstitions into which we did not inquire, and tottering to its fall in a retired and desolate portion of the Faubourg St Germain. (Poe, "The Murders in the Rue Morgue", 193)

Doyle und Christie folgen in ihren Beschreibungen der Schauplätze dem Vorbild Poes:

"[...] The house was a fair-sized one, standing back from the road, with a curving drive which was banked with high evergreen shrubs. It was an old, tumble-down building in a crazy state of disrepair. [...]" (Doyle, "The Adventure of Wisteria Lodge", 12)

An odour of age and decay pervaded the whole crumbling building. (Doyle, "The Adventure of the Sussex Vampire", 106)

[...] the heavy oaken planks creaked upon their old hinges. (Doyle, "The Adventure of the Sussex Vampire", 108)

The room felt chilly. There was little light coming in from the one window and the dimness contributed to the cold atmosphere. (Christie, *Lord Edgware Dies*, 31)

Kingsdean House had been unoccupied for nearly seventy years. It had gradually fallen into decay and abandon. An elderly caretaker and his wife lived in the one habitable corner of it. It was a vast, unprepossessing, grandiose mansion, the gardens overgrown with rank vegetation and the trees hemming it in like some gloomy enchanter's den. (Christie, "The Case of the Caretaker", 130)

> [...] Leigh House, a rambling, dilapidated old mansion fast falling into ruin. (Christie, "The Market Basing Mystery", 169)

> There were piles of dusty papers on the desk and cobwebs festooned from the corners of the ceiling. The air smelt damp and musty. (Christie, *4.50 from Paddington*, 101)

In einigen Romanen Christies wird dem Leser der Eindruck des Übernatürlichen nicht nur indirekt über die Beschreibung des Hauses vermittelt, sondern derartige Gedanken werden unmittelbar thematisiert. Indem die Autorin das Motiv des Hauses, auf dem ein Fluch liegt, verwendet, nähert sie sich dem Schauerroman weiter an:

> 'Evil. Bad thoughts and bad deeds too. It's like dry rot in a house, sir, you can't get it out. It's a sort of feeling in the air. I always knew something bad would happen in this house, some day.' (Christie, *Peril at End House*, 125)

> "[...] I feel sometimes as though there was a doom on this house." (Christie, *Nemesis*, 94)

> "There's something about this place," said Clotilde suddenly. "Something about this atmosphere. We never got over it here. Never. Never since - since Verity died. It's years, but it doesn't go away. A shadow's here." (Christie, *Nemesis*, 218)

Auch von dunklen Wäldern kann eine derartige Atmosphäre ausgehen. In Christies Geschichte "The Idol House of Astarte" aus der Sammlung *The Thirteen Problems* findet sich das Motiv des verzauberten Waldes:

> '[...] Yet I, for one, felt a curious reluctance to enter that dark foreboding belt of trees. Something stronger than myself seemed to be holding me back and urging me not to enter. I felt more definitely convinced than ever of the essential evilness of the spot. [...] The trees were so closely planted that the moonlight could not penetrate. There were a dozen soft sounds all round us, whisperings and sighings. The feeling was eerie in the extreme, and by common consent we all kept close together. [...]' (Christie, "The Idol House of Astarte", 29)

Eine solche sonderbare Stimmung vermittelt Christie manchmal auch unabhängig von dem Ort, an dem das Geschehen stattfindet. Düstere Vorahnungen deuten das bevorstehende Unheil an, das unausweichlich zu sein scheint. Da die Befürchtungen jedoch nicht greifbar und dem Verstand nicht zugänglich sind, kann die drohende Gefahr nicht abgewendet werden:

There was *something* - something I couldn't get at. But I felt it in the air. (Christie, *Murder in Mesopotamia*, 39)

'Everything's been queer. There's been a feeling - I can't describe it. Something in the air. A *menace*.' (Christie, *Towards Zero*, 142)

[...] it served to confirm that vague apprehension that had been gradually growing upon her and about which Ruth Van Rydock had been so positive. (Christie, *They Do it with Mirrors*, 63)

Das Gesamtbild der Atmosphäre entsteht in einigen Fällen nicht nur aus der Wiedergabe von Gefühlen, sondern ebenso wie in der allgemeinen Literatur werden auch in Detektiverzählungen psychische Verfassungen in die Natur projiziert bzw. spiegeln sich in der Natur wider. So erzeugt Doyle in "The Speckled Band" die passende Stimmung als Hintergrund für den Mord an Julia Stoner. In der Mordnacht heult der Sturm, und der Regen prasselt gegen die Fensterscheiben:

'[...] It was a wild night. The wind was howling outside, and the rain was beating and splashing against the windows. Suddenly, amidst all the hubbab of the gale, there burst forth the wild scream of a terrified woman. [...]' (Doyle, "The Speckled Band", 194)

Auch im Werk Christies paßt sich das Wetter den Gefühlen der Menschen an. So drücken sich Ruhe und Sicherheit durch sonniges Wetter aus, während Wind, Sturm und Regen auf die Bedrohung und das ständig vorhandene Unheimliche hinweisen:

The sun had come out while he was talking to Rose Humbleby. Now it had gone in again. The sky was dull and menacing, and wind came in sudden erratic little puffs. It was as though he had stepped out of normal everyday life into that queer half-world of enchantment, the consciousness of which had enveloped him ever since he came to Wychwood. (Christie, *Murder is Easy*, 80)

The rain was pouring down again. The wind came in fiftul gusts. The depressing sound of the pattering rain nearly drove them mad. (Christie, *And Then There Were None*, 158)

Auch der bildliche Ausdruck *the lull before the storm* ist gleichzeitig in seiner wörtlichen und in seiner übertragenen Bedeutung zu verstehen:

> It was a clear, still evening; hardly a breeze stirred the leaves. There was, perhaps, something a little sinister in the stillness, like the lull before a storm. / Poirot's footsteps quickened every so slightly. He was suddenly alarmed - and uncertain. He feared he knew not what. (Christie, "Wasps' Nest", 181)

Christies Roman *Curtain*, in dem der berühmte Detektiv Hercule Poirot seinen letzten Fall löst, ist so konstruiert, daß die emotionale Entwicklung bei den Figuren, die auch in die Natur projiziert wird, parallel zur äußeren Handlung verläuft. So geht von dem Landsitz Styles Court, auf dem sich vor vielen Jahren schon einmal ein Mord ereignet hat, eine eigentümliche Stimmung aus, welche die Gefühle der Personen bestimmt:

> 'The - the atmosphere of the place. Don't you feel it? I do. Something *wrong*, if you know what I mean?' / I was silent a moment considering. Was it true what she had just said? Did the fact that death by violence - by malice aforethought - had taken place in a certain spot leave its impression on that spot so strongly that it was perceptible after many years? Psychic people said so. Did Styles definitely bear traces of that event that had occurred so long ago? Here, within these walls, in these gardens, thoughts of murder had lingered and grown stronger and had at last come to fruition in the final act. Did they still taint the air? (Christie, *Curtain*, 53)

Sowohl der Tod Mrs Franklins als auch die Ermordung Nortons kündigen sich in Form von Vorahnungen an. An dem Tag, an dem Barbara Franklin den vergifteten Kaffee trinkt, befällt den Watson-Erzähler Hastings plötzlich ein merkwürdiges Gefühl, das auch andere Personen empfinden:

> And suddenly, from nowhere, a vague feeling of uneasiness and disquiet assailed me. It was not safe - it was not right - to plan happiness here. There was something malignant about the air of Styles. I felt it now - this minute, felt suddenly old and tired - yes, and afraid. / [...] 'Just a feeling - apprehension.' / 'A premonition of evil?' / 'Yes, if you like to put it that way. A feeling that - that something was going to happen.' / 'Funny. I've felt that once or twice. Any idea *what*?' / He was watching me narrowly. / I shook my head. For indeed I had had no definite apprehension of any particular thing. It had only been a wave of deep depression and fear. (Christie, *Curtain*, 121 f.)

Ähnliche Empfindungen stellen sich kurz vor dem Mord an Norton ein:

> '[...] I don't like this house - there's some malign influence about it. Things happen here.' / 'They certainly do.' / 'I don't know what it is. Perhaps a

house that has once had a murder in it is never quite the same afterwards ... [...]' (Christie, *Curtain*, 150)

Something in his voice started again that vague unformulated dread that I had once or twice felt spasms of already. It was as though somewhere, just out of sight, was a fact that I did not want to see - that I could not bear to acknowledge. Something that already, deep down, *I knew* ... (Christie, *Curtain*, 153 f.)

Im gesamten Roman entsprechen die Veränderungen des Wetters der emotionalen Entwicklung, die sich bei den Figuren vollzieht. Anfangs vermittelt das schöne Sommerwetter noch einen trügerischen Eindruck von Glück, Harmonie und Sicherheit:

Not only was the weather fine - a really lovely summer's day [...] (Christie, *Curtain*, 55)

Miss Cole said, looking round: 'What a beautiful evening it is.' / She was quite right. The sun was drawing to the west and the light was a rich golden, bringing out the deeper shades of green in the trees in a deep glowing effect. It was an evening, still and calm, and very English, such as one remembers when in far off tropical countries. (Christie, *Curtain*, 73)

Im weiteren Verlauf der Handlung wird das kommende Unheil auf der Naturebene durch ein heraufziehendes Gewitter symbolisiert. Auch die Gewitterangst ist, wie Horst Conrad feststellt, ein typisches Element des Schauerromans (vgl. Conrad, 1974, 47). Das Gewitter ist zunächst noch kaum spürbar und nur im Hintergrund vorhanden:

'[...] I think there's going to be a storm. This weather must break soon. [...]' (Christie, *Curtain*, 103 f.)

After dinner we went outside, looked up at the sky, commented on the closeness of the atmosphere, prophesied rain - thunder - a storm. (Christie, *Curtain*, 107)

Als Hastings seinen Plan für den Mord an dem als Schürzenjäger bekannten Major Allerton entwirft, erreicht der Roman einen ersten Höhepunkt in der Verwendung atmosphärischer Stilmittel:

I had slept very badly the night before. [...] I was worn out with worry and the strain of nerving myself for doing what I had decided to do. On top of all that was the heavy thundery weather. (Christie, *Curtain*, 111)

Nachdem Hastings' Mordplan mißlungen ist, kommt es zu einer vorübergehenden Entspannung, die sich auf der Naturebene durch einen Wetterumschwung manifestiert. Das drohende Unheil scheint mit dem Scheitern des Plans vorläufig abgewendet worden zu sein. Der Regen verschafft Erleichterung, indem er die Menschen von allem Bösen säubert:[1]

> Outside, the weather had broken. Since ten o'clock the rain had been pouring down. / It had not the melancholy that sometimes accompanies a wet day. Actually it was a relief to us all. (Christie, *Curtain*, 118)

> I said, I remember, something about the rain being a relief, and he said quickly: 'Yes. There are times when *something's* got to break ...' / And somehow I got the impression that it was not merely of the weather that he spoke. (Christie, *Curtain*, 118)

Nach dieser Reinigung setzt das schöne Wetter wieder ein. Glück und Harmonie sind scheinbar wiederhergestellt:

> If we were all nervy and aimless in the morning, the afternoon was unexpectedly pleasant. The sun came out, the temperature was cool and fresh. (Christie, *Curtain*, 119)

Bei der Schilderung der Vorgänge am Abend vor Nortons Ermordung erzeugt die Autorin durch geschickte Formulierungen den Eindruck, das Unheil komme immer näher heran:

> 'It's going to rain.' / She looked up at the sky. 'Yes, I think it is.' (Christie, *Curtain*, 148)

> [...] there was a low rumble of thunder in the distance. (Christie, *Curtain*, 152)

> The sound of thunder could be heard in the distance. There was a storm about although it had not yet reached us. (Christie, *Curtain*, 155)

Der Höhepunkt der Gefahr ist in dem Augenblick erreicht, als Poirot Norton erschießt. In diesem Moment hat auch das Gewitter das Haus erreicht:

> He went into his room and shut the door, and immediately afterwards I heard him turn the key in the lock. / Overhead there was a low rumbling of thunder. The storm was coming nearer. / I went back to bed with a

1) Der reinigende Regen ist ein altes biblisches Motiv.

> slightly uneasy feeling induced by the sound of that turning key. / It suggested, very faintly, sinister possibilities. [...] / I lay in bed and my uneasiness grew whilst the storm overhead added to my feeling of nerviness. I got up at last and locked my own door. (Christie, *Curtain*, 155)

Nach diesem Höhepunkt hat sich das Unheil wieder entfernt. Erneut ändert sich das Wetter:

> The air was fresh and cool after the storm. I noticed that it had rained heavily. (Christie, *Curtain*, 157)

In vielen ihrer Detektiverzählungen erzeugen Doyle und Christie die Illusion, die rätselhaften Vorgänge seien auf übernatürliche Ursachen zurückzuführen. So verwendet Doyle in der Geschichte "The Adventure of the Sussex Vampire" das im Schauerroman beliebte Vampirmotiv. Sherlock Holmes wird in dieser Geschichte mit dem mysteriösen Verhalten einer Frau konfrontiert, die aus einer Wunde ihres kleinen Kindes Blut saugt. Für diesen Fall präsentiert der Autor jedoch eine nüchterne Erklärung. Das Kind wurde nämlich von einer anderen Person vergiftet, und die Mutter saugte die Wunde aus, um das Gift aus dem Körper des Kindes zu entfernen. Ähnliche Mittel benutzt auch Christie: In der Geschichte "The Blue Geranium" aus *The Thirteen Problems* wird z. B. die unheimliche Wirkung von Blumen auf einer Tapete, deren Farben sich plötzlich auf mysteriöse Weise verändern, mit Hilfe von Lackmuspapier erzielt. In *Death Comes as the End* fallen die Mitglieder einer Großfamilie im alten Ägypten scheinbar der Reihe nach dem Fluch einer Toten zum Opfer, während sie in Wirklichkeit vom Täter ermordet werden, und in dem Roman *Sleeping Murder* bemerkt eine Frau zu ihrem Entsetzen, daß sie Einzelheiten über den früheren Zustand eines Hauses kennt, das sie gekauft hat. Tatsächlich hatte sie als kleines Kind in dem Haus gelebt, ohne sich daran erinnern zu können. Die Kurzgeschichte "The Tragedy at Marsdon Manor" enthält sogar eine echte (wenn auch gestellte) Gruselszene, in der ein Verstorbener als Geist erscheint:

> We sat in the little morning room. The wind was getting up, and moaning round the house in an eerie fashion. Twice the door of the room came unlatched and the door slowly opened, and each time she clung to me with a terrified gasp. / [...] / Suddenly without warning, the lights quivered and went out. Out of the darkness came three loud raps. I could hear Mrs Maltravers moaning. / And then - I saw! / The man I had seen on the bed upstairs stood there facing us, gleaming with a faint ghostly light. There

was blood on his lips, and he held his right hand out, pointing. (Christie, "The Tragedy at Marsdon Manor", 44 f.)

In einigen Werken Christies dient die Erzeugung von irrationalen Assoziationen nicht nur dazu, dem Leser die Illusion zu vermitteln, das Rätsel sei mit dem Verstand nicht lösbar, sondern erfüllt zugleich einen anderen Zweck. So kann die emotionale Beeinflussung des Rezipienten ausgenutzt werden, um Irrfährten zu legen oder um eine falsche Tatzeit vorzutäuschen. Falsche Spuren dieser Art sind z. B. in *Evil Under the Sun* der naive Versuch der sechzehnjährigen Linda Marshall, ihre Stiefmutter durch Hexerei zu töten, und die wilden Orgien einer Gruppe von Teufelsanbetern in *Murder is Easy*. In dem Roman *The Sittaford Mystery* suggeriert die Autorin mit Hilfe einer geheimnisvollen Botschaft aus dem Jenseits während einer Séance eine unzutreffende Tatzeit.

In anderen Fällen besteht die zweite Funktion der emotionalen Beeinflussung darin, den Leser von einer lösungsrelevanten Information abzulenken, die erst bei einer nüchternen Betrachtung der scheinbar übernatürlichen Phänomene erkennbar wird. Für diese Technik kann man folgende Beispiele aus Christies Werk anführen: In der Kurzgeschichte "The Shadow on the Glass" aus der Sammlung *The Mysterious Mr Quin* tarnt sich der Mörder als ein Gespenst, das gewöhnlich hinter einer Fensterscheibe erscheint, um so unerkannt vom Fenster aus seine Frau und deren Liebhaber zu erschießen. In der Geschichte "The Sign in the Sky" aus der gleichen Sammlung glaubt eine Zeugin des Verbrechens im Augenblick des Mordes, am Himmel ein Zeichen in Form einer riesigen Hand zu erkennen. Dabei handelt es sich um den Rauch eines vorbeifahrenden Zuges. Wichtig ist hier jedoch nicht das mysteriöse Zeichen am Himmel, sondern vielmehr die Zeit, zu der der Zug vorbeifuhr und der Mord verübt wurde. Der Täter hatte nämlich die Uhren im Haus zurückgestellt, um eine falsche Tatzeit vorzutäuschen und sich so ein Alibi zu verschaffen. In der Geschichte "The Blood-stained Pavement" aus *The Thirteen Problems* erfährt eine Malerin von einem Fischer, daß der Wirt eines Gasthauses fast fünfhundert Jahre zuvor von einem Spanier erstochen wurde. Kurz darauf sieht die Frau an der gleichen Stelle auf dem Pflaster vor dem Gasthaus Blutflecken. Tatsächlich ist das Blut von einem auf dem Balkon aufgehängten Badeanzug heruntergetropft und weist auf einen vorher ausgeführten Mord hin. In dem Roman *Dumb Witness* wird bei der Schilderung einer spiritistischen Sitzung erwähnt, daß aus dem Mund des Mediums ein leuchtendes Band hervorkam. Schließlich stellt sich jedoch heraus, daß es sich bei dem vermeintlichen Ektoplasma um den phosphoreszierenden Atem der Frau handelte, die an einer Phosphorvergiftung starb. In dem Roman *A Caribbean Mystery* besaß der ermordete Major Palgrave angeblich den 'bösen Blick':

> "[...] That old Major, the ugly one - he had the Evil Eye - you remember? His eyes, they crossed. It is bad, that! I make the Sign of the Horns every time when he looks my way." (Christie, *A Caribbean Mystery*, 167)

Hinter dieser unheimlichen Anspielung verbirgt sich ein Hinweis auf das Glasauge des Majors, das für die Lösung entscheidend ist. Major Palgrave konnte nämlich nur mit seinem rechten Auge sehen und blickte daher bei seinem Bericht über einen Mord nicht, wie angenommen wurde, nach rechts, sondern nach links, so daß sich eine ganz andere Person in seinem Blickfeld befand.

Auch das Motiv der grausigen Morde, das Poe in "The Murders in the Rue Morgue" ebenfalls benutzte, um beim Leser irrationale Gedanken auszulösen, ist dem Schauerroman entnommen (vgl. Buchloh/Becker, 1978, 40). Dieses Horrorelement hat sich in der späteren Detektivliteratur allerdings weniger stark durchgesetzt, da ihre Autoren eher dazu neigten, die Darstellung von Gewalt zu vermeiden. Eine Ausnahme bildet jedoch Christies Roman *Hercule Poirot's Christmas*, in dem die Schriftstellerin dieses Mittel einsetzt, um den Leser von der vermeintlichen Echtheit der gestellten Szene im Zimmer des Ermordeten zu überzeugen. So erlebt der Rezipient den Todesschrei Simeon Lees unmittelbar mit:

> And then, clear and high, came a scream - a horrible high wailing scream that died away in a choke or gurgle. (Christie, *A Holiday for Murder*, 44)

Die Beschreibung des Tatorts erinnert an Poes Darstellung des Doppelmords in der Rue Morgue (vgl. Poe, "The Murders in the Rue Morgue", 197 f.):

> For a minute they stood there huddled together looking in. What they saw was a sight that no one of them ever forgot.... / There had clearly been a terrific struggle. Heavy furniture was overturned. China vases lay splintered on the floor. In the middle of the hearthrug in front of the blazing fire, lay Simeon Lee in a great pool of blood ... blood was splashed all round. The place was like a shambles. (Christie, *A Holiday for Murder*, 44)

Der Eindruck der Grausamkeit ergibt sich auch aus den Aussagen der Zeugen des Verbrechens und wird durch die Verwendung von Wörtern wie *horrible, terrible, awful* oder *dreadful* noch intensiviert:

> "But you heard the cry?" / Lydia shuddered. / "Yes, I heard that ... it was horrible ... like - like a soul in Hell. I knew at once something dreadful had happened. [...]" (Christie, *A Holiday for Murder*, 64)

> "[...] And then a pretty ghastly cry." He clenched his hands again. "Like a soul in Hell. God, it was awful!" (Christie, *A Holiday for Murder*, 77)

> "Then, all at once, I heard the most terrible sounds [...] And then there was a terrible scream - [...]" (Christie, *A Holiday for Murder*, 147 f.)

Auch die Grausamkeit in der Darstellung hat eine Doppelfunktion. Die Autorin weist nämlich auf die Lösung hin, indem sie die Unechtheit der Szene andeutet. Mit dem Ausdruck *killing a pig*, der vordergründig die Grausamkeit unterstreicht, spielt sie auf das 'sterbende Schwein' an, mit dem der Täter eine falsche Tatzeit vortäuschte:

> "[...] It was like killing a pig. [...]" (Christie, *A Holiday for Murder*, 70)

> "It was like someone *who had no soul* ... it was inhuman like a beast...." (Christie, *A Holiday for Murder*, 81)

Eine komplexere Technik, mit der Christie ebenfalls irrationale Vorstellungen erzeugt, indem sie auf Stilmittel der allgemeinen Literatur zurückgreift, besteht in der Verwendung von besonderen Leitmotiven, welche die gesamte Detektionshandlung überlagern, ohne mit ihr in einem logischen Zusammenhang zu stehen. In *Hercule Poirot's Christmas* bildet das Thema 'Blut' ein solches Leitmotiv. Da die Autorin es schon vor Beginn der Handlung durch ein dem Roman vorangestelltes Zitat aus Shakespeares Tragödie *Macbeth* einführt, bestimmt es die Atmosphäre des Romans wesentlich:

> *Yet who would have thought the old man to have had so much blood in him?* (Christie, *A Holiday for Murder*, nicht numerierte Seite)

Im Roman selbst wird dieser Ausspruch Lady Macbeths dem Leser immer wieder in Erinnerung gebracht, indem er mehrmals in vollständiger oder in verkürzter Form wiederholt wird (vgl. Christie, *A Holiday for Murder*, 45, 58, 65). Die

Entwicklung des Blutmotivs erfolgt durch die Beschreibung des Tatorts und dadurch, daß das Thema bei der Diskussion des Falls wiederholt angesprochen wird:

> "[...] Still, there seems a lot of blood about." / Poirot said: / "Yes, there is a lot of blood - it strikes one, that. A lot of blood." (Christie, *A Holiday for Murder*, 57)

> "[...] And blood - an insistence on *blood*.... There is - how shall I put it? - there is *too much blood*. Blood on the chairs, on the tables, on the carpet.... [...] Such a frail old man, so thin, so shriveled, so dried up - and yet - in his death - *so much blood*...." (Christie, *A Holiday for Murder*, 58)

> "[...] *So much blood* - that is what Mrs. Alfred said. [...]" (Christie, *A Holiday for Murder*, 107)

Nachdem Christie die Aufmerksamkeit des Lesers auf das Thema gelenkt hat, weckt sie durch subtile Anspielungen auf die Blutrituale und Opferkulte primitiver Völker irrationale Assoziationen. Die verborgenen primitiven Instinkte des Menschen, von denen angenommen wird, daß auch der Rezipient sie besitzt, werden dabei direkt thematisiert:

> "[...] The blood ritual? Sacrificial blood? [...]" (Christie, *A Holiday for Murder*, 58)

> "[...] It takes one back to ancient rituals - to blood sacrifice, to the anointing with the blood of the sacrifice...." / [...] / "[...] there are all sorts of deep instincts in man of which he himself is unaware. The craving for blood - the demand for sacrifice!" (Christie, *A Holiday for Murder*, 107)

Ebenso wie die Verwendung übernatürlicher Elemente in einigen Werken Christies hat das Blutmotiv in *Hercule Poirot's Christmas* die zusätzliche Funktion, wichtige Hinweise auf die Lösung zu geben und gleichzeitig zu verstecken. Der Autorin gelingt es hier sogar, zwei verschiedene lösungsrelevante Informationen mit dem gleichen Motiv zu verknüpfen, indem sie die Polysemie des Wortes *blood* ausnutzt: Einerseits verwendet sie das Wort im übertragenen Sinne mit der Bedeutung 'Verwandtschaft', denn der Täter ist ein unehelicher Sohn des Ermordeten, während sie es andererseits in seiner konkreten Bedeutung gebraucht. Der Mörder benutzte nämlich Tierblut.

In *Evil Under the Sun* bildet das Leitmotiv sogar den Titel des Romans. In Anspielungen auf die Bibel und christliche Überzeugungen wird immer wieder auf die Gegenwart des Bösen hingewiesen:

> "It is romantic, yes," agreed Hercule Poirot. "It is peaceful. The sun shines. The sea is blue. But you forget, Miss Brewster, there is evil everywhere under the sun." (Christie, *Evil Under the Sun*, 14)

> *"Yea, also the heart of the sons of men is full of evil, and madness is in their heart while they live."* (Christie, *Evil Under the Sun*, 15)

> "But, man alive, don't you feel it in the air? All round you? The presence of Evil." (Christie, *Evil Under the Sun*, 19)

Auch in diesem Roman entsteht durch die Verwendung des Leitmotivs eine besondere Atmosphäre: Die ansonsten ungetrübte Ferienstimmung in einem malerischen Urlaubsparadies wird von dunklen Vorahnungen überschattet. Unter der Oberfläche des Schönen und Harmonischen verbirgt sich das Böse. Das Paradies auf Erden ist nur Schein; die Omnipräsenz des Bösen macht jedes irdische Glück zunichte. Nur der Detektiv kann, indem er das Böse ausfindig macht und auslöscht, den Zustand der wahren Harmonie wiederherstellen.

Die emotionale Beeinflussung des Lesers in der Detektivliteratur beschränkt sich jedoch nicht nur darauf, daß der Autor Rätselhaftigkeit evoziert und beim Rezipienten irrationale Assoziationen hervorruft. Das Mittel der Dramatik, das in allen Formen der Literatur als Spannungsmittel verwandt wird, erfüllt in der Detektiverzählung den zusätzlichen Zweck, zum Aufbau der Illusion beizutragen. In Christies Roman *They Do it with Mirrors* spielt sich z. B. eine Szene von höchster Dramatik ab, als die Romangesellschaft und der Leser unmittelbar miterleben, wie Lewis Serrocold, der eine Rehabilitationsstätte für jugendliche Straftäter leitet, in seinem Arbeitszimmer scheinbar von seinem Zögling Edgar Lawson mit einem Revolver bedroht wird. Zur Intensivierung der Dramatik setzt die Autorin die durch einen Defekt bewirkte Dunkelheit und suggestive Formulierungen ein:

> Insensibly everyone in the hall was silent, listening intently to what went on behind the locked door of Lewis's study. (Christie, *They Do it with Mirrors*, 67)

> There was a thud from inside the room and then a sound, almost more terrible than what had gone before, the sound of slow heavy sobbing. (Christie, *They Do it with Mirrors*, 68)

> Inside that wild desperate sobbing went on. (Christie, *They Do it with Mirrors*, 69)

Die Dramatik hat in dieser Szene die Funktion, die gefühlsmäßigen Reaktionen des Rezipienten zu steuern. Da sich die ganze Aufmerksamkeit des Lesers auf das Geschehen in Serrocolds Arbeitszimmer richtet, dessen Ausgang er mit Spannung erwartet, wird ihm nicht bewußt, daß die Szene nur gestellt ist und davon ablenken soll, daß Serrocold zur gleichen Zeit den tatsächlichen Mord in einem anderen Teil des Hauses begeht. Entscheidend ist hier der Umstand, daß sich das 'Drama' hinter einer verschlossenen Tür abspielt, so daß es die übrigen Personen, aus deren Perspektive das Geschehen erzählt wird, nur akustisch verfolgen können. Diese Gegebenheit dient Christie nämlich dazu, einerseits mit Hilfe der so erzeugten Ungewißheit die Dramatik zu steigern und andererseits die Vorgänge nur selektiv wiederzugeben, so daß ein falscher Gesamteindruck entsteht. Die Dramatik nähert sich ihrem Höhepunkt, als hinter der Tür zwei Schüsse gefallen sind und es unklar ist, ob der junge Mann Serrocold tatsächlich getötet hat. Den Moment, in dem sich die Tür des Arbeitszimmers öffnet, schildert die Autorin auf äußerst spannende Weise:

> They heard the key fitted into the lock. It turned and the door was slowly opened. / But it was not Edgar who opened it. It was Lewis Serrocold. He was breathing hard as though he had been running, but otherwise he was unmoved. (Christie, *They Do it with Mirrors*, 69)

An diesem Punkt erreicht die Dramatik ihren Höhepunkt, denn der Leser weiß, daß er nun erfahren wird, ob Lewis Serrocold ermordet wurde oder noch am Leben ist. Diesen Augenblick, in dem die emotionale Beeinflussung des Rezipienten am größten ist, nutzt Christie geschickt aus, um an dieser Stelle die zentrale lösungsrelevante Information zu vergeben. Serrocold ist nämlich deswegen außer Atem, weil er den Raum durch das Fenster verlassen hat und über die Terrasse gelaufen ist, um den Mord an Gulbrandsen, der sich in einem anderen Zimmer befand, auszuführen. Die emotionale Steuerung verhindert jedoch, daß der Leser diesen entscheidenden Hinweis hier wahrnimmt und richtig interpretiert.

Ähnliche gestellte Szenen mit dramatischer Wirkung finden sich in Christies Romanen *Death on the Nile* und *A Murder is Announced*. In *Death on the Nile* schießt Jacqueline de Bellefort ihrem früheren Verlobten Simon Doyle scheinbar ins Bein und verschafft ihm damit ein Alibi für den Mord an seiner Frau, und in *A Murder is Announced* läßt Miss Blacklock den jungen Schweizer Rudi Scherz einen Überfall auf ihr Haus spielen, um ihn zu ermorden und sich dabei selbst als beabsichtigtes Opfer des Anschlags ausgeben zu können.

2.4.7. Illusionserzeugung durch Sympathielenkung

Eine Sonderform der emotionalen Beeinflussung des Lesers in literarischen Werken stellt die Sympathielenkung dar. Beatrix Finke definiert diese Technik der Lesersteuerung als "die Evokation einer bestimmten emotionalen Haltung des Rezipienten gegenüber den Figuren eines fiktionalen Werks" (Finke, 1983, 54). Als Mittel der Sympathielenkung gilt die Charakterisierung der Gestalten im literarischen Werk. Die Steuerung kann explizit erfolgen, indem im Text selbst eine Wertung der jeweiligen Figur durch einen auktorialen Erzähler oder durch Äußerungen und Urteile anderer Romanfiguren vorgenommen wird, oder implizit, indem der Autor eine Figur so darstellt, daß beim Leser zwangsläufig die intendierten Gefühle und Reaktionen ausgelöst werden. Die evozierte emotionale Haltung kann in Sympathie oder Antipathie bestehen: Wenn beim Rezipienten Verständnis oder Zuneigung gegenüber der betreffenden Person hervorgerufen werden, was manchmal sogar zu identifikatorischen Tendenzen führt, liegt positive Sympathielenkung vor. Wenn hingegen Abneigung oder Abscheu erzeugt werden, spricht man von negativer Sympathielenkung. Dabei sind zwischen den Extremen einer völligen Identifikation mit der jeweiligen Figur und einer scharfen Ablehnung und Verurteilung ihrer Persönlichkeit und ihrer Handlungen sämtliche Abstufungen möglich.

In der traditionellen Erzählliteratur erlaubt es die psychologische Charakterzeichnung dem Leser, sich in die fiktiven Figuren eines literarischen Werks hineinzuversetzen, um die Motive ihrer Einstellungen und ihres Handelns besser zu verstehen und sich so ein Bild vom Gesamtcharakter der jeweiligen Person zu machen, das weitgehend von moralischen Werturteilen bestimmt ist. Diese literarische Konvention, die sich seit dem 18. Jahrhundert deutlich ausgeprägt hat, wird in der Detektivliteratur als Mystifikationspotential in der Form der Verdachtslenkung ausgenutzt. Die Täuschungsabsicht bedingt dabei eine Verkehrung in der Charakterisierung der Personen: Während der Täter und seine Komplizen als vorwiegend positiv bestimmte Charaktere erscheinen, überwiegt bei der Darstellung unschuldiger Verdächtiger der negative Eindruck.

Eine positive Sympathiesteuerung kann sich aus dem äußeren Erscheinungsbild einer Person oder aus ihrem Charakter ergeben. Im ersten Fall nutzt der Autor die unbewußte Neigung des Lesers, die attraktive Erscheinung eines Menschen mit einer hohen moralischen Gesinnung gleichzusetzen, zur Irreführung aus. Dies gilt insbesondere, wenn der Täter eine Frau ist. In Christies Roman *The Murder on the Links* beschreibt z. B. der Erzähler Captain Hastings die Mörderin Marthe Daubreuil in poetischen Worten als eine junge Göttin:

> My eyes were fascinated by the girl who still stood, with one hand on the gate, watching us. I am an admirer of beauty, and here was one whom nobody could have passed without remark. Very tall, with the proportions of a young goddess, her uncovered golden head gleaming in the sunlight, I swore to myself that she was one of the most beautiful girls I had ever seen. (Christie, *The Murder on the Links*, 15 f.)

Häufiger wird der Charakter der betreffenden Person falsch dargestellt. So ist die Täterin Nick Buckley in *Peril at End House* nicht nur sehr hübsch, sondern sie erweckt zugleich durch ihre offensichtliche Unbekümmertheit, Sorglosigkeit und Naivität und ihre leicht schelmischen Züge die Sympathie des Rezipienten. Diese Charakterzüge kommen schon in der ersten Beschreibung des Mädchens zum Ausdruck:

> [...] I was conscious of an impression of dark hair, an impish face and big dark-blue eyes. (Christie, *Peril at End House*, 12)

Die Mordanschläge scheint Nick nicht ernst zu nehmen. Sie setzt sich über die drohende Gefahr mit naiver Freude und völlig unangebrachtem Humor hinweg:

> '[...] Well, this is all too, *too* marvellous! Do you think someone really wants to do away with me? It would be thrilling. But, of course, that sort of

> thing doesn't really happen. Only in books. [...]' (Christie, *Peril at End House*, 31)

> 'I think the whole thing is perfectly marvellous. Too, too thrilling.' (Christie, *Peril at End House*, 34)

> 'Until then beware of poison, bombs, revolver shots, motor accidents and arrows dipped in the secret poison of the South American Indians,' finished Nick glibly. (Christie, *Peril at End House*, 43)

Die offenkundige Tatsache, daß Nick eine Lügnerin ist, wird verharmlost, indem die Bedeutung des Wortes *liar* durch die abschwächenden Adjektive *little* und *polite* und den entgegengesetzten Begriff *heaven-sent* eingeschränkt wird:

> 'Oh! well - I'm glad to hear Nick didn't invent the whole thing. She's the most heaven-sent little liar that ever existed, you know. Amazing - it's quite a gift.' (Christie, *Peril at End House*, 22)

> 'Mademoiselle, you are a polite little liar.' (Christie, *Peril at End House*, 30)

Der Leser gewinnt den Eindruck, daß Nick zwar nicht immer ehrlich ist, man ihr aber doch verzeihen muß, weil sie in ihrer unkomplizierten Art sehr sympathisch wirkt. Am Schluß des Romans stellt sich die gesamte Charakterisierung des Mädchens als völlig falsch heraus, denn Nick Buckley ist in Wirklichkeit eine kaltblütig berechnende Mörderin.

In *Murder in Mesopotamia* charakterisiert Christie den Täter Dr Leidner als einen selbstlosen Mann, der seine Frau hingebungsvoll liebt:

> 'He's devoted to her, isn't he?' said Mrs Mercado. / 'Yes,' I said. 'It's very nice to see.' (Christie, *Murder in Mesopotamia*, 35)

> 'And he's so simple. So completely unworldly. He doesn't know the meaning of the word conceit. Only a really great man could be so simple.' (Christie, *Murder in Mesopotamia*, 49)

> '[...] He's a dear - wrapped up in his own world - his digging and his theories. And he worshipped her and thought her perfection. [...]' (Christie, *Murder in Mesopotamia*, 121)

Doch gerade diese leidenschaftliche Liebe bildet das Motiv für den Mord: Dr Leidner tötet seine Frau aus Eifersucht. In der Erzählung "The Under Dog" erzeugt die Autorin beim Leser Mitgefühl für den Sekretär Owen Trefusis, der den

Typ des schüchternen jungen Mannes verkörpert, der nicht imstande ist, sich zu wehren, und daher von anderen schikaniert wird:

> Mr Owen Trefusis was a prim, proper young man, disarmingly meek, the type of man who can be, and is, systematically bullied. One could feel quite sure that he would never display resentment. (Christie, "The Under Dog", 120)

Auch in diesem Fall handelt es sich bei der beschriebenen Person nicht trotz, sondern eben wegen dieser Eigenschaft, die scheinbar mit dem Charakter eines Verbrechers unvereinbar ist, um den Täter. Der Groll des Mannes hatte sich nämlich so lange aufgestaut, bis er sich in einem Mord entladen hat.

Das Mittel der negativen Sympathielenkung setzt Christie häufig in der Form von ständig wiederkehrenden Typen ein, die beim Leser Antipathiegefühle auslösen sollen. Da die Autorin ihre Detektivromane und -geschichten primär für eine Leserschaft konzipierte, die der konservativ eingestellten englischen Mittelschicht ihrer Zeit angehörte, hat sie diese Typen so entworfen, daß sie für dieses Lesepublikum negative Klischees verkörperten. Dabei handelt es sich in der Regel um soziale Außenseiter, deren Abstammung, Charaktereigenschaften, Lebensformen und politische Ansichten nicht der gesellschaftlichen Norm entsprechen und die daher von Vorurteilen betroffen sind.

So werden Ausländer von Christie als besonders unsympathische Personen dargestellt. Der Grieche Dr Tanios in *Dumb Witness* hat z. B. seine englische Frau um ihr Erbe gebracht, indem er mit dem Geld spekuliert hat. Seine Charakterisierung durch Miss Lawson ist von starker ausländerfeindlicher Voreingenommenheit geprägt:

> "[...] Of course, Dr. Tanios pretends to be very fond of his wife and he's quite charming to her. His manners are really *delightful*. But I don't trust foreigners. They're so *artful!* [...]" (Christie, *Poirot Loses a Client*, 130)

Ebenso wird in *A Murder is Announced* das Hausmädchen Mitzi, das vor den Nationalsozialisten aus einem kontinentaleuropäischen Land geflüchtet ist, als hysterisch und paranoisch dargestellt und mit der Beurteilung 'Lügnerin' versehen (vgl. Christie, *A Murder is Announced*, 50), und in *Hallowe'en Party* hat das Au-pair-Mädchen Olga Seminoff angeblich das Testament ihrer Arbeitgeberin gefälscht und ist nach dem Tod der Frau verschwunden.

Manche Personen haben scheinbar negative Erbanlagen, weil ihre Eltern oder Großeltern Verbrechen begingen oder geisteskrank sind. Dies gilt z. B. für Theresa Arundell in *Dumb Witness*, deren Mutter wegen Mordes angeklagt wurde, und für Gina Hudd in *They Do it with Mirrors*, deren Großmutter gehängt wurde, weil sie angeblich ihren Mann mit Arsen vergiftet hatte. In *Hickory, Dickory, Dock* wird auf solche negativen Erbanlagen geschickt angespielt, indem darauf hingewiesen wird, daß der Vater Leonard Batesons in eine Nervenheilanstalt eingewiesen wurde:

> "Well," Sharpe reflected for a moment. "It seems Leonard Bateson's father is in Longwith Vale Mental Hospital, a certified patient. I don't suppose it's of any particular interest, but ..." / "But Len Bateson's father is insane. Probably without significance, as you say, but it is a fact to be stored away in the memory. It would even be interesting to know what particular form his mania takes." / "Bateson's a nice young fellow," said Sharpe, "but of course his temper is a bit, well, uncontrolled." (Christie, *Hickory Dickory Death*, 145)

Einige Verdächtige haben selbst kriminelle Taten verübt oder leiden an psychischen Defekten. So fälschte in *Dumb Witness* Theresas Bruder Charles die Unterschrift seiner Tante Emily auf einem Scheck, und Anthony Browne in *Sparkling Cyanide* erweist sich als der bekannte Saboteur Tony Morelli. Manchmal wird eine verdächtige Person als psychisch labiler Neurotiker und völlig weltfremder Mensch beschrieben. David Angkatell in dem Roman *The Hollow* gilt z. B. als intellektueller Sonderling, der unter seiner geisteskranken Mutter litt und möglicherweise die Neigung zur seelischen Krankheit von ihr geerbt hat. Man kann für ihn allenfalls verachtendes Mitleid empfinden:

> "David, I think, hates all of us. He spends his time immured in the library reading the *Encyclopaedia Britannica.*" / "Ah, a serious temperament." / "I am sorry for David. He has had a difficult home life - his mother was unbalanced - an invalid. Now his only way of protecting himself is to try to feel superior to everyone. It's all right as long as it works, but now and then it breaks down and the vulnerable David peeps through." (Christie, *The Hollow*, 145)

Auch der Privatlehrer Laurence Brown in *Crooked House* ist ein Neurotiker, der zudem den Kriegsdienst verweigert hat. In einigen Fällen liegen bereits schwerere psychische Erkrankungen vor. So wurde Gregory Banks in *After the Funeral* wegen eines Nervenzusammenbruchs in einer psychiatrischen Klinik behandelt, und Mr Perry in *By the Pricking of My Thumbs* und Anthea Bradbury-Scott, die jüngste der drei Schwestern in *Nemesis*, befinden sich zwar nicht in einer Klinik, weisen aber dennoch eindeutige Symptome auf.

Weitere Charaktere, die beim Leser Antipathie erzeugen, sind der Frauenheld, wie z. B. Major Allerton in *Curtain*, und der herumlungernde Nichtsnutz, der in *One, Two, Buckle My Shoe* durch Frank Carter verkörpert wird und den Hercule Poirot für ein absolut überflüssiges Element der Gesellschaft hält:

> He did not like Frank Carter. He disliked him very much. In his opinion Frank Carter was a bully, a liar, a swindler - altogether the type of young man the world could well do without. He, Hercule Poirot, had only to stand back and let this young man persist in his lies and the world would be rid of one of its more unpleasant inhabitants.... (Christie, *One, Two, Buckle My Shoe*, 165)

Eine Variante dieses Typs bildet die Figur des schwarzen Schafs der Familie, d. h. des Sohnes, der sein Elternhaus verlassen hat und sich irgendwo in der Welt herumtreibt und dabei regelmäßig in Schwierigkeiten gerät. Als Beispiele für diese stereotype Figur können Harry Lee in *Hercule Poirot's Christmas* und Alfred Crackenthorpe in *4.50 from Paddington* angeführt werden. Ein anderer Negativtyp ist der Künstler und Bohemien, der mit seinem exzentrischen Lebensstil, seiner lockeren Moral und seiner eigenwilligen Kleidung gegen die sozialen Normen und die guten Sitten verstößt. Er wird in *The Body in the Library* durch Basil Blake verkörpert, der für die Filmindustrie tätig ist, und in *4.50 from Paddington* repräsentiert Alfreds Bruder, der Maler Cedric Crackenthorpe diese Figur. Inspektor Bacon beschreibt ihn wie folgt und gibt dabei seinen Antipathiegefühlen Ausdruck:

> 'Cocky enough for anything,' he said. 'I don't care for the type myself. A loose-living lot, these artists, and very likely to be mixed up with a disreputable class of woman.' / [...] / 'I don't like the way he dresses, either,' went on Bacon. 'No respect - going to an inquest like that. Dirtiest pair of trousers I've seen in a long while. And did you see his tie? Looked as though it was made of coloured string. If you ask me, he's the kind that would easily strangle a woman and make no bones about it.' (Christie, *4.50 from Paddington*, 79 f.)

Auch Menschen, die für sozialistische oder kommunistische Ideen schwärmen, finden sich in Christies Werk häufig als gesellschaftliche Außenseiter. Dies gilt z. B. für Mr Ferguson in *Death on the Nile* oder für Gerald Wright in dem Roman *A Pocket Full of Rye*, und Howard Raikes in *One, Two, Buckle My Shoe* möchte seine Überzeugungen sogar durch einen politischen Mord an dem mächtigen Bankier Alistair Blunt in die Tat umsetzen.

Durch Kombination solcher Negativklischees kann die unsympathische Wirkung einer Figur auf den Rezipienten intensiviert werden. Der junge Mann Oliver Manders in *Three Act Tragedy* ist z. B. gleichzeitig Jude und ein uneheliches Kind. Außerdem hat er einen Minderwertigkeitskomplex und neigt zu kommunistischen Ideen. In Christies Romanen der sechziger und frühen siebziger Jahre bilden zeitgenössische Erscheinungen für die Autorin zusätzliche Möglichkeiten der negativen Sympathielenkung. Hier sind der langhaarige Jugendliche wie David Baker in *Third Girl* (1966) und der anarchistische Student wie Emlyn Price in *Nemesis* (1971) zu nennen.

Eine komplexere Technik der Sympathiesteuerung besteht darin, die positive und die negative Sympathielenkung so miteinander zu kombinieren, daß aus der Gegenüberstellung eine wechselseitige Verstärkung der Wirkung resultiert. Dieses Verfahren wendet schon Doyle in der Geschichte "The Adventure of the Sussex Vampire" an, in der er schildert, wie eine Frau ihren durch einen Unfall behinderten Stiefsohn wiederholt schlägt, und damit die Frau negativ, den Jugendlichen aber positiv zeichnet. Tatsächlich hat der Jugendliche jedoch versucht, das Kind seiner Stiefmutter zu töten, und die Frau hat diesen Mordversuch verhindert.

In Christies Roman *Evil Under the Sun* wird die ermordete Arlena Marshall, deren rote Haare an Satan erinnern, von sämtlichen Personen als Nymphomanin und als Inkarnation des Bösen beschrieben. In ihrer körperlichen Schönheit und geistigen Beschränktheit stellt sie das Urbild der Verführerin dar, welche die animalischen Instinkte des Mannes weckt und ihn so vom rechten Weg ableitet. Wiederholt verwendet die Autorin das Wort *animal* bzw. *beast* oder auch *swine*. Das Mittel der Verführung bilden Arlena Marshalls weibliche Reize. Die Menschen, die der Versuchung erliegen und sich der sinnlichen Lust hingeben, fallen der Macht des Bösen anheim, ohne es zu merken:

> She was tall and slender. She wore a simple backless white bathing dress and every inch of her exposed body was tanned a beautiful even shade of bronze. She was as perfect as a statue. [...] the whole effect of her was one of youth - of superb and triumphant vitality. (Christie, *Evil Under the Sun*, 16 f.)

> "[...] she looks rather a beast!" (Christie, *Evil Under the Sun*, 17)

> "[...] that woman's a personification of evil! She's a bad lot through and through. [...]" (Christie, *Evil Under the Sun*, 17)

> "[...] She's a beast - a *beast*...." (Christie, *Evil Under the Sun*, 26)

> "She turned men into swine all right!" (Christie, *Evil Under the Sun*, 84)

> "[...] no breeding at all - and I should say a very animal nature. [...]" (Christie, *Evil Under the Sun*, 97)

> "[...] Arlena Marshall was a focus of evil. She *was* Evil! Evil personified! Woman can be man's help and inspiration in life - she can also be man's downfall. She can drag a man down to the level of the beast. The dead woman was just such a woman. She appealed to everything base in a man's nature. She was a woman such as Jezebel and Aholibah. Now - she has been struck down in the middle of her wickedness!" (Christie, *Evil Under the Sun*, 125)

Der Mörder Patrick Redfern und seine Komplizin Christine werden bewußt als positive Kontrastfiguren zu Arlena Marshall entworfen. So wird Redfern als einfacher, lebensfroher, unerfahrener und etwas naiver Charakter beschrieben, der damit das ideale Opfer für Arlena Marshalls Verführungskünste darstellt:

> Patrick Redfern was a good specimen of humanity. Lean, bronzed with broad shoulders and narrow thighs, there was about him a kind of infectious enjoyment and gaiety - a native simplicity that endeared him to all women and most men. (Christie, *Evil Under the Sun*, 16)

> "[...] He's a good-looking man - and rather the simple kind - you know, fond of his wife, and not a philanderer. [...]" (Christie, *Evil Under the Sun*, 25)

> "[...] And Mr. Redfern's a nice gentleman too, but it seems men can't help themselves when it's a lady like Mrs. Marshall - one who's used to having her own way. [...]" (Christie, *Evil Under the Sun*, 115)

Redferns angebliche Frau Christine bildet den Gegenpol zu Arlena Marshall, indem sie das Gute und die höheren Werte des Geistigen verkörpert. Schon durch ihren blassen Teint hebt sie sich deutlich von der braungebrannten und rothaarigen Arlena ab. Christine gilt als körperlich schwach, verfügt dafür aber über eine weitaus größere Intelligenz als ihre Gegenspielerin. Da sie jedoch zu schwach ist, um sich gegen die Angriffe des Bösen zu wehren, erregt sie das Mitleid der anderen:

> She was an ash blonde and her skin was of that dead fairness that goes with that colouring. Her legs and arms were very white. / [...] / She had a fair serious face, pretty in a negative way and small dainty hands and feet. (Christie, *Evil Under the Sun*, 13)

> "[...] She's the kind that thinks that mind has a pull over matter. [...]" (Christie, *Evil Under the Sun*, 25)

> "[...] She is quiet, pretty in a washed-out way. She is, I think, devoted to her husband. She has something that Arlena Marshall did not have." / "What is that?" / "Brains." (Christie, *Evil Under the Sun*, 76)

Christies Kurzgeschichte "The Witness for the Prosecution", die Grundlage für den berühmten Film war, beruht auf dem gleichen Verfahren. Der Täter Leonard Vole, der bereits vor Gericht steht, aber seine Schuld ableugnet, gewinnt die Sympathie seines Anwalts Mr Mayherne und gleichzeitig auch des Lesers durch seine scheinbare Offenheit, Ehrlichkeit und Zuversicht. Diesen Eindruck verstärkt Christie, indem sie Romaine Heilger, die Frau des Angeklagten, deren gesamte Erscheinung ausschließlich von Haß geprägt ist und die zudem als Ausländerin ohnehin ein Negativklischee verkörpert, ihrem Mann als negative Kontrastfigur gegenüberstellt:

> Romaine Heilger's evidence was a tissue of lies from beginning to end. She had evolved it out of her passionate hatred. (Christie, "The Witness for the Prosecution", 105)

2.4.8. Illusionserzeugung durch scheinbare Erfüllung von Erwartungen

In allen bisher beschriebenen Verfahren der Illusionserzeugung sind die Voraussetzungen für das Zustandekommen der Suggestivwirkung hauptsächlich im Text selbst angelegt. Es ist aber auch möglich, daß sich diese Wirkung erst aus dem Zusammenspiel von den im Text enthaltenen Strukturen und den Dispositionen oder Präsuppositionen des Rezipienten ergibt, die bewußt oder unbewußt seinen Erwartungshorizont bestimmen. Dabei ist grundsätzlich zwischen dem innerliterarischen und dem außerliterarischen Erwartungshorizont zu unterscheiden: Der innerliterarische Erwartungshorizont betrifft die gattungsbedingte Rezeptionsvorgabe, d. h. die Gesamtheit der Erfahrungen, die der Leser bei der früheren Lektüre von Werken des gleichen literarischen Genres sammeln konnte. Der außerliterarische Erwartungshorizont ergibt sich hingegen aus der lebensweltlichen Erfahrung des Rezipienten und ist eng mit den Bedingungen des soziokulturellen Milieus verknüpft, in dem er lebt (vgl. Jauß, 1975, 333 f.).

Der Autor einer Detektiverzählung kann den innerliterarischen Erwartungshorizont des Rezipienten als Täuschungspotential nutzen, indem er den aus der Gattungskenntnis des Lesers resultierenden Erwartungsrahmen durchbricht, was jedoch erst in der Aufklärungsszene offenbar wird. Dieser Erwartungsrahmen entspricht den Regeln und Konventionen der Detektivliteratur, die sich im Laufe ihrer historischen Entwicklung herausgebildet haben und die teilweise von Knox, Van Dine und dem Detection Club schriftlich fixiert wurden. Agatha Christie erregte dadurch großes Aufsehen, daß sie am Schluß ihrer Romane hervorragende Verblüffungseffekte erzielte, indem sie gegen ehemals 'eherne Gesetze' des Genres verstieß, die bis dahin uneingeschränkt gegolten hatten und von den Autoren stets eingehalten worden waren.

Nach diesen Gesetzen enthält z. B. das Figureninventar der Detektiverzählung Personen, die nicht zum Verdächtigenkreis zählen, weil sie im Rahmen der Gattungsstruktur eine andere Funktion haben, so daß ihre Rechtschaffenheit außer Frage steht. Diese Personen kommen deshalb als Täter von vornherein nicht in Betracht. Dabei handelt es sich vor allem um den Detektiv, der die Zentralfigur der Erzählung darstellt, die Watson-Figur in ihrer Rolle als Perspektiventräger und die mit der Untersuchung des Falls betrauten Polizeibeamten.

Christie verletzt in ihrem Werk alle drei Tabus: In *Curtain* macht sich die Autorin die Tatsache, daß es sich bei diesem Roman um den letzten Fall ihres berühmten Detektivs Hercule Poirot handelt, zunutze, um den Mord von Poirot selbst begehen zu lassen. Allerdings tötet der Detektiv aus edlen Motiven, um einen Verbrecher unschädlich zu machen, und entzieht sich nach der Tat durch seinen Tod der Strafe. Mit seinem Mord straft sich Poirot freilich selbst Lügen, denn er hat doch immer wieder betont: 'I do not approve of murder.' Nun erweist sich jedoch sogar das äußere Erscheinungsbild des Detektivs letztlich als Illusion: Er trägt eine Perücke, und sogar sein oft bewunderter Schnurrbart als sein 'Markenzeichen' ist nicht echt. Indem Christie den Mord vom Detektiv selbst ausführen läßt, verstößt sie zwangsläufig auch gegen das Gebot, daß der Detektiv zu den wenigen Figuren in einer Detektiverzählung gehört, die immer die Wahrheit sagen müssen. In *Curtain* präsentiert Hercule Poirot seinem Watson-Erzähler Hastings und dem Leser nichts als Lügen: Angeblich kann sich Poirot nur im Rollstuhl fortbewegen, sein Diener George soll zu seinem kranken Vater gefahren und der Zimmerschlüssel des Detektivs auf mysteriöse Weise verschwunden sein. In Wirklichkeit schickte Poirot seinen Diener absichtlich fort, weil dieser ihm seinen simulierten Zustand nicht geglaubt hätte, und für seinen 'Mord im verschlossenen Raum' an Norton benötigte der Detektiv, der zuvor Nortons Zimmer bewohnt hatte, einen Zweitschlüssel für diesen Raum.

In dem Roman *The Murder of Roger Ackroyd* erweist sich der Ich-Erzähler, der Arzt Dr Sheppard, am Schluß als der Täter. Die Personalunion von Täter und Watson-Figur erscheint auf den ersten Blick paradox und mit den Gattungskonventionen der Detektivliteratur unvereinbar. Die Regeln des Genres sehen nämlich vor, daß die innenweltlichen Vorgänge des Täters (wie auch die der anderen Verdächtigen) für den Leser völlig unzugänglich sind, während der Watson-Erzähler als Vermittlungsinstanz dem Leser alles offenlegt, was ihm in den Sinn kommt. Diesen Widerspruch löst Christie jedoch sehr geschickt auf, indem sie Innendarstellungen des erlebenden und Kommentare des erzählenden Ich an allen Stellen vergibt, an denen der Mord an Ackroyd nicht direkt den Gegenstand der Erzählung bildet. So schließt der Umstand, daß Sheppard im Gegensatz zu einer echten Watson-Figur die Identität des Mörders und der genaue Tathergang bekannt sind, nicht aus, daß er dennoch bestimmte Vorgänge nicht durchschaut, die mit dem Mord nicht in unmittelbarem Zusammenhang stehen. An den Textstellen, an denen dieses Wissensdefizit des Watson-Erzählers thematisiert wird, entspricht die sprachliche Gestaltung dem herkömmlichen Muster:

> I nodded, and he hurried away, leaving me wondering. Ralph in London? But he had certainly been in King's Abbot the preceding afternoon. He must have gone back to town last night or early this morning, and yet Ackroyd's manner had conveyed quite a different impression. He had spoken as though Ralph had not been near the place for months. (Christie, *The Murder of Roger Ackroyd*, 15)

> The odd thing was that his voice reminded me of someone's voice that I knew, but whose it was I could not think. (Christie, *The Murder of Roger Ackroyd*, 40)

Ebenso ähnelt Sheppard dem Original-Watson in seiner Unfähigkeit, die Gedankengänge des Detektivs nachzuvollziehen, was er mehrmals zum Ausdruck bringt:

> I wondered very much what Poirot expected to find out. He had entrusted the job to me. Why? Was it because, as in the case of questioning Major Blunt, he wished to remain in the background? The wish, intelligible in the first case, seemed to me quite meaningless here. (Christie, *The Murder of Roger Ackroyd*, 103)

> I was at Poirot's elbow the whole time. I saw what he saw. I tried my best to read his mind. As I know now, I failed in this latter task. (Christie, *The Murder of Roger Ackroyd*, 124)

> I stared at him. / "It certainly doesn't seem to make sense to me," I said dryly. (Christie, *The Murder of Roger Ackroyd*, 165)

Eine raffiniertere Technik besteht darin, daß manchmal unzutreffende Dialogäußerungen des Arztes durch die indirekte Rede wiedergegeben werden, so daß zwangsläufig der Eindruck entsteht, es handle sich dabei um Gedankengänge Sheppards und damit um wahre Gegebenheiten:

> "Good-evening, doctor. Coming to dine? Or is this a professional call?" / The last was in allusion to my black bag which I had laid down on the oak chest. / I explained that I expected a summons to a confinement case at any moment, and so had come out prepared for an emergency call. (Christie, *The Murder of Roger Ackroyd*, 28)

Tatsächlich enthält die Tasche die Schuhe Ralph Patons, mit denen Sheppard den Verdacht auf Ackroyds Stiefsohn lenken will. Die Autorin erreicht es mit Hilfe der beschriebenen Techniken, daß Dr Sheppard alle Erwartungen des Lesers an eine konventionelle Watson-Figur erfüllt (vgl. Finke, 1983, 133-139).

Eine Variante dieser Täuschungsstrategie besteht darin, daß in Detektivromanen ohne Watson-Figur das Geschehen an entscheidenden Stellen der Handlung aus dem Blickwinkel des Mörders erzählt wird. Auch in diesem Fall bewirkt die vermeintliche Watson-Perspektive, daß die betreffende Person vom Leser nicht verdächtigt wird. So schildert Christie in *The Sittaford Mystery* das Auffinden der Leiche des ermordeten Captain Trevelyan aus der Sicht seines Mörders Major Burnaby. Durch sehr geschickte Formulierungen erzeugt die Autorin in diesem Textabschnitt die Illusion, Burnaby fungiere hier als Reflektorfigur im traditionellen Sinne. In der Szene wird erzählt, wie Major Burnaby nach einem langen Weg zu Fuß durch einen Schneesturm sichtlich erschöpft am Haus seines alten Freundes Captain Trevelyan ankommt und, nachdem Trevelyan auf Burnabys Klingeln nicht geantwortet hat, mit einem Polizeibeamten und einem Arzt durch ein offenes Fenster in das Haus eindringt, wo die Leiche des Ermordeten liegt:

> Major Burnaby was gasping, emitting the loud sighing gasps of an utterly exhausted man. (Christie, *The Sittaford Mystery*, 20)
>
> The Major desisted. He stood for a moment as though perplexed [...] (Christie, *The Sittaford Mystery*, 20)
>
> Burnaby displayed impatience at the man's slowness. / 'Aren't you going to do something?' he snapped. (Christie, *The Sittaford Mystery*, 21)
>
> The Major felt his way blindly to a chair, collapsed on to it and muttered to himself whilst a kind of staring terror overspread his face. / '*Five and twenty past five* – Oh! my God, then it *was* true after all.' (Christie, *The Sittaford Mystery*, 23)

Scheinbar werden hier Innendarstellungen des Majors vergeben. Bei genauerem Hinsehen zeigt sich jedoch, daß nicht Burnabys Empfindungen dargestellt werden, sondern nur sein äußeres Verhalten beschrieben und mit dem Verhalten eines Mannes verglichen wird, der die entsprechenden Empfindungen im jeweiligen Augenblick tatsächlich hat. Burnaby ist nicht wirklich erschöpft, denn er hat die sechs Meilen zum Haus seines Opfers auf Skiern zurückgelegt, und auch seine Verwirrung über die Tatsache, daß Trevelyan die Tür nicht öffnet, seine Ungeduld auf der Polizeiwache und sein von Entsetzen geprägtes Gesicht nach der Entdeckung der Leiche sind nur simuliert.

Ebenso wie der Detektiv selbst befinden sich entsprechend den Gattungskonventionen der Detektiverzählung solche Personen außerhalb des Verdächtigenkreises, die ihn bei seiner Ermittlungstätigkeit unterstützen und von denen daher als selbstverständlich angenommen wird, daß sie auf der Seite des Rechts stehen. Dies gilt sowohl für die Polizei als auch für Amateurdetektive, die gewohnheitsmäßig oder zufällig an der Aufklärung des Falls teilnehmen. In Detektivromanen, in denen eine Watson-Figur fehlt, fällt solchen Figuren die Aufgabe zu, die Zwischenräume zwischen den einzelnen Gesprächen mit den Verdächtigen aufzufüllen, indem sie den Fall mit dem Detektiv diskutieren und die Aussagen der Verdächtigen kommentieren. Diese Gruppe von Personen eignet sich in besonderem Maße zur Irreführung des Lesers, denn dem Umstand, daß sie nach den Gattungskonventionen als unschuldig gelten, steht entgegen, daß ihnen gerade ihre Tätigkeit als 'Hilfsdetektive' ausgezeichnete Möglichkeiten bietet, Beweismittel zu fälschen und zu vernichten und in Gesprächen den Verdacht in eine falsche Richtung zu lenken.

So erweist sich in *Hercule Poirot's Christmas* der Polizeibeamte Superintendent Sugden, der den Fall untersucht, als der Mörder. In *The A.B.C. Murders* schlägt Franklin Clarke, der Bruder eines der Ermordeten, dem Detektiv Poirot vor, eine Spezialtruppe zu bilden und eine Zeitungsannonce als Köder aufzugeben, um den Täter zu ergreifen. Tatsächlich hat Clarke die Morde jedoch selbst begangen. Ebenso wird in *Death in the Clouds* der Verdacht gegen Norman Gale dadurch eingeschränkt, daß Gale dem Detektiv hilft, den Fall aufzuklären, obwohl er als Passagier des Flugzeugs, in dem der Mord verübt wurde, auf der Verdächtigenliste steht. In *Three Act Tragedy* gehört der Mörder Sir Charles Cartwright nicht nur einer Gruppe von wenigen Personen an, die an der Detektionstätigkeit teilnehmen, sondern er äußert sogar als erster den Verdacht, daß es sich bei dem plötzlichen Tod des Pfarrers Babbington um Mord handeln könnte. Einen Sonderfall stellt *Ten Little Niggers* dar. Da in diesem Roman die Detektivfigur völlig fehlt, leitet der pensionierte Richter Lawrence Wargrave an-stelle eines Detektivs kraft seines ehemaligen Amtes die Untersuchungen der Betroffenen auf der Insel Nigger Island, obwohl er in Wirklichkeit der unbekannte Täter U. N. Owen ist.

Eine weitere Art von Personen, die scheinbar von jedem Verdacht ausgeschlossen sind, bilden Liebespaare, denn das in der Detektivliteratur übliche Happy-End schließt gewöhnlich auch mit ein, daß solche Paare nach Aufklärung des Mordfalls am Schluß zueinanderfinden. Diese Gattungskonvention kann der Autor zur Mystifikation ausnutzen, indem er einen der beiden Liebenden zum Mörder macht. In *Death in the Clouds* verliebt sich z. B. der Zahnarzt Norman Gale, bevor er seinen geplanten Mord ausführt, in die junge Friseuse Jane Grey, und auch die Liebe zwischen Lynn Marchmont und David Hunter in *Taken at the Flood* wird dadurch beendet, daß sich David als der Täter erweist. Damit jedoch das gattungsübliche Happy-End dennoch stattfinden kann, muß für den kriminellen Teil des Paares eine andere Person ersatzweise einspringen. So betätigt sich Hercule Poirot als Ehestifter, indem er eine Heirat zwischen Jane Grey und dem Franzosen Jean Dupont arrangiert, und für Lynn Marchmont steht glücklicherweise ihr früherer Verlobter Rowley Cloade als zukünftiger Ehepartner zur Verfügung.

Eine andere Möglichkeit zur Irreführung, die auf dem innerliterarischen Erwartungshorizont des Rezipienten basiert, ergibt sich aus der Regel der Detektivliteratur, daß als Täter nur eine Einzelperson fungieren darf. Christie mißachtet dieses Gebot in einer Reihe ihrer Werke, in denen zwei Komplizen an der Planung und Ausführung des Verbrechens beteiligt sind. Die Rolle des Komplizen kann sich darauf beschränken, dem Täter ein Alibi zu verschaffen. In *The Mysterious Affair at Styles* kauft z.B. Evelyn Howard zu einem Zeitpunkt in einer Apotheke verkleidet Strychnin, zu dem sich der Täter Alfred Inglethorp nachweislich an einem anderen Ort befindet, und in *Evil Under the Sun* stellt Christine Redfern am Strand die Ermordete dar, bevor Patrick Redfern den Mord tatsächlich begeht. In anderen Fällen wird der Mord vom Komplizen ausgeführt, so daß der eigentlich Schuldige ein echtes Alibi nachweisen kann. Dies gilt z. B. für Jacko Argyle in dem Roman *Ordeal by Innocence*, der seine Komplizin Kirsten Lindstrom durch ein falsches Eheversprechen so gefügig macht, daß Kirsten an Jackos Stelle Mrs Argyle erschlägt. In *A Pocket Full of Rye* ist sich die Komplizin, das Stubenmädchen Gladys Martin, gar nicht bewußt, daß sie einen Mord begeht, und der eigentliche Täter Lance Fortescue macht sich ihre Dummheit zunutze. Gladys hält nämlich das Gift, das sie der Marmelade beifügt, für eine Wahrheitsdroge. In dem Roman *Death on the Nile*, in dem drei Morde aufzuklären sind, teilen sich die beiden Komplizen Simon Doyle und Jacqueline de Bellefort ihre Arbeit in der Weise, daß Simon den ersten Mord ausführt, während Jacqueline die beiden übrigen Morde übernimmt. Dies hat zur Folge, daß jeder der beiden für mindestens einen der Morde ein einwandfreies Alibi besitzt und somit außer Verdacht steht.

Die Technik des von mehreren Komplizen ausgeführten Mordes kann zu Extremvarianten ausgebaut werden. So beruht die Mystifikation in Christies berühmtem Roman *Murder on the Orient Express* darauf, daß das Verbrechen sich unerwartet als Kollektivmord herausstellt, bei dem elf Passagiere eines Schlafwagens und der Schaffner eine Jury bilden und die Hinrichtung eines Mörders selbst vollziehen, indem sie ihm jeweils einen Stich mit einem Dolch versetzen. In *Curtain* gelingt es Stephen Norton, zum 'perfekten Mörder' zu werden, indem er seine Verbrechen nicht selbst begeht, sondern wie der Schurke Iago in Shakespeares Tragödie *Othello* andere Personen durch psychologische Beeinflussung zur Ausführung eines Mordes verleitet.

Während in den bisher beschriebenen Fällen die jeweiligen Verbrechen von den Tätern gemeinsam ausgeführt werden, kommt es auch vor, daß mehrere scheinbar zusammenhängende Morde das Werk verschiedener Täter sind, die unabhängig voneinander vorgingen. Dabei wird die durch den innerliterarischen Erwartungshorizont des Rezipienten bedingte Illusionsbildung noch zusätzlich verstärkt, wenn sich die Morde in einer Detektiverzählung in ihren Mitteln und der Art und Weise ihrer Ausführung gleichen. In Doyles Geschichte "The Adventure of the Devil's Foot" rächt sich z. B. der zweite Mörder Dr Sterndale an Mortimer Tregennis, der Sterndales Geliebte getötet hat, indem er ihn mit dem gleichen Gift ermordet, das auch Tregennis benutzt hat. In Christies Roman *Cat Among the Pigeons*, der drei Morde enthält, erscheint die eigentliche Täterin über jeden Verdacht erhaben, da sie für den zweiten Mord ein einwandfreies Alibi besitzt. Tatsächlich wurde dieser zweite Mord von einer anderen Person und aus einem anderen Motiv verübt. Er wird jedoch von der Autorin mit den beiden übrigen Morden dadurch in Zusammenhang gebracht, daß der Tatort und die Art des Auffindens der Leiche dem ersten Mord entsprechen und die gleiche Tatwaffe wie beim dritten Mord verwendet wurde. So werden die ersten beiden ermordeten Lehrerinnen der Schule Meadowbank in der Turnhalle aufgefunden, nachdem dort nachts ein verdächtiges Licht erschienen ist, und im zweiten und dritten Fall wurde das Opfer mit einem Sandsack erschlagen. Ebenso versucht in *Mrs McGinty's Dead* ein Unbekannter, Hercule Poirot vor einen fahrenden Zug zu stoßen. Da der tatsächliche Mörder als einziger für diese Zeit ein einwandfreies Alibi besitzt, läßt sich sogar der Detektiv von diesem Mordanschlag einer anderen Person irreleiten.

Auch die Konvention, daß in der Detektivliteratur im Gegensatz zu künstlerischen Werken eine äußerliche Beschreibung und eine Charakterisierung der Figuren in der Regel nur schematisch erfolgen und keine Relevanz für die Lösung haben, kann zu einer Rezeptionssteuerung verwandt werden, indem diese gattungsspezifische Erwartung scheinbar erfüllt, tatsächlich aber durchbrochen wird. In *Hercule Poirot's Christmas* bilden z. B. die Ähnlichkeit mehrerer Männer in ihrem Aussehen und einige charakteristische Verhaltensweisen die wesentlichen *clues* für die Lösung. So ähneln sich das Mordopfer Simeon Lee und seine Söhne Harry, Stephen und Superintendent Sugden durch ihre Adlernasen und in ihrer Gewohnheit, sich mit dem Finger über die Kinnbacken zu streichen und beim Lachen den Kopf nach hinten zu werfen. Da dem Leser nicht bekannt ist, daß Stephen und der Täter Sugden uneheliche Söhne Simeon Lees sind, stellt die äußerliche Beschreibung der Figuren in diesem Roman den einzigen Hinweis auf diese Tatsache dar, aus der sich im Fall Sugdens wiederum das Mordmotiv ergibt. Über Simeon Lee heißt es:

> [...] the nose, aquiline and proud [...] (Christie, *A Holiday for Murder*, 20)
>
> [...] his fingers caressing his chin [...] (Christie, *A Holiday for Murder*, 20)
>
> His chin was raised and with one finger he was striking his jaw reflectively. (Christie, *A Holiday for Murder*, 28)

Harry wird folgendermaßen beschrieben:

> That bold arrogant jaw, the high bridged nose, the rollicking eye. (Christie, *A Holiday for Murder*, 24)
>
> Harry threw back his head and laughed. (Christie, *A Holiday for Murder*, 27)
>
> Harry threw up his head. He drew his finger along the line of his jaw. It was a gesture that was habitual with him. (Christie, *A Holiday for Murder*, 28)
>
> He stroked his jawbone [...] (Christie, *A Holiday for Murder*, 68)
>
> Harry laughed, throwing his head back [...] (Christie, *A Holiday for Murder*, 134)

Stephens Aussehen und seine typischen Bewegungen werden fast mit den gleichen Worten dargestellt:

> She liked his deeply bronzed face and his high bridged nose and his square shoulders. (Christie, *A Holiday for Murder*, 3)
>
> Stephen laughed, throwing his head back. (Christie, *A Holiday for Murder*, 35)
>
> Stephen Farr leaned back in his chair. His forefinger caressed his jaw. (Christie, *A Holiday for Murder*, 86)

Das gleiche gilt für die Beschreibung Superintendent Sugdens:

> He saw a tall man with square shoulders and a military bearing who had an aquiline nose, a pugnacious jaw and a large flourishing chestnut coloured moustache. (Christie, *A Holiday for Murder*, 50)
>
> Superintendent Sugden drew a doubtful finger along his jawbone. (Christie, *A Holiday for Murder*, 109)
>
> Sugden stroked his jaw reflectively. (Christie, *A Holiday for Murder*, 115)
>
> Superintendent Sugden threw his head back and laughed. (Christie, *A Holiday for Murder*, 119)

In *A Murder is Announced* deutet Christie mit der widersprüchlichen Charakterisierung einer Frau an, daß es sich dabei in Wirklichkeit um zwei verschiedene Personen handelt. So beschreibt Dora Bunner ihre Freundin Miss Blacklock zuerst als ein hübsches Mädchen, das aber ein schweres Schicksal gehabt hat:

> "[...] Such a pretty girl and enjoyed life so much. It all seemed so *sad.*" / [...] / "*And sad affliction bravely borne,*" murmered Miss Bunner, her eyes suffusing with tears. (Christie, *A Murder is Announced*, 117)

Kurz darauf stellt sie Miss Blacklock als nicht hübsch, aber erfolgreich im Leben dar:

> "[...] She was always a clever girl - the kind that gets on in the world. Not so much looks - as *character.* [...]" (Christie, *A Murder is Announced*, 118)

Oft greift Christie auch auf in der Detektivliteratur gebräuchliche Handlungsklischees zurück, um den Leser zu täuschen, indem sie seine Erwartungen scheinbar erfüllt und in Wirklichkeit negiert. Ein Beispiel für solche Klischees ist die Ausschaltung eines unliebsamen Zeugen des Verbrechens durch einen weiteren Mord. Während in Detektivromanen, die mehrere Morde enthalten, gewöhnlich der erste Mord das geplante Verbrechen darstellt und die weiteren Morde erst aus dem Versuch des Täters entstehen, die Aufklärung des Falls zu verhindern, wird in *Three Act Tragedy* dieses Muster einfach umgekehrt. In diesem Roman ist nämlich der zweite Mord (an dem berühmten Arzt Sir Bartholomew Strange) der eigentlich beabsichtigte, für den es auch ein echtes Motiv gibt, und der Täter, ein ehemaliger Schauspieler, benutzt das erste Verbrechen, dessen Opfer der Pfarrer Babbington ist, lediglich als 'Generalprobe'. Dennoch wird das Klischee im Text durch die Aufstellung einer entsprechenden Hypothese scheinbar bestätigt:

> "Do we believe that the second murder sprang directly from the first? I mean, do we believe that Bartholomew Strange was killed in order to prevent his revealing the facts of the first murder, or his suspicion about it?" / "Yes," said Egg and Mr. Satterthwaite again, but in unison this time. / "Then it is the *first* murder we must investigate, not the second –" / Egg nodded. / "In my mind, until we discover the *motive* for the first murder, we can hardly hope to discover the murderer. [...]" (Christie, *Three Act Tragedy*, 91)

Diese Hypothese, die dem innerliterarischen Erwartungshorizont des Rezipienten entspricht, wird, wie es auch bei anderen falschen Hypothesen der Fall ist, im weiteren Textverlauf als Prämisse für verschiedene Theorien benutzt:

> "[...] Suppose, for instance [...] that Babbington saw a certain person in a certain place at a certain time. As far as he knows, there's no reason why

> that person shouldn't be there. But suppose also that that person had concocted a very clever alibi for some reason showing that at that particular time he was somewhere else a hundred miles away. Well, at any minute old Babbington, in the most innocent way in the world, might give the show away." / [...] / "[...] It might be anything. Someone he saw that evening whom he'd known under a different name –" / "It might be something to do with a marriage," said Egg. "Clergymen do lots of marriages. Somebody who'd committed bigamy." / "Or it might have to do with a birth or a death," suggested Mr. Satterthwaite. (Christie, *Three Act Tragedy*, 92)

Neben dem Mord an Bartholomew Strange enthält *Three Act Tragedy* noch zwei weitere Beispiele für das Klischee der Ausschaltung von Zeugen durch zusätzliche Morde, bei denen ebenfalls die Lesererwartungen durchbrochen werden: Mrs de Rushbridger wird nicht ermordet, weil sie etwas über die anderen Morde weiß, sondern sie muß vielmehr sterben, weil sie nichts darüber weiß. Sie dient dem Täter nämlich nur als Irrfährte. Auch die Ermordung des Butlers Ellis, dem angeblich die Identität des Mörders bekannt war, ist nur eine Illusion, da Ellis nicht existiert hat. Ebenso wird Norton in *Curtain* nicht erschossen, weil er etwas gesehen hat, was zur Aufklärung des Falls beitragen könnte, sondern er wird als eigentlich Schuldiger von Poirot 'hingerichtet'.

Ein weiteres Klischee verwendet die Autorin in *Hercule Poirot's Christmas*. Es ist die Figur des wohlhabenden, tyrannischen Familienoberhaupts, das von einem Mitglied seiner Familie ermordet wird, die sich dieser lästigen Person entledigen und in den Genuß der Erbschaft kommen möchte. Der wirkliche Täter Superintendent Sugden gehört dieser Familie jedoch gar nicht an und tötet aus einem ganz anderen Motiv, nämlich aufgrund von lange gehegten Rachegefühlen. Auch die selbstsüchtige und tyrannische Familienmutter Mrs Boynton in *Appointment with Death*, die ihren Kindern keinerlei Freiheiten gewährt, wird nicht das Opfer eines ihrer unterdrückten Familienmitglieder, sondern sie wird von Lady Westholme vergiftet, die fürchtet, daß Mrs Boynton ihre kriminelle Vergangenheit verraten könnte.

In *A Pocket Full of Rye* setzt Christie mit der Verwendung eines Kinderreims ein Muster zur Irreführung des Lesers ein, das sie in ihrem Werk sehr gern benutzt, z.B. in *Ten Little Niggers* oder in *One, Two, Buckle My Shoe*. So lautet der Reim:

> "'*Sing a song of sixpence, a pocketful of rye, / Four and twenty blackbirds baked in a pie. / When the pie was opened the birds began to sing. / Wasn't that a dainty dish to set before the king? / / The king was in his counting house, counting out his money, / The queen was in the parlour eating bread and honey, / The maid was in the garden hanging out the clothes, / When there came a little dickey bird and wipped off her nose.*'" (Christie, *A Pocket Full of Rye*, 91)

Ähnlich wie in *Ten Little Niggers* bildet ein Teil des Kinderreims bereits den Titel des Romans, und die Reihenfolge und Ausführung der Morde entspricht genau dem Inhalt des Reims: Rex Fortescue (*rex* = *König*) wird mit schweren Vergiftungserscheinungen in seinem Büro gefunden, und seine Jackentasche enthält Roggen; Fortescues junge Frau Adele ißt vor ihrem Tod im Wohnzimmer Teegebäck mit Honig, und dem Stubenmädchen Gladys steckt der Täter eine Wäscheklammer an die Nase, nachdem er sie erdrosselt hat. Damit endet jedoch die Analogie zwischen dem Kinderreim und dem Mordfall. Das Amselmotiv führt den Leser auf eine falsche Spur, denn die Person, die Mr Fortescue mit den toten Vögeln in der Pastete und auf seinem Schreibtisch erschreckte, ist nicht mit seinem Mörder identisch, und die Blackbird Mine in Ostafrika, mit der Fortescue seinen Geschäftspartner betrog, stellt nicht das Tatmotiv dar.

Ein extremes Mittel der Mystifikation des Lesers unter Ausnutzung seines innerliterarischen Erwartungshorizonts bildet die Technik, die in der Detektivliteratur als *double bluff* bekannt ist. Bei diesem Verfahren wird die Erwartung der Täuschungsabsicht vom Autor bereits mit einkalkuliert und wiederum als Potential für eine Irreführung auf einer höheren Ebene genutzt. Die Mystifikation besteht dabei darin, daß der Rezipient aufgrund seines gattungsspezifischen Vorwissens eine Täuschung erwartet, die jedoch nicht erfolgt, und eben in dieser Negierung der Täuschungserwartung liegt die tatsächliche Irreführung. Das grundlegende Verfahren des *double bluff* wendet schon Edgar Allan Poe in seiner Detektivgeschichte "The Purloined Letter" an, in der der Täter für einen gestohlenen Brief das 'perfekte Versteck' findet, indem er ihn überhaupt nicht versteckt, sondern ihn an einer Stelle aufbewahrt, die relativ frei zugänglich ist, so daß der Brief auch bei einer äußerst gründlichen Durchsuchung seines Hauses nicht entdeckt wird.

Agatha Christie benutzt den *double bluff* bereits in ihrem ersten Detektivroman *The Mysterious Affair at Styles*, in dem diese Technik das wesentliche Moment der Mystifikation darstellt. Dabei kehrt die Autorin das Verfahren der Verdachtslenkung um, indem sie den Mord tatsächlich von der Person ausführen läßt, die in diesem Roman als Objekt der Verdachtslenkung fungiert. So weisen alle Indizien so eindeutig darauf hin, daß Alfred Inglethorp seine Frau vergiftet hat, daß er beinahe verhaftet wird. Dies gehörte jedoch zum Plan des Täters, der sich so eine Besonderheit des englischen Strafrechts zunutze machen wollte, wonach eine Person nicht zweimal wegen der gleichen Straftat vor Gericht gestellt werden kann. Inglethorp hoffte nämlich, durch das Vorweisen eines einwandfreien Alibis einen Freispruch erwirken zu können.

Auch in anderen Romanen und Geschichten Christies erweist sich der Hauptverdächtige schließlich doch als der Täter: In *The Murder at the Vicarage* legen Mrs Protheroe und ihr Geliebter Lawrence Redding kurz nach dem Mord an Colonel Protheroe unabhängig voneinander Geständnisse ab. Scheinbar wollte jeder von den beiden den anderen auf diese Weise vor einer Festnahme schützen; in Wirklichkeit sind sie jedoch Komplizen, und die Geständnisse gehörten zu ihrem Plan. In *Lord Edgware Dies* kündigt Lady Edgware den geplanten Mord an ihrem Mann sogar vor mehreren Zeugen an, kann nach der Tat jedoch ein scheinbar einwandfreies Alibi nachweisen. In der Kurzgeschichte "The Witness for the Prosecution" gelingt es dem Angeklagten Leonard Vole, die Geschworenen von seiner Unschuld zu überzeugen und vom Gericht freigesprochen zu werden, indem er veranlaßt, daß seine offenbar von Haß erfüllte Frau zunächst als Zeugin gegen ihn aussagt, dann jedoch mit Hilfe von Briefen, die sie selbst gefälscht hat, bloßgestellt wird. Dagegen ist der Verbrecher in *Ordeal by Innocence*, Jack Argyle, bereits zu einer lebenslänglichen Freiheitsstrafe verurteilt worden und in der Haft gestorben. In *Towards Zero* legt Nevile Strange eine Reihe von Spuren, die einen starken Verdacht gegen ihn erzeugen, um die Illusion aufzubauen, das Opfer einer geschickten Intrige des vermeintlichen wahren Mörders zu sein, und in *The Hollow* geht die Verdachtslenkung so weit, daß die Täterin Gerda Christow unmittelbar nach dem Mord mit einem Revolver über ihrem Opfer steht.

Einen *double bluff*, mit dem der Leser hinsichtlich der Tatzeit getäuscht werden soll, enthält der Roman *Murder on the Orient Express*. In diesem Werk hört Poirot den Amerikaner Ratchett offenbar kurz vor seiner Ermordung aus seinem Schlafwagenabteil sprechen. Die Worte, die der Detektiv gehört hat, waren jedoch französisch, während der Sekretär des Ermordeten zweimal darauf hinweist, daß Ratchett keine Fremdsprachen beherrschte. Bei diesen Äußerungen handelt es sich scheinbar um lösungsrelevante Informationen, aus denen hervorgeht, daß nicht Ratchett, sondern sein Mörder gesprochen hat, so daß die Vermutung eines Mordes vor der vermeintlichen Tatzeit naheliegt. Die angenommene Mystifikation erweist sich in diesem Roman jedoch als *double bluff*, denn Ratchett war zur fraglichen Zeit tatsächlich noch am Leben und wurde erst wesentlich später erstochen.

In *One, Two, Buckle My Shoe* findet sich ein *double bluff*, der die Identität einer Toten betrifft. Das unkenntlich gemachte Gesicht einer Leiche soll Zweifel darüber aufkommen lassen, ob es sich bei der Toten wirklich um die angenommene Person handelt. Am Schluß des Romans zeigt sich jedoch, daß die Zweifel unbegründet waren und vom Täter auf diese Weise absichtlich hervorgerufen wurden.

Auch das Verfahren der Sympathielenkung kann zu einem *double bluff* ausgenutzt werden. Dabei wird diese Technik umgekehrt, so daß die Sympathiesteuerung den entgegengesetzten Zweck erfüllt: Die Figur, welche die stärksten Antipathiegefühle auslöst, ist tatsächlich der Täter. Auf diese Weise können solche Leser getäuscht werden, die aufgrund ihrer gattungsspezifischen Vorkenntnisse mit der Technik der Sympathielenkung vertraut sind und daher jede negative Charakterisierung als Anwendung dieser Technik interpretieren, so daß sie die negativ gezeichnete Figur nicht verdächtigen. In *Hickory, Dickory, Dock* entwirft Christie z. B. die Figur Nigel Chapman als absolut negative Gestalt. Da Chapman eingebildet, gehässig und rücksichtslos ist und zudem extrem anarchistische Anschauungen vertritt, ist er allgemein unbeliebt und kommt als Täter am ehesten in Betracht. Ausschließlich die Kenntnis des Verfahrens der negativen Sympathielenkung bewirkt, daß der Leser Chapman nicht für den Mörder hält. Ebenso beschreibt der Polizeibeamte Colonel Melchett in *The Body in the Library* den Täter Mark Gaskell mit Negativklischees. Seine Charakterisierung des Mannes, mit der er deutlich seine Antipathie bekundet, ist von einer echten negativen Sympathielenkung nicht zu unterscheiden:

> He was sizing up Mark Gaskell as he spoke. He didn't much care for the fellow. A bold, unscrupulous, hawklike face. One of those men who usually get their own way and whom women frequently admire. *But not the sort of fellow I'd trust*, the colonel thought to himself. Unscrupulous - that was the word for him. The sort of fellow who wouldn't stick at anything. (Christie, *The Body in the Library*, 58)

Auch der Negativtyp des schwarzen Schafs einer Familie kann als *double bluff* fungieren. Beispiele für solche Figuren, die sich als Täter erweisen, sind Victor Drake in *Sparkling Cyanide* und Lancelot Fortescue in *A Pocket Full of Rye*.

In *Hercule Poirot's Christmas* wird der Mord von dem Polizeibeamten Superintendent Sugden begangen. Damit werden aber nicht nur innerliterarische, sondern zugleich auch außerliterarische Erwartungen des Rezipienten negiert. Agatha Christies Detektivromane und -geschichten wenden sich hauptsächlich an ein englisches Lesepublikum. Der englische Polizist hat jedoch von jeher einer sehr guten Ruf und gilt als Repräsentant von Recht und Ordnung, Freiheit und Demokratie. Roheit und Willkür sind ihm traditionell fremd (vgl. Murch, 1968, 247 f.). Ein von einem Polizeibeamten begangener Mord müßte einem Briten absurd erscheinen, da dies in seinen Augen einer Verkehrung von Gut und Böse gleichkäme. Das bisher ungebrochene Vertrauen des Bürgers in die Organe seines Staates würde erschüttert werden, und Zweifel an der demokratischen Ordnung der britischen Gesellschaft würden sich einstellen. Indem sie die Erwartungen des Lesers in dieser Hinsicht durchbricht, nutzt die Autorin den soziokulturellen Hintergrund ihres Heimatlandes als Mystifikationspotential. Zusätzlich wird die Klischeevorstellung vom englischen Bobby, der anständig, umsichtig und gewissenhaft ist, dem es aber an Einfallsreichtum und Intelligenz fehlt, verbal bestätigt, indem Superintendent Sugden eben diese Charaktereigenschaften zugesprochen werden:

> "[...] Superintendent Sugden is a good man, none better; painstaking, careful, thoroughly sound - but - well, he's not an *imaginative* chap in any way. [...]" (Christie, *A Holiday for Murder*, 49)

Doch nicht nur im Falle des Polizisten ist das Image eines Berufsstandes mit einer generellen moralischen Wertung verbunden. Auch das Berufsethos der Ärzte erzeugt gerade in unserem Jahrhundert, in dem die Erwartungen an die Medizin sehr hoch sind, positive Vorurteile. Schon H. Douglas Thomson macht darauf aufmerksam, daß Christie sich in *The Murder of Roger Ackroyd* die Klischeevorstellung vom freundlichen Landarzt zunutze macht, um den Leser zu täuschen, indem sie Dr Sheppard mit diesem Typ identifiziert (vgl. Thomson, 1973, 204 f.). Diesen Kunstgriff wiederholt die Autorin in ihrem späteren Roman *4.50 from Paddington*, indem sie den Arzt Dr Quimper zum Mörder macht.

Es gibt auch Arten von Voreingenommenheit, die über den Rahmen einer bestimmten Soziokultur hinausgehen und allgemein menschliche Charakteristika darstellen. So werden Kinder in allen Kulturen als unschuldig und hilflos betrachtet. Diese außerliterarische Erwartungshaltung dient Christie in ihrem Roman *Crooked House* als Möglichkeit zur Irreführung, indem sie die Morde von dem elf oder zwölf Jahre alten Mädchen Josephine begehen läßt. Das Vorurteil, auf dem die Täuschung in diesem Werk beruht, spricht der Erzähler Charles Hayward am Ende des Romans direkt an, indem er darauf hinweist, daß ihn ausschließlich seine Voreingenommenheit am Erkennen dessen gehindert hat, was während der gesamten Handlung sowohl offensichtlich als auch plausibel war:

> I was to wonder afterwards that I could have been so blind. The truth had stuck out so clearly all along. Josephine and only Josephine fitted in with all the necessary qualifications. Her vanity, her persistent self-importance, her delight in talking, her reiteration on how clever *she* was, and how stupid the police were. / I had never considered her because she was a child. But children have committed murders, and this particular murder had been well within a child's compass. (Christie, *Crooked House*, 156 f.)

2.5. Spannungsanalyse

Wird die Wirkung der klassischen Detektivliteratur untersucht, so genügt es nicht, die Verfahren der Realitätsverschleierung und der Illusionserzeugung zu beschreiben, sondern es muß auch eine allgemeine Spannungsanalyse erstellt werden. Jeder literarische Text erzielt seine Wirkung auf den Rezipienten zum großen Teil durch den Auf- und Abbau von Spannung, wobei sich jedoch Unterschiede in der Art der Spannung, den Mitteln ihrer Erzeugung und der äußeren Form der Spannungskurven ergeben. Im Gegensatz zum Thriller oder Abenteuerroman, in denen abwechselnd Spannung auf- und abgebaut wird, bleibt die durch eine Detektiverzählung beim Leser erzeugte Spannung fast während des gesamten Handlungsverlaufs bestehen und steigt gleichzeitig ständig an. Die beiden Spannungspole der Detektiverzählung bilden das Rätsel, das am Anfang, und seine Auflösung, die am Ende der Erzählung dargeboten wird. Ihren Höhepunkt erreicht die Spannung in der Aufklärungsszene, und zwar kurz vor dem Augenblick, in dem der Detektiv die Identität des Schuldigen enthüllt. Nachdem die Lösung bekanntgegeben ist, fällt die Kurve jäh ab.[1]

Das Spannungspotential in der klassischen Detektiverzählung resultiert aus dem Mangel, der darin besteht, daß die genauen Umstände eines Vorgangs, nämlich des Mordes, unbekannt sind, bzw. aus der Aufgabe, diese Umstände zu ermitteln. Im einzelnen weist das Genre Differenzen zwischen den Prospektionszuständen (bzw. Textrearrangements) des Täters, des Detektivs und der übrigen Personen sowie des Rezipienten auf: Das Textrearrangement des Täters, der als einziger die Lösung von Anfang an kennt, entspricht in bezug auf die Tat schon im Augenblick des Verbrechens dem letzten rearrangierten Text. Dagegen stimmt das Textrearrangement des Detektivs in dieser Hinsicht erst an der Stelle der Erzählung mit dem letzten Textrearrangement überein, an der der Deduktionsprozeß des Detektivs beendet ist. Das Textrearrangement der Watson-Figur ist erst in der Aufklärungsszene, nachdem der Detektiv die Lösung bekanntgegeben hat, mit dem des Täters und des Detektivs identisch, und das Textrearrangement der unschuldigen Verdächtigen entspricht (abgesehen von der Tatsache, daß natürlich jeder weiß, daß er selbst nicht der Mörder ist) im wesentlichen dem der Watson-Figur. Da die Watson-Figur als Perspektiventräger und Identifikationsmöglichkeit fungiert, besitzt der Leser an jeder Stelle des Textes das gleiche Textrearrangement wie diese Figur. Ein weiterer Unterschied zwischen den Textrearrangements einzelner Personen besteht zwischen dem Täter und dem Detektiv im Hinblick auf die Aufklärung des Verbrechens, denn der Täter weiß nicht, inwieweit der Detektiv der Lösung im jeweiligen Stadium seiner Detektionstätigkeit schon näher gekommen ist. Damit bilden die Informationsdifferenzen und unterschiedlichen Textrearrangements zwischen dem Täter und dem

---

1) Schematische Darstellungen der Spannungsstruktur der klassischen Detektiverzählung finden sich bei Dupuy (vgl. Dupuy, 1974, 175-177), Broich (vgl. Broich, 1975, 21) und Nusser (vgl. Nusser, 1976, 228).

Detektiv, dem Täter und dem Leser sowie dem Detektiv und dem Leser hinsichtlich des Mordes und seiner Aufklärung das Spannungspotential der klassischen Detektiverzählung. Dementsprechend ist die Auflösung der Spannung in der Aufklärungsszene dadurch gekennzeichnet, daß sämtliche Prospektionszustände und Textrearrangements nach Beseitigung aller Informationsdifferenzen durch den Detektiv am Schluß der Erzählung konvergieren.

Die Spannungsstruktur der Detektiverzählung soll im folgenden am Beispiel der Sherlock-Holmes-Geschichte "The Three Students" erläutert werden, die in ihrem Aufbau als typisch für die Erzählungen Arthur Conan Doyles gelten kann: Die Geschichte beginnt mit einer kurzen Einführung des Erzählers Dr Watson. Am Anfang der eigentlichen Handlung steht die Darlegung des Rätsels, die durch einen Bericht des Dozenten Hilton Soames erfolgt, der Holmes aufsucht und um Hilfe bittet. Die Aufgabe des Detektivs besteht darin, herauszufinden, wer einen Prüfungstext vor einem Examen im Zimmer des Dozenten abgeschrieben und sich damit einer schweren Täuschung schuldig gemacht hat. Die Konfrontation des Lesers mit einer Frage, deren Antwort ihm zunächst verweigert wird, erzeugt in ihm Spannung. Diese erhöht sich in den folgenden Abschnitten der Geschichte, indem ihm weitere Einzelheiten über den Fall mitgeteilt werden. Die Vermittlung der Details erfolgt dabei in den folgenden Phasen: Zunächst besichtigen Holmes und Watson den Tatort, der genau beschrieben wird. Darauf stellt der Detektiv eine erste Hypothese über den Tathergang auf. Als nächstes folgt eine Aufzählung und kurze Beschreibung der drei tatverdächtigen Studenten, an die sich eine Befragung des Bediensteten des Dozenten und Besuche bei den Verdächtigen anschließen. Nachdem Holmes und Watson den Fall diskutiert haben, erklärt der Detektiv, daß er das Rätsel gelöst hat. In der Aufklärungsszene erreicht die Spannung unmittelbar vor der Präsentation der Lösung ihren Höhepunkt. Das Absinken der Spannung vollzieht sich danach in mehreren Phasen, in denen die Bestandteile der Lösung nacheinander bekanntgegeben werden. Als erstes nennt der Detektiv den Namen des Täters. Dann legt Holmes die Gedankengänge offen, die ihn zur Lösung geführt haben, und erwähnt dabei auch den wesentlichen *clue*, der in die Beschreibung eines der drei Tatverdächtigen eingebaut war. Als nächstes schildert er den genauen Tathergang. Den Abschluß der Erzählung bilden das Geständnis des Studenten, der den Prüfungstext abgeschrieben hat, und als zusätzliche Überraschung die Aussage des Bediensteten, der dem Täter geholfen hat, weil er früher als Butler in den Diensten des Vaters des jungen Mannes gestanden hatte. Nach der Bekanntgabe der Lösung ist die Spannung völlig abgebaut, und die Geschichte ist an ihrem Ende angelangt.

Die Detektiverzählung in der Romanform unterscheidet sich grundsätzlich kaum von diesem Muster. So schreibt Ulrich Suerbaum:

> Der Detektivroman ist also ein Roman, der das besondere Aussagepotential der romanhaften Darbietungsweise nicht zu verwirklichen vermag; ein Roman, der außer seiner Länge kaum Romaneigenschaften aufweist. Er ist eine ausgeweitete literarische Kurzform. (Suerbaum, 1971, 451)

Die Tatsache, daß der Idealtypus des Detektivromans nur eine quantitative Ausweitung der Detektiv-Kurzgeschichte darstellt, läßt sich anhand von Agatha Christies Roman *Murder on the Orient Express* belegen. Bereits die äußere Gliederung dieses Werks in drei Teile spiegelt das Grundschema der Detektiverzählung wider: Der erste Teil ('The Facts') bildet die Exposition und enthält nach einer kurzen Einführung die Tatsache des Verbrechens, die Beschreibung der Leiche und die Feststellung der Identität des Toten. Damit ist die Aufgabe gestellt, aus der sich das Spannungspotential ergibt. Im zweiten Teil ('The Evidence') finden sich sämtliche Informationen, die das Material für den nachfolgenden Deduktionsprozeß liefern. Dieses Material setzt sich aus den Aussagen der dreizehn Verdächtigen und der Beschreibung der materiellen Beweisstücke zusammen. Dementsprechend ist der zweite Teil des Romans in fünfzehn Abschnitte eingeteilt, von denen zwölf die Vernehmungen jeweils eines (und in einem Fall von zwei) Verdächtigen wiedergeben, die im dreizehnten Abschnitt zusammengefaßt werden, während die beiden übrigen Abschnitte den materiellen Beweismitteln (Tatwaffe und verdächtige Gegenstände) vorbehalten sind. Diese Abschnitte enthalten eine Fülle von Einzelheiten, die mit dem Mordfall in Zusammenhang stehen, so daß sich die Spannung laufend erhöht. Der dritte Teil des Romans ('Hercule Poirot Sits Back and Thinks') hat den Deduktionsvorgang und die Lösung zum Inhalt. Der Deduktionsprozeß vollzieht sich in mehreren Stufen: Zuerst wird für jeden der dreizehn Verdächtigen eine Übersicht angefertigt, aus der, nach Motiv, Alibi und besonderen Umständen getrennt, alle Indizien zu ersehen sind, die dafür sprechen, daß die jeweilige Person der Täter ist. Dann präsentiert Poirot eine Liste, auf der sich zehn Fragen befinden, die mit dem Fall in Zusammenhang stehen und von besonderem Interesse sind, und es wird versucht, diese Fragen zu beantworten. Diese Diskussion des Falls führt zu einer weiteren Spannungssteigerung. Im Anschluß an die eigentliche Reflexion, deren Inhalt dem Leser zunächst noch verborgen bleibt, gibt der Detektiv bekannt, daß er die Lösung gefunden hat. Nachdem Poirot seine Theorie durch mehrere Experimente verifiziert hat, rekonstruiert er seinen Gedankengang, dessen Endpunkt die Lösung des Falls ist, und teilt diese anschließend den anderen Personen mit. Die Spannung erreicht dabei zunächst ihr Maximum und fällt dann ab. Die Lösung wird durch das Geständnis der Schuldigen endgültig bestätigt. Jetzt ist das Rätsel vollständig gelöst, der Fall ist abgeschlossen, und der Roman endet damit zwangsläufig:

> 'Then,' said Poirot, 'having placed my solution before you, I have the honour to retire from the case....' (Christie, *Murder on the Orient Express*, 233)

Es versteht sich von selbst, daß eine derartige Konstruktion eines literarischen Werks, die gleichsam dem Aufbau einer wissenschaftlichen Untersuchung ähnelt und wesentlich mehr Analyse als Aktion enthält, das für die Wirkung des fiktionalen Textes wesentliche Moment der Spannung vernachlässigt. Auch Suerbaum sieht einen entscheidenden Mangel des klassischen Detektivromans darin, daß kurzfristige Spannungsbögen im Mittelteil fehlen, so daß der Leser zu lange auf die Generallösung in der Aufklärungsszene warten muß (vgl. Suerbaum, 1984, 99). Der Autor läuft damit Gefahr, sein Lesepublikum zu langweilen und somit die Wirkung seiner Werke zu vermindern. Diese Gefahr, die proportional zur Länge einer Detektiverzählung ansteigt, haben die Autoren der Detektivliteratur auch durchaus erkannt, und sie haben daher versucht, ihr entgegenzusteuern, indem sie Poes Schema der analytischen Erzählung philosophischer Natur durch ein Instrumentarium von Techniken ergänzten, deren Funktion darin besteht, das Interesse des Rezipienten während des Lesevorgangs aufrechtzuerhalten. Dazu ist es einerseits notwendig, die Neugier des Lesers ständig zu befriedigen, während andererseits ein vorzeitiges Absinken der Spannung durch das Hinausschieben der Lösung verhindert werden muß. Die Detektiverzählung enthält daher sowohl Elemente, die dazu beitragen, das Rätsel zu lösen, als auch solche, die seine Lösung erschweren und verzögern. Die erste Gruppe von Elementen bezeichnet Dennis Porter als *progressive elements*, die zweite Kategorie nennt er *digressive elements* (vgl. Porter, 1981, 31). Beide Arten von Elementen zusammen lassen den Eindruck eines Labyrinths entstehen, in dem man nie weiß, ob man sich auf dem richtigen Weg zum Ziel oder auf einem Irrweg befindet.

Als *progressive elements* fungieren vor allem die *clues*, mit denen die Lösung angedeutet wird. In diesem Fall wird der Leser dazu aufgefordert, der Lösung durch selbständige Kombination näher zu kommen. Der Autor kann aber auch dem Informationsbedürfnis des Rezipienten dadurch entsprechen, daß er einzelne Bestandteile der Lösung schon vor der Aufklärungsszene bekanntgibt. So beantwortet Christie in *A Pocket Full of Rye* bereits in Kapitel 14 die bis dahin offene Frage, wie das Gift dem ermordeten Mr Fortescue verabreicht wurde, während die Namen der Täter erst in den Kapiteln 25 und 26 genannt werden. In *Crooked House* klärt sich das Rätsel um ein nicht unterzeichnetes Testament des Toten, das lange Zeit zusätzliche Verwirrung stiftet, schon auf, bevor die Identität der Täterin bekanntgegeben wird. Aristide Leonides täuschte seine Familie nämlich durch einen Trick, da sie den wahren Inhalt seines Testaments nicht erfahren sollte. Mit dem Mord an dem alten Mann steht dies jedoch in keinem Zusammenhang. In *The Murder on the Links* verknüpft die Autorin zwei verschiedene Handlungseinheiten, die den gleichen Mord betreffen, sehr geschickt miteinander, ohne daß dies für den Leser erkennbar ist. Die erste Handlungseinheit besteht darin, daß der ehemalige Mörder Paul Renauld plant, mit Hilfe der Leiche eines Landstreichers seine eigene Ermordung vorzutäuschen, um seiner früheren Geliebten und Komplizin zu entgehen, die ihn wiedererkannt hat. Diese Teilhandlung wird mit einem zweiten Rätsel verknüpft, das den tatsächlichen Mord an Renauld betrifft. Während die erste Handlungseinheit schon vor dem Ende des Romans freigelegt wird, bleibt die Frage, wer Renauld erstach, bis zur Schlußszene ungeklärt.

Die Verzögerung des Lösungsprozesses durch *digressive elements*, die auch als *retardierende Elemente* bezeichnet werden können, ist auf zwei verschiedenen Wegen möglich: Entweder wird die analytische Komponente der Detektiverzählung noch verstärkt, so daß das Rätsel schwieriger wird, oder es werden neben den analytischen auch synthetische Elemente in das Schema eingefügt, was zur Folge hat, daß die Handlung verlängert und die Lösung hinausgeschoben wird. Solche synthetischen Elemente entstammen anderen Formen der Unterhaltungsliteratur, die vom Verbrechen handeln (z. B. der Abenteuererzählung oder dem Thriller), und sind der Detektiverzählung in ihrer reinen Form fremd; sie können jedoch verwendet werden, wenn sie den Gattungskonventionen, insbesondere dem Täterrätsel, nicht widersprechen. Ulrich Schulz-Buschhaus bezeichnet diese Elemente mit dem englischen Begriff *action*, den er gegen die Termini *analysis* (die Rätselkomponente) und *mystery* (die retardierenden Elemente) abgrenzt (vgl. Schulz-Buschhaus, 1975, 3-5).

Die Intensivierung der analytischen Komponente kann beispielsweise erfolgen, indem das Mordrätsel durch zusätzliche markierte Unbestimmtheitsstellen erschwert und kompliziert wird. Eine solche im Grundmuster der Detektiverzählung nicht enthaltene Leerstelle kann z. B. die Identität des Toten bilden, die in der konventionellen Detektiverzählung bekannt ist. So taucht in Christies Romanen *The Body in the Library* und *The Clocks* in den Häusern von unbescholtenen Bürgern plötzlich jeweils eine völlig unbekannte Leiche auf, deren Identifizierung erhebliche Schwierigkeiten bereitet. Die Unbestimmtheitsstellen werden weiter vermehrt, wenn die Tatsache des Verbrechens zwar bekannt ist, aber eine Leiche zunächst noch nicht vorhanden ist oder wenn es am Anfang des Romans noch nicht einmal feststeht, ob überhaupt ein Mord begangen wurde. So gibt es in *4.50 from Paddington* zwar eine Augenzeugin für den Mord; da der Täter sein Opfer jedoch in einem fahrenden Zug erwürgte, muß die Leiche, deren Identität ohnehin längere Zeit unbekannt bleibt, erst einmal durch Überlegungen und Nachforschungen Miss Marples und ihrer Gehilfin Lucy Eyelesbarrow ausfindig gemacht werden. In *Nemesis* wird Miss Marple sogar mit der fast unlösbaren Aufgabe konfrontiert, einen Mord aufzuklären, von dem sie lediglich weiß, daß er geschehen ist. Manchmal wird ein Verbrechen zu Beginn der Handlung nur vermutet: In *Third Girl* wird Hercule Poirot beim Frühstück von einer jungen Frau gestört, die ihm berichtet, sie 'könnte einen Mord begangen haben', und darauf Poirots Wohnung eilig verläßt. In *By the Pricking of My Thumbs* enthält nur eine seltsame Frage einer offenbar geistesgestörten Frau in einem Altersheim einen vagen Hinweis auf einen Mord, und in *Sleeping Murder* erinnert sich Gwenda Reed dunkel an eine Mordszene, die sie als kleines Kind miterlebt hat und bei der das Opfer eine Frau mit dem Namen Helen war, obwohl Gwenda niemanden mit diesem Namen kennt. In *A Caribbean Mystery* ist die Tatsache des Mordes am Anfang des Romans ebenfalls noch nicht eindeutig, obwohl in diesem Werk wenigstens ein Toter vorhanden ist. Doch Major Palgraves Tod wird zunächst auf Bluthochdruck zurückgeführt, bevor sich herausstellt, daß er vergiftet wurde.

Auch Mordfälle, die sich bereits in der Vergangenheit ereignet haben, aber in Zusammenhang mit der Untersuchung des gegenwärtigen Verbrechens wieder Bedeutung erlangen, können als zusätzliche Unbestimmtheitsstellen fungieren. In Christies Roman *Cards on the Table* lädt z. B. Mr Shaitana vier Mörder, deren Verbrechen nicht aufgedeckt wurden, zu einer Party ein. Da der Abend mit der Ermordung des Gastgebers endet, kann der Täter nur entlarvt werden, wenn die früheren Mordfälle ebenfalls analysiert werden. Ebenso werden in *Hallowe'en Party* vier unaufgeklärte Todesfälle relevant, weil die dreizehnjährige Joyce Reynolds kurz vor ihrer eigenen Ermordung behauptete, einen Mord beobachtet zu haben.

Eine andere Möglichkeit zur Intensivierung der analytischen Komponente besteht darin, die Aufklärung des Falls gegen Ende des Romans durch die Bekanntgabe einer falschen Lösung hinauszuzögern. Eine solche unzutreffende Lösung ähnelt der richtigen Lösung darin, daß sie alle Fakten erklärt. So hält der Amateurdetektiv Luke Fitzwilliam in *Murder is Easy* irrtümlich Lord Whitfield für den Mörder. Suggestive Formulierungen bei der Beschreibung des Mannes und die häufige Wiederholung seines Namens verstärken den Eindruck, daß Luke tatsächlich dem Verbrecher gegenübersitzt:

> Luke stared at him. A monstrous, an incredible suspicion leapt into his mind! With new eyes, he stared at the small fat man who sat at the head of the table, who was gently nodding his head and whose light protuberant eyes met Luke's with a smiling insouciance. / A rush of disconnected memories flashed rapidly through Luke's brain. Major Horton saying "Lord Whitfield was very kind. Sent down grapes and peaches from his hot-house." It was Lord Whitfield who so graciously allowed Tommy

> Pierce to be employed on window-cleaning at the library. Lord Whitfield holding forth on his visit to the Wellerman Kreutz Institute with its serums and germ cultures just a short time before Dr. Humbleby's death. Everything pointing plainly in one direction and he, fool that he had been, never even suspecting.... / Lord Whitfield was still smiling. A quiet happy smile. He nodded his head gently at Luke. / "They all die," said Lord Whitfield. (Christie, *Murder is Easy*, 147)

Die wirkliche Täterin ist jedoch Honoria Waynflete, die sich an Lord Whitfield rächen will, indem sie dafür sorgt, daß alle Indizien auf ihn weisen. Durch die Aneinanderfügung von mehreren solcher 'Schein-Aufklärungsszenen' kann die Bekanntgabe der richtigen Lösung beträchtlich hinausgezögert und der Roman verlängert werden, ohne daß ein Spannungsdefizit auftritt. Der Roman *The Murder on the Links* enthält sogar drei falsche Lösungen, die nacheinander dargeboten werden. Zuerst wird Jack Renauld, der Sohn des Ermordeten, verhaftet. Der Watson-Erzähler Hastings stellt dies als die Lösung dar, indem er seine Überraschung, die für eine echte Schlußszene typisch ist, zum Ausdruck bringt:

> I was dumbfounded. Up to the last, I had not been able to bring myself to believe Jack Renauld guilty. (Christie, *The Murder on the Links*, 145)

Dann gelingt es Hastings, Dulcie Duveen, in die er verliebt ist, zu einem Geständnis zu bewegen. Er präsentiert dabei sogar eine Erklärung für den Mord. Nach seiner Überzeugung hat Dulcie den Millionär Renauld nämlich irrtümlich erstochen, weil sie ihn für seinen Sohn Jack gehalten hat:

> 'I fancy his back was to you - but you recognized him, or thought you recognized him. The gait and the carriage were familiar to you, and the pattern of his overcoat.' I paused. 'You used a threat in one of your letters to Jack Renauld. When you saw him there, your anger and jealousy drove you mad - and you struck! I don't believe for a minute that you meant to kill him. But you did kill him, Cinderella.' / She had flung up her hands to cover her face, and in a choked voice she said: / 'You're right ... you're right ... I can see it all as you tell it.' (Christie, *The Murder on the Links*, 172 f.)

Kurz darauf stellt sich Dulcies Zwillingsschwester Bella überraschend dem Untersuchungsrichter:

> 'My name is Bella Duveen. I wish to give myself up for the murder of Mr Renauld.' (Christie, *The Murder on the Links*, 192)

Erst wenige Seiten vor dem Ende des Romans tritt die letzte unerwartete Wendung ein, und Marthe Daubreuil erweist sich schließlich als die wirkliche Täterin. Diese endgültige Lösung verwirrt Hastings so sehr, daß er sie zunächst für einen Traum hält und immer noch an die Schuld von Bella Duveen glaubt.

Auch die konventionelle Aufklärungsszene kann solche falschen Lösungen enthalten. So schlägt Poirot in *Murder on the Orient Express* zwei alternative Lösungen zur Auswahl vor, da er in diesem Fall ausnahmsweise Verständnis für die Täter hat. In *Hercule Poirot's Christmas* nutzt Poirot die gattungsübliche 'Vollversammlung' mit Detektiv und Verdächtigen dazu, jedem einzelnen der anwesenden Tatverdächtigen zu demonstrieren, daß er sowohl ein Motiv als auch die Gelegenheit hatte, Simeon Lee umzubringen: George Lee befürchtete eine Kürzung der finanziellen Zuwendungen von seinem Vater, und da sein Telefonanruf zur vermeintlichen Zeit des Mordes nur fünf Minuten dauerte, fehlt ihm ein Alibi. Seine Frau Magdalene hat Schulden, und ihr Alibi hat sich als falsch erwiesen. David Lee hatte seinem Vater nie das Unrecht verziehen, daß dieser Davids Mutter angetan hatte, und es ist möglich, daß David sich bei seinem Klavierspiel zur angeblichen Tatzeit von jemandem vertreten ließ. Davids Frau Hilda haßte ihren Schwiegervater, und das Alibi von Alfreds Frau Lydia wird dadurch eingeschränkt, daß der Butler Tressilian, der sie zum fraglichen Zeitpunkt gesehen hat, kurzsichtig ist. Alfred und Harry Lee haben sich angeblich während dieser Zeit gestritten, aber es spricht nichts dagegen, daß sie sich abgesprochen hatten, um sich gegenseitig ein Alibi zu verschaffen.

Die Einfügung von synthetischen Elementen in die analytische Struktur der klassischen Detektiverzählung kann durch einen einfachen Kunstgriff erfolgen, der darin besteht, die Handlung früher einsetzen zu lassen und so die Vorgeschichte des Verbrechens zu verlängern. Bei diesem Verfahren entsteht Spannung, indem beim Rezipienten eine Erwartungshaltung erzeugt wird, die ihn bereits auf den zu erwartenden Mord vorbereitet und einstimmt. Dies kann geschehen, indem der Autor im Roman eine Konfliktsituation schafft, die sich ständig verschärft und damit zwangsläufig auf einen Höhepunkt zuläuft, der sich durch den erwarteten Mord manifestiert. So läßt in *Death on the Nile* die scheinbare Verfolgung Simon Doyles und seiner Frau Linnet durch die rachsüchtige

Jacqueline de Bellefort erwarten, daß Linnet von Jacqueline getötet wird, zumal Jacqueline ihre Absichten keineswegs verheimlicht:

> "[...] I want to hurt her - to stick a knife into her, to put my dear little pistol close against her head and then - just press with my finger [...]" (Christie, *Death on the Nile*, 64)

In manchen Romanen deuten, wie bereits dargelegt wurde, dunkle Vorahnungen auf den zukünftigen Mord hin. Das Verbrechen kann aber auch direkt angekündigt werden. So besitzt die Täterin in *A Murder is Announced* die Dreistigkeit, ihren geplanten Mord unter Angabe des Tatorts und der genauen Tatzeit in einer Zeitungsanzeige bekanntzugeben. In dem Roman *Towards Zero*, in dem die Handlung lange vor dem Verbrechen beginnt, kann der Leser beobachten, wie eine Person einen Mordplan aufstellt, wobei die Namen des Täters und des Opfers sowie Tatort und Mordmethode nicht erwähnt werden. Der Leser erfährt lediglich, daß die Ausführung des Verbrechens für einen Tag im September vorgesehen ist. Da die Szene, in der die Tat geplant wird, mit dem Datum '14. Februar' versehen ist und auch im weiteren Textverlauf Datumsangaben als Überschriften verwendet werden, erlebt der Rezipient unmittelbar, wie alle Ereignisse einem Konvergenzpunkt zustreben, der mit dem Zeitpunkt des Verbrechens, der Stunde Null, identisch ist und sich unaufhaltsam nähert. Diese Spannungssituation bildet nicht nur den Titel des Werks, sondern sie wird auch mehrmals im Text selbst zum Ausdruck gebracht:

> 'Miss Aldin, now, as they all sat down to dinner - she says *"So here we all are"* - and just that gave me a turn! Made me think of a trainer who's got a lot of wild animals into a cage, and then the cage door shuts. I felt, all of a sudden, as though we were all caught in a trap.' (Christie, *Towards Zero*, 64)

> 'You are already disturbed, are you not?' asked Mr Treves shrewdly. 'There is tension. I have felt it in the atmosphere.' / 'So you feel it too?' said Lady Tressilian sharply. / 'Yes, I am puzzled, I must confess. The true feelings of the parties remain obscure, but in my opinion, there is gunpowder about. The explosion may come any minute.' (Christie, *Towards Zero*, 75)

> [...] 'one feels as though one were sitting on dynamite. At any minute the whole thing may explode. [...]' (Christie, *Towards Zero*, 101)

Einen Spezialfall des Motivs des erwarteten Mordes stellt die Mordserie dar, bei der sich die Erwartung eines weiteren Verbrechens aus den bereits geschehenen Morden ergibt. Dabei erhöht sich die Spannung, wenn die Opfer einem relativ kleinen und eng umgrenzten Personenkreis angehören, so daß sie dem Leser vor ihrer Ermordung bekannt sind. Als Betätigungsfeld des Mörders kommen daher z. B. eine kleine Provinzstadt wie Wychwood-under-Ashe in *Murder is Easy*, eine vom Festland abgeschnittene Insel wie Nigger Island in *Ten Little Niggers*, eine Großfamilie wie in *Death Comes as the End* oder ein zu einer Pension umgewandelter Landsitz wie Styles Court in *Curtain* in Frage. In *Ten Little Niggers* ist die Spannung besonders groß, denn der Täter kündigt sein Vorhaben, alle Anwesenden zu töten, in Form einer gerichtlichen Anklage auf einer Schallplatte an und gibt sogar mit Hilfe eines bekannten Kinderliedes die in jedem einzelnen Fall angewandte Mordmethode im voraus bekannt. Ein origineller Mordplan findet sich in *The A.B.C. Murders*: Hier geht der Täter streng alphabetisch vor und sucht sich für jeden seiner Morde jeweils eine Person, deren Vor- und Familienname mit dem gleichen Buchstaben beginnen wie ihr Wohnort. Außerdem kündigt der Mörder jedesmal den genauen Tag des Verbrechens durch einen anonymen Brief an. In *The Moving Finger* benutzt Christie das Motiv des anonymen Briefschreibers als Variante der Mordserie. In diesem Roman wird eine Kleinstadt auf diese Weise von einem Unbekannten in Angst und Schrecken versetzt, der sich schließlich sogar als Mörder erweist. Diese Situation erzeugt eine fast unerträgliche Atmosphäre gespannter Erwartung:

> And all the time, nervously, apprehensively, we waited for something to happen. / But nothing did happen. (Christie, *The Moving Finger*, 121)

Die analytische und die synthetische Komponente einer Detektiverzählung werden miteinander verknüpft, wenn die Verhinderung eines weiteren Mordes einen zusätzlichen Beweggrund für die Aufklärung eines schon geschehenen Verbrechens darstellt. So sucht Helen Stoner in "The Speckled Band" den Detektiv Sherlock Holmes auf, weil sie, nachdem sie das verdächtige Geräusch gehört hat, befürchtet, auf die gleiche Weise wie ihre Zwillingsschwester Julia ums Leben zu kommen. Eine ähnliche Situation liegt vor, wenn das Motiv des mißglückten Mordanschlags verwendet wird. Dabei führt die Tatsache, daß der Täter sein Ziel nicht erreicht hat, zu der Annahme, daß der Anschlag wiederholt wird, so daß das Leben der Person, welcher der Anschlag galt, ständig in Gefahr ist.

Neben den erwarteten Morden spielen auch zusätzliche unerwartete Morde eine wichtige Rolle als synthetische Elemente der Detektiverzählung. In der Regel handelt es sich dabei um Verbrechen, die eine Konsequenz des ursprünglichen Mordes darstellen und sich aus den Versuchen des Täters ergeben, der Aufklärung der Tat durch Ausschaltung von lästigen Zeugen und Mitwissern entgegenzuwirken. Während im primären Verbrechen der analytische Charakter der Detektiverzählung als logische Denksportaufgabe zum Ausdruck kommt, manifestiert sich in den Sekundärmorden vor allem die synthetische Komponente des Genres als Schilderung der Jagd auf den Kriminellen bzw. als Duell zwischen Detektiv und Verbrecher. Viele Detektivromane Agatha Christies enthalten einen oder zwei zusätzliche Morde. Auch das plötzliche spurlose Verschwinden einer Person kann als unerwartetes synthetisches Element fungieren. Als Beispiele hierfür sind Miss Sainsbury Seale in *One, Two, Buckle My Shoe* und Lady Stubbs in *Dead Man's Folly* zu nennen. Die Spannung richtet sich in diesem Fall auf die Frage, ob die betreffende Person tot oder lebend wiederaufgefunden oder weiterhin vermißt wird.

In vielen Detektiverzählungen Doyles und Christies werden die Elemente dieses Genres mit Elementen anderer Formen der Unterhaltungsliteratur vermischt. Um die Jahrhundertwende, als Arthur Conan Doyle die meisten seiner berühmten Sherlock-Holmes-Erzählungen schrieb, war das komplexe Rätselspiel mit seinen zahlreichen raffinierten Mystifikationstechniken, wie es aus den Romanen und Geschichten Agatha Christies bekannt ist, noch nicht entwickelt, und auch bei Doyle sind solche Techniken nur in ersten Ansätzen zu finden. In seinen Detektiverzählungen mußte der Autor daher auf andere Mittel zurückgreifen, um der Gefahr des Spannungsdefizits aufgrund der großen Entfernung zwischen den beiden Spannungspolen zu entgehen. Doyle löste dieses Problem, indem er das Schema, das er von Poe übernommen hatte, mit Elementen der Abenteuererzählung durchsetzte.

So beschränkt sich in einigen Sherlock-Holmes-Geschichten die Aufgabe des Detektivs nicht auf die intellektuelle Lösung des Rätsels, sondern Holmes gerät zusätzlich in eine direkte physische Auseinandersetzung mit dem Täter, oder er muß ein noch nicht geschehenes Verbrechen verhindern. In "The Adventure of the Three Garridebs" feuert der Täter z. B. zwei Schüsse auf Holmes und Watson ab, wodurch Watson verletzt wird, und in der Geschichte "The Final Problem", mit der Doyle die Karriere seines berühmten Detektivs beenden wollte, kommt Sherlock Holmes bei einem Zweikampf mit seinem größten Gegner, dem Verbrechergenie Professor Moriarty, (scheinbar) in den Reichenbachfällen um. In "The Greek Interpreter" bewahrt der Detektiv seinen Klienten davor, durch Giftgas ermordet zu werden, und in "The Disappearance of Lady Frances Carfax" gelingt es Holmes und Watson gerade noch rechtzeitig, die Beerdigung einer lebenden Person zu verhindern.

Manchmal legen sich Holmes und Watson nachts auf die Lauer, um den Verbrecher zu fassen. An solchen Stellen ähneln die Geschichten Doyles sehr stark Abenteuererzählungen, deren Helden sich im Kampf gegen ihre Gegner in gefährliche Situationen begeben, so daß der Leser mit großer Spannung den Ausgang der Situation erwartet:

> It was a long and melancholy vigil, and yet it brought with it something of the thrill which the hunter feels when he lies beside the waterpool and waits for the coming of the thirsty beast of prey. What savage creature was it which might steal upon us out of the darkness? Was it a fierce tiger of crime, which could only be taken fighting hard with flashing fang and claw, or would it prove to be some skulking jackal, dangerous only to the weak and unguarded? In absolute silence we crouched amongst the bushes, waiting for whatever might come. At first the steps of a few belated villagers, or the sound of voices from the village, lightened our vigil; but one by one these interruptions died away, and an absolute stillness fell upon us; save for the chimes of the distant church, which told us of the progress of the night, and for the rustle and whisper of a fine rain falling amid the foliage which roofed us in. (Doyle, "Black Peter", 149 f.)

In den Kurzromanen *A Study in Scarlet, The Sign of Four* und *The Valley of Fear*, in denen sich für den Autor das Problem des möglichen Spannungsmangels aufgrund der Länge der Erzählungen in besonderem Maße stellte, dehnt Doyle die Komponente der Abenteuererzählung so weit aus, daß sie vollständige Binnenerzählungen umfaßt. Diese Binnenhandlungen sind Abenteuergeschichten, die in Übersee spielen, aber dennoch die Lösung für die von Holmes untersuchten Mordfälle darstellen: In *A Study in Scarlet* rächt sich der Täter Jefferson Hope an zwei Mormonen, die am Tod seiner Verlobten und ihres Adoptivvaters John Ferrier schuld sind, indem er die beiden verfolgt und tötet. In der Binnenerzählung schildert Doyle, wie Ferrier die kleine Lucy findet, mit den Mormonen nach Utah gelangt, sich dort ansiedelt und schließlich nach einer abenteuerlichen Flucht von einem Mormonen erschossen wird. Einer der Mormonen nimmt sich Lucy Ferrier gewaltsam zur Frau, worauf Lucy bald stirbt. In *The Sign of Four* resultiert der Mord aus der Suche nach einem Juwelenschatz, der von einem indischen Radscha stammt, und in *The Valley of Fear* verfolgen Mitglieder einer amerikanischen kriminellen Vereinigung den Spitzel, der die Organisation der Polizei ausgeliefert hat. In beiden Romanen wird die Vorgeschichte des Mordfalls von Doyle in der jeweiligen Binnenerzählung ausführlich dargestellt. Dagegen verzichtet Doyle in seinem Kurzroman *The Hound of the Baskervilles* auf eine Binnenerzählung, doch dieses Werk enthält viele Elemente, die der Autor aus dem Schauerroman übernommen hat.

Auch in Agatha Christies Werken finden sich zahlreiche Elemente der Abenteuererzählung. In *The Murder on the Links* dringen z. B. Poirot und seine Begleiter durch ein Fenster in die Villa Geneviève ein, um die Täterin bei einem Mordversuch zu überraschen, und in *Third Girl* versetzt ein Unbekannter der Kriminalschriftstellerin Mrs Oliver in einem abgelegenen und unwirtlichen Teil Londons einen Schlag auf den Kopf. In einigen ihrer Romane erzielt Christie eine intensive Spannungssteigerung unmittelbar vor der Aufklärungsszene, indem der Täter versucht, einen weiteren Mord zu begehen, der jedoch durch den Detektiv, andere Personen oder das beabsichtigte Opfer selbst verhindert werden kann. In *Murder is Easy* gelingt es z. B. Bridget Conway nur durch List, einem Mordversuch der Täterin Miss Waynflete zu entgehen. In *Sparkling Cyanide* brechen Anthony Browne und Colonel Race die Tür des Zimmers Iris Marles auf, in dem Gas aus einem Gasofen strömt, so daß Iris gerettet werden kann. Ebenso verhindert Miss Marple in *A Caribbean Mystery* einen Mord Tim Kendals an seiner Frau, in *By the Pricking of My Thumbs* wird Tuppence bei ihrer Detektivtätigkeit beinahe ein weiteres Opfer der Mörderin Mrs Lancaster, und in *Hallowe'en Party* sorgt Hercule Poirot dafür, daß mit der zwölfjährigen Miranda

Butler nicht noch ein zweites Mädchen von den Tätern ermordet wird. In *Nemesis* hat es Clotilde Bradbury-Scott sogar auf Miss Marple abgesehen.

In einigen ihrer Detektivromane verwendet Christie, die auch eine Reihe von Thrillern geschrieben hat, Elemente, die aus anderen Genres der modernen Unterhaltungsliteratur stammen. So enthält *Cat Among the Pigeons* Elemente des Thrillers: Während der eigentliche Schauplatz dieses Romans die Schule Meadowbank, ein exklusives Mädcheninternat in England, ist, handeln die ersten drei Kapitel von Ereignissen in Ramat, einem der reichsten Staaten im Orient. Der Scheich des Landes, Prinz Ali Yusuf, der durch eine Revolution entmachtet wurde, versucht, die Juwelen seiner Familie außer Landes zu bringen. Es gelingt der Autorin, die beiden sehr unterschiedlichen Handlungsstränge dadurch miteinander zu verbinden, daß die Juwelen in dem Tennisschläger einer Schülerin versteckt werden, die in die Schule Meadowbank aufgenommen wird, nachdem sie mit ihrer Mutter das Scheichtum Ramat besucht hat, und daß die Prinzessin Shaista aus Ramat ebenfalls Schülerin in Meadowbank ist und von dort entführt wird. In dem Roman *The Clocks* finden sich Elemente des Spionageromans: Colin Lamb, der für den britischen Geheimdienst tätig ist, gerät bei seiner Suche nach der Zentrale eines Spionagerings zufällig in ein Haus, in dem eine unbekannte Leiche liegt. Aufgrund dieser beiden voneinander unabhängigen Handlungsstränge enthält der Roman am Schluß jeweils eine Lösungsszene für den Mordfall und die Spionagehandlung, wobei die einzige Verbindung zwischen beiden Handlungen der Umstand darstellt, daß sich die Wohnung, in der der Tote aufgefunden wurde, schließlich als die Zentrale des Spionagerings herausstellt. Den *clue* für die Spionagehandlung bildete die Hausnummer 19, die, wenn man sie auf den Kopf stellt, zu der von Colin gesuchten Nummer 61 wird. In *One, Two, Buckle My Shoe* dienen die Elemente des Spionageromans der Autorin nicht nur zur Erzeugung von zusätzlicher Spannung, sondern sie haben gleichzeitig eine Mystifikationsfunktion. So erweist sich der ermordete Grieche Amberiotis als Spion, und auch der Mann von Mrs Chapman, in deren Wohnung die Leiche Miss Sainsbury Seales gefunden wurde, arbeitet für den Geheimdienst. Beide Umstände haben jedoch keine Bedeutung für das Mordrätsel und sollen nur die falsche Hypothese stützen, daß es sich bei dem Fall um politische Morde handelt.

Folgende Schlußfolgerungen lassen sich aus der in diesem Abschnitt vorgenommenen Spannungsanalyse ziehen: Die Erzeugung von Spannung stellt das entscheidende Kriterium der Leserlenkung in der klassischen Detektivliteratur dar. Dies steht in engem Zusammenhang mit der Tatsache, daß dieses Genre als äußerst populär gilt, so daß sich für den Autor die Notwendigkeit ergibt, diese Popularität und die damit verbundenen hohen Auflagen und Verkaufsziffern zu erhalten. Dabei ist zu beachten, daß die beiden in diesem Kapitel der vorliegenden Arbeit behandelten Autoren, deren Werke als besonders charakteristisch für die klassische Detektiverzählung angesehen werden, nicht unter den gleichen Voraussetzungen schrieben.

Als Sir Arthur Conan Doyle um die Jahrhundertwende seine Sherlock-Holmes-Geschichten verfaßte, lag zwar bereits das von Edgar Allan Poe entwickelte Konstruktionsschema des späteren Genres in seinen Grundzügen vor, doch gab es dafür noch kein Massenpublikum. Somit kommt diesem Autor das Verdienst zu, eine neue Literaturform zwar nicht geschaffen, wohl aber weiterentwickelt und vor allem bei der Leserschaft etabliert zu haben. Doyle weckt und erhält das Interesse am Text, indem er dem Rezipienten ein (meistens mit einem Verbrechen zusammenhängendes) Rätsel präsentiert, ihm die Lösung aber bis zum Schluß vorenthält. Auf diese Weise entsteht eine Grundspannung, die während des gesamten Lesevorgangs bestehenbleibt, sich ständig verstärkt und erst in der Aufklärungsszene abgebaut wird. Die Gefahr des Spannungsdefizits, die aus einer derart einfachen Spannungsstruktur resultieren könnte, erkennt der Autor dabei durchaus. Er versucht, diese Gefahr auf zwei Wegen zu verringern. Einerseits reichert er seine Detektivgeschichten mit Elementen der Abenteuererzählung an, wodurch an einzelnen Stellen des Textes zusätzliche Spannung entsteht. Die Spannungsstruktur der klassischen Detektiverzählung wird auf diese Weise modifiziert, denn neben dem großen, übergreifenden Spannungsbogen, der das zentrale Rätsel betrifft, entstehen weitere, kleinere Spannungsbögen. Das zweite Mittel der Spannungserhaltung besteht darin, daß Doyle das komplexe Rätselspiel in seinen Grundzügen entwickelt, das den Leser ständig auffordert, mitzuraten, zu kombinieren und eigene Schlüsse zu ziehen. Dabei ist jedoch entscheidend, daß die Gedankengänge des Rezipienten in eine falsche Richtung gelenkt werden müssen, da er sonst das Rätsel vorzeitig lösen könnte, was einen baldigen Spannungsabfall zur Folge hätte. Die Illusionsbildung in der klassischen Detektivliteratur kann damit als unmittelbare Konsequenz der Spannungserzeugung durch markierte Unbestimmtheitsstellen betrachtet werden. Ein ähnlicher Spannungsabfall würde entstehen, wenn der Leser aufgrund der lösungsrelevanten Informationen, die der Autor aus Gründen der Fairneß in den Text einfügt, in der Lage wäre, selbständig zur Lösung zu gelangen. Deswegen müssen diese Hinweise verschleiert werden.

Während Doyle die Detektiverzählung bei seinen Lesern erst einführen und bekannt machen mußte, konnte Agatha Christie bereits auf dem von Doyle erzielten Erfolg aufbauen. Aus bestimmten sozioökonomischen und soziokulturellen Gründen wurde die Detektiv-Kurzgeschichte in den zwanziger Jahren, in denen Christie berühmt wurde, durch den Detektivroman abgelöst. Da im Detektivroman der Abstand zwischen den beiden Spannungspolen (Rätsel und Auflösung) wesentlich größer ist als in der Kurzgeschichte, stellte sich das Problem des möglichen Spannungsmangels für die Autorin in weit höherem Maße. Somit war sie gezwungen, das von Doyle entwickelte Rätselspiel beträchtlich auszubauen und zu erweitern, um die Wirkung ihrer Romane zu erhalten. Da Agatha Christie aufgrund ihrer außergewöhnlichen Popularität, die über fünfzig Jahre lang anhielt, den Erwartungen ihres britischen und internationalen Lesepublikums entsprechen und jährlich einen oder zwei neue und spannend geschriebene Detektivromane veröffentlichen mußte, konnte auch sie nicht darauf verzichten, Mittel zur Spannungserzeugung zu verwenden, die nach den Regeln der Gattungsstruktur in der Detektiverzählung nicht erforderlich sind, z. B. Elemente der Abenteuererzählung, des Thrillers oder des Spionageromans.

In diesem Kapitel der vorliegenden Arbeit wurde gezeigt, daß sich Wolfgang Isers Begriff des impliziten Lesers im Sinne einer als Textstruktur im Werk enthaltenen Leserrolle sehr gut auf solche literarischen Gattungen anwenden läßt, die in der angloamerikanischen Literaturkritik als *formula literature* bezeichnet werden und die als besonders populär gelten. Da der Autor die Beliebtheit seiner Werke erhalten möchte, berücksichtigt er den Rezipienten bei der Anlage des Werkes in besonderem Maße. In diesem Zusammenhang ist auch die Tatsache von Bedeutung, daß Autoren, die sich wie Agatha Christie als äußerst produktiv erwiesen haben, bereits aus ökonomischen Gründen die Leserrolle in allen ihren Werken einheitlich festlegen müssen, so daß sich die Neigung zum *formula writing*, die genaue Bestimmung der Leserrolle durch den Autor sowie die große Popularität der Werke und die damit für den Schriftsteller verbundenen Folgen stets gegenseitig bedingen.

3. Die Leserrolle im Kriminalroman von Patricia Highsmith

3.1. Realität und Illusion

Im Gegensatz zur klassischen Detektiverzählung ist im modernen Kriminalroman von Patricia Highsmith kein zentrales Rätselelement vorhanden.[1] Da der Leser den Mord unmittelbar als Augenzeuge miterlebt, sind ihm die Identität des Täters, sein Motiv und der genaue Hergang der Tat vom Augenblick des Verbrechens an bekannt. Während in den Werken Doyles und Christies zunächst die Metageschichte der Aufklärung des Verbrechens erzählt wird und die eigentliche Verbrechensgeschichte erst am Schluß in der Lösungsszene folgt, bietet Highsmith dem Leser in ihren Romanen ausschließlich die Verbrechensgeschichte dar. Somit bildet die Geschichte des Mordes den Inhalt der Kriminalromane dieser Autorin und muß nicht wie in der klassischen Detektivliteratur erst rekonstruiert werden.

Da die Geschichte des Verbrechens dem Rezipienten bekannt ist, besteht seine Aktivität nicht darin, Anstrengungen zu unternehmen, um diese Geschichte zu ermitteln. Damit entfällt der Spielcharakter, und für die Autorin ist keine Notwendigkeit gegeben, die beiden Grundtypen von Mystifikationstechniken zu verwenden: Sie muß weder die innerfiktionale Realität verschleiern noch eine Illusion in der Illusion aufbauen. Viele Kriterien der klassischen Detektiverzählung lassen sich somit nicht auf die Romane dieser Autorin übertragen und können daher nicht untersucht werden. Da das Mittel der Illusionserzeugung in den Romanen Patricia Highsmiths nicht zur Irreführung des Lesers erforderlich ist, kann es zu anderen Zwecken eingesetzt werden, die in diesem Kapitel der vorliegenden Arbeit beschrieben werden.

1) Eine Ausnahme bildet der Roman *A Game for the Living*, in dem der Täter wie in der klassischen Detektiverzählung bis zum Schluß unbekannt bleibt. Die Autorin, die hier versucht hatte, einmal etwas vom gewohnten Weg abzuweichen, bezeichnet diesen Kriminalroman jedoch selbst als ihr schlechtestes Buch (vgl. Highsmith, *Plotting and Writing Suspense Fiction*, 139 f.)

3.2. Informationsverweigerung

Während die markierten Unbestimmtheitsstellen aufgrund des Täterrätsels ein zentrales Merkmal der klassischen Detektivliteratur darstellen, sind sie im modernen Kriminalroman, in dem die Rätselkomponente kein notwendiges Element der Gattungsstruktur darstellt, nicht erforderlich. Sie können jedoch an bestimmten Stellen des Romans verwendet werden, um eine kurzfristige Rätselspannung zu evozieren, die den Leser zum Weiterlesen zwingt. Solche Leerstellen fungieren somit als zusätzliches Spannungsmittel. Im Gegensatz zur klassischen Detektiverzählung bleiben die Unbestimmtheitsstellen nicht bis zur Schlußszene offen, sondern werden häufig schon bald aufgehoben.

In einigen ihrer Romane erzeugt Highsmith dadurch eine Rätselspannung, daß eine Person, deren Verbleib für den Fortgang der Handlung und das Schicksal des Protagonisten äußerst wichtig ist, plötzlich verschwindet und vermißt wird. Als verstärkendes Spannungsmoment kann die Autorin dabei die Möglichkeit nutzen, daß die vermißte Person tot ist, so daß auf den Protagonisten ein Mordverdacht fällt. Diese Unbestimmtheitsstellen werden jedoch jeweils in einem der folgenden Kapitel aufgehoben, was durch einen Perspektivenwechsel erfolgen kann. In dem Roman *The Cry of the Owl* kommt es z. B. zu einer Schlägerei zwischen Robert Forester und Gregory Wyncoop, weil Robert Zuneigung zu Jenny, der Verlobten Gregs, empfindet und Greg deswegen eifersüchtig ist. Da Greg nach diesem Kampf nicht mehr gesehen wird und offenbar niemand weiß, wo er sich befindet, wird Robert von der Polizei verdächtigt, seinen Gegner getötet zu haben. Die Unbestimmtheitsstelle, die den Verbleib Gregs betrifft, bleibt jedoch nur über eine relativ kurze Textspanne hinweg erhalten, denn schon im übernächsten Kapitel gelangt Robert zu einer plausiblen Vermutung über den Aufenthaltsort des Vermißten. Ihm fällt nämlich plötzlich ein, daß seine Frau Nickie, von der er sich getrennt hat und die mit allen Mitteln versucht, ihn zu demütigen, Greg verstecken könnte. Nach zwei weiteren Kapiteln erfolgt ein Perspektivenwechsel zu Nickies neuem Partner Ralph, wodurch Roberts Verdacht bestätigt wird. Damit ist das Rätsel völlig beseitigt, und die Unbestimmtheitsstelle ist aufgefüllt (vgl. Finke, 1983, 231 f.).

Ein ähnlicher Mordverdacht richtet sich in dem Roman *A Suspension of Mercy* gegen den Schriftsteller Sydney Bartleby, der seine Frau Alicia in der Phantasie ermordet und darauf tatsächlich einen zusammengerollten Teppich mit der imaginären Leiche aus dem Haus trägt und im Wald vergräbt. Da Alicia ihren Mann verlassen hat und vermißt wird, ergeben sich für Sydney große Schwierigkeiten. Das Rätsel um den Verbleib Alicias löst sich jedoch bereits nach wenigen Kapiteln, indem das Geschehen nun aus der Perspektive Alicias erzählt wird, so daß der Leser erfährt, daß sie sich in Brighton befindet, wo sie eine Affäre mit einem Londoner Anwalt begonnen hat. Eine weitere Unbestimmtheitsstelle dieser Art enthält der Roman *Those Who Walk Away*: Ray Garrett, der seinen Schwiegervater Edward Coleman mit einem Stein getroffen hat, befürchtet, ihn damit getötet zu haben. Doch bald darauf wird ebenfalls durch einen Perspektivenwechsel zu der vermißten Person deutlich, daß Coleman sich im Haus eines italienischen Fischers verborgen hält. Auch Walter Stackhouse in dem Roman *The Blunderer* vermißt seine Frau nach einem Phantasiemord. Doch seine Suche nach ihr wird schon bald durch einen Anruf der Polizei beendet, durch den Walter erfährt, daß die Leiche seiner Frau gefunden wurde, die er wenig später identifiziert.

Eine besondere Art von Unbestimmtheitsstellen verwendet Highsmith manchmal am Romananfang, um das Interesse des Lesers zu wecken. Solche Leerstellen werden oft schon nach wenigen Seiten aufgehoben. So lautet z. B. der erste Satz von *The Blunderer*:

> The man in dark-blue slacks and a forest-green sportshirt waited impatiently in the line. (Highsmith, *The Blunderer*, 1)

Die Aufmerksamkeit des Rezipienten wird in diesem Fall auf das Wort *impatiently* gelenkt, das der dargestellten Situation auf den ersten Blick unangemessen zu sein scheint, denn der Mann möchte sich offenbar nur eine Kinovorstellung ansehen. Auf den ersten beiden Seiten des Romans wird dem Leser jedoch allmählich klar, daß sich der Mann eine Kinokarte kauft und einen Bekannten grüßt, um sich ein Alibi für den geplanten Mord an seiner Frau zu verschaffen. Dies wird dem Rezipienten aber nicht im Text selbst mitgeteilt, sondern er muß es sich nach und nach aus den geschilderten Vorgängen erschließen.

Diese Technik der Verwendung von Unbestimmtheitsstellen als Mittel zur Spannungserzeugung besteht darin, die Umstände nur ganz allmählich zu enthüllen und sie dem Leser nur in winzigen Häppchen zu servieren. Dies läßt sich noch deutlicher an *Those Who Walk Away* demonstrieren. Die Handlung dieses Romans setzt mitten in einem Gespräch zwischen zwei Männern ein, von denen der Leser nur erfährt, daß sie Coleman und Ray heißen. Coleman sagt zu Ray:

> 'She had no brothers or sisters. Makes things a little easier, I suppose.' (Highsmith, *Those Who Walk Away*, 1)

Dann wird der Name der Frau genannt, die Peggy hieß, und erst auf der nächsten Seite wird klar, daß Peggy seit zehn Tagen tot ist. Plötzlich zieht Coleman einen Revolver und schießt auf Ray. Der Leser muß einige Seiten weiterlesen, um zu erfahren, daß Peggy Rays Frau war und Selbstmord begangen hat und daß Coleman glaubt, Ray habe sie in den Tod getrieben. Erst im dritten Kapitel offenbart sich schließlich, daß Coleman Peggys Vater war. Ebenso beginnt der Roman *The Talented Mr Ripley* mitten in einer Verfolgungsszene, ohne daß der Leser weiß, warum Tom Ripley verfolgt wird und wer sein Verfolger ist. Nach einigen Absätzen erwähnt die Autorin, daß Tom Angst vor einer Verhaftung hat, und erst im zweiten Kapitel beschreibt sie seine Gaunereien, die die Ursache für diese Angst darstellen. Tom gibt sich nämlich als Angestellter des Finanzamts aus, um sich von seinen Opfern Schecks als Steuernachzahlungen schicken zu lassen.

Die markierten Unbestimmtheitsstellen im Kriminalroman von Patricia Highsmith sind somit nicht Ausdruck eines zentralen Rätselelements, sondern dienen vor allem der Spannungserzeugung. Unmarkierte Unbestimmtheitsstellen sind dagegen im Werk der Autorin nicht vorhanden, da ein Verblüffungseffekt am Schluß der Romane, wie er von Doyle und Christie angestrebt wird, von Highsmith nicht beabsichtigt ist.

3.3. Illusionserzeugung

3.3.1. Illusionserzeugung durch realistische Darstellung

Der Anfang der Romane Patricia Highsmiths ist oft durch eine äußerst realistische Milieudarstellung gekennzeichnet. Die Umgebung, die äußere Atmosphäre, die Situationen und besonders die Charaktere entsprechen der Erfahrungswelt des Rezipienten und vermitteln ihm ein Gefühl der Vertrautheit. Die fiktive Welt dieser Schriftstellerin scheint zunächst in jeder Hinsicht unsere reale Welt widerzuspiegeln, wie wir sie jeden Tag erleben. Die dargestellten Figuren gleichen Personen, die wir aus unserem Alltagsleben kennen, und auch die Situationen, in denen sie sich befinden, und die Probleme, mit denen sie sich auseinandersetzen müssen, sind uns aus unserer eigenen Erfahrung häufig nicht fremd: Der junge Architekt Guy Haines in dem Roman *Strangers on a Train* befürchtet Schwierigkeiten von seiner Frau Miriam, von der er sich scheiden lassen möchte, weil sie ein Verhältnis mit einem anderen Mann hat. Walter Stackhouse in *The Blunderer* ist es leid, ständig von seiner Frau Clara gedemütigt zu werden:

> Walter remembered Clara's smile, really a smile of triumph, when he had heard about a party at Don's in New York to which he had not been invited. It had been a stag party, too. Clara had been sure then that she had alienated him from Don, and she had been delighted. (Highsmith, *The Blunderer*, 16 f.)

In *A Suspension of Mercy* beschreibt die Autorin das scheinbar unbeschwerte Leben eines jungen Ehepaares in einem kleinen Haus auf dem Lande in der Grafschaft Suffolk. Die Handlung scheint in einer Atmosphäre der Beschaulichkeit und der Idylle situiert zu sein. Diese Stimmung kommt bereits im ersten Absatz des Romans zum Ausdruck:

> The land around Sydney and Alicia Bartleby's two-storey cottage was flat, like most Suffolk country. A road, two-laned and paved, went by the house at a distance of twenty yards. To one side of the front walk, which was of slightly askew flagstones, five young elms gave some privacy, and on the other side a tall, bushy hedge provided a better screen for thirty feet. For this reason, Sydney had never trimmed it. The front lawn was as untended as the hedge. The grass grew in tufts, and where it didn't, fairy rings had eaten circles exposing green-brown earth. The Bartlebys took better care

> of the ground behind the house, and they had besides a vegetable and flower garden an ornamental pond some five feet across that Sydney had made with a cemented pile of interesting stones in its centre, but they had never succeeded in keeping goldfish alive in it, and two frogs they had put there had decided to go somewhere else. (Highsmith, *A Suspension of Mercy*, 5)

Tatsächlich ist die scheinbare Faktizität jedoch nur ein Bestandteil eines komplexen Verfahrens der Leserlenkung, das Highsmith in ihrem Werk einsetzt, um eine bestimmte Wirkung zu erzielen. Da die Autorin in überzeugender Weise eine Lebenssituation schildert, die für den Leser nachvollziehbar ist, gewinnt der Rezipient den Eindruck, daß auch er in eine solche Situation gelangen könnte. Er glaubt, die Protagonisten in ihren Gefühlen, ihren Reaktionen und ihrer Handlungsweise völlig zu verstehen, empfindet Sympathie für sie und identifiziert sich schließlich mit ihnen. Die erzeugte Illusion im Werk Patricia Highsmiths besteht darin, daß die Handlung scheinbar im Milieu des gewöhnlichen Durchschnittsbürgers situiert ist. In Wirklichkeit schreibt die Autorin jedoch Kriminalromane, die Ereignisse schildern, die im Leben des Durchschnittsmenschen nicht vorkommen und in schroffem Gegensatz zum Alltag des Rezipienten stehen.

Die Romane sind so strukturiert, daß dem Illusionsaufbau die Desillusionierung folgt. Um zu verhindern, daß die zuvor herbeigeführte Identifikation des Lesers mit dem Protagonisten der Handlung zerstört wird, kann die Desillusionierung nur ganz allmählich vorgenommen werden. Entscheidend ist dabei, daß der Rezipient den langsamen und unerwarteten Einbruch des Irrationalen und Unerklärlichen in die scheinbar gesicherte Welt des Alltäglichen nicht sofort wahrnimmt. So reagiert Guy Haines in *Strangers on a Train* auf Brunos Vorschlag für einen perfekten Mord zunächst nur mit Abscheu und Entsetzen. Diese Gefühle würde auch der Leser in einer ähnlichen Situation empfinden. Dennoch gelingt es Guy nicht, sich der seltsamen Faszination, die von dem Plan ausgeht, zu entziehen:

> The wall before his eyes pulsed rhythmically, as if it were about to spring apart. *Murder*. The word sickened him, terrified him. He wanted to break away from Bruno, get out of the room, but a nightmarish heaviness held him. He tried to steady himself by straightening out the wall, by understanding what Bruno was saying, because he could feel there was logic in it

> somewhere, like a problem or a puzzle to be solved. (Highsmith, *Strangers on a Train*, 30)

Die Grenzen zwischen Realität und Phantasie, zwischen dem Rationalen und dem Irrationalen sind im Werk Patricia Highsmiths stets fließend. Auch die Helden der Romane leben oft in einer Traumwelt, die sie sich selbst geschaffen haben. Sie flüchten in die Illusion, weil sie die Realität unerträglich finden und ihre Probleme und Konflikte nicht bewältigen können. In drei Romanen besteht diese Illusion aus einem Mord, den der jeweilige Protagonist in seiner Phantasie begeht. Walter Stackhouse in *The Blunderer* möchte z. B. den Mord eines anderen Mannes an dessen Frau imitieren. Ebenso macht Victor van Allen in dem Roman *Deep Water* sich selbst und anderen vor, er hätte anstatt des tatsächlichen Mörders einen Liebhaber seiner Frau erschlagen, und in *A Suspension of Mercy* vergräbt Sydney Bartleby einen zusammengerollten Teppich im Wald, wobei er sich vorstellt, in dem Teppich läge die Leiche seiner Frau Alicia, die er ermordet hätte. Auch Robert Forester in *The Cry of the Owl* und David Kelsey in dem Roman *This Sweet Sickness* leben in einer imaginären Welt. So beobachtet Robert aus Unzufriedenheit über sich selbst und seine ehemalige Frau ein junges Mädchen heimlich in ihrem Haus, und David führt am Wochenende eine zweite Existenz in einem Haus, das er für sich und seine frühere Geliebte Annabelle eingerichtet hat. Da Annabelle jedoch mit einem anderen Mann verheiratet ist und David nicht sehen möchte, finden die gemeinsamen Wochenenden nur in seiner Vorstellung statt. Um seine Minderwertigkeitsgefühle zu kompensieren, nimmt David mit dem Namen William Neumeister eine zweite Identität an:

> [...] William Neumeister, the better half of himself who had never failed, who had lived with Annabelle in the pretty house in Ballard, that Neumeister whose existence had made the Monday-to-Friday existence of David Kelsey tolerable for nearly two years. (Highsmith, *This Sweet Sickness*, 125)

Der Übergang vom Realen zum Irrealen vollzieht sich oft nur langsam und unmerklich. So spitzen sich die Ehekonflikte von Walter Stackhouse und Sydney Bartleby ganz allmählich und in mehreren Stufen zu, bis sie schließlich in dem jeweiligen Phantasiemord kulminieren. In *The Blunderer* wird parallel zu der Wiedergabe von Walters Gefühlen mehrmals auf den realen Mord Bezug genommen, wobei zunächst noch beides unverbunden nebeneinander steht. So reißt Walter einen Bericht über den Mord an Mrs Kimmel aus einer Zeitung heraus. Da er anfangs noch glaubt, die Sympathie seiner Frau wiedergewinnen zu können, möchte er ihr ein Kompliment machen, nachdem sie etwas Abfälliges über ihn gesagt hat:

> He tried to think of something pleasant to say to her before they got out of the car. / 'I like you in that shawl,' he said, smiling. (Highsmith, *The Blunderer*, 10 f.)

Da Walter immer noch glaubt, seine Frau zu lieben, wählt er sich als Ersatzobjekt seines Hasses den Hund, für den Clara die Zuneigung zeigt, die sie Walter vorenthält:

> He did hate the dog. He hated his cocky, selfish personality, his silly expression that seemed to say whenever he looked at Walter: '*I'm* living the life of Riley, and look at *you*!' He hated the dog because the dog could do no wrong with Clara, and he could do no right. (Highsmith, *The Blunderer*, 15)

Nachdem Walter den Zeitungsausschnitt über den Mord Kimmels durchgelesen hat, wird die Verbindung zwischen beiden Männern hergestellt, indem Walter Kimmels Situation mit seiner eigenen vergleicht:

> Perhaps Helen und Melchior Kimmel had lived in a little hell together, too. Walter imagined them fighting in their home in Newark, reaching a familiar impasse [...] (Highsmith, *The Blunderer*, 39)

Erst danach wird Walter klar, daß er Haß auf seine Frau empfindet. Dieses Gefühl akzeptiert er völlig und kann es sogar genießen:

> *I hate her*, Walter thought. He was intensely aware of it. It gave him a kind of pleasure to think about it. (Highsmith, *The Blunderer*, 40)

Die nächste Stufe besteht darin, daß er den Drang verspürt, physische Gewalt anzuwenden:

> Walter clenched his fists in his pockets and walked a few steps in the room, conscious of a desire to strike her. (Highsmith, *The Blunderer*, 46)

> Walter had a glass paperweight in his hand, and for an instant he wanted to throw it at her. (Highsmith, *The Blunderer*, 51)

Schließlich gesteht er sich ein, daß er den Tod seiner Frau wünscht:

> It seemed to him that he had never intended to go to an hotel with the suitcase, that it was only a prop in his real intent to get out of the house in order to let Clara kill herself without his interference. (Highsmith, *The Blunderer*, 54)

Für den Mann, der die Tat vollbracht hat, zu der er selbst nicht fähig ist, empfindet Walter eine heimliche Bewunderung:

> He remembered the murdered Kimmel woman: her husband hadn't stopped at striking her; he had murdered her. (Highsmith, *The Blunderer*, 66)

Nachdem Walter den Mörder Kimmel in dessen Buchgeschäft aufgesucht hat, führt er seinen imaginären Mord aus.

Die Zuspitzung des Streits zwischen Sydney und Alicia Bartleby in *A Suspension of Mercy* verläuft in ähnlicher Weise. Der Konflikt manifestiert sich dabei zunächst in zerbrochenen Gegenständen, die die harmonische Atmosphäre in dem Haus des Ehepaares stören. Zuerst läßt Alicia ein Weinglas fallen, was Sydney als Anlaß dafür nimmt, seinem aufgestauten Ärger Luft zu machen:

> Alicia tried to carry too many dishes out from the table, and a wine glass slid off a stack of plates and broke on the brick floor of the kitchen. Sydney whirled around in sudden anger from the coffee-pot he was filling on the stove, and glared at her. / 'Christ, is that the sixth or the tenth?' and a vision of bare feet shuffling over sharp crumbs of glass came painfully to him, though neither he nor Alicia had ever walked on the bricks barefoot, and every fragment could be got up with the Hoover. (Highsmith, *A Suspension of Mercy*, 22 f.)

Als Alicia nach einem Streit versucht, Sydney mit einer Tasse zu treffen, stellt sich Sydney zum erstenmal vor, daß er seine Frau umbringt. Diese Gedanken charakterisiert Highsmith jedoch als Wunschvorstellung, indem sie ihnen das banale tatsächliche Ergebnis des Streits, nämlich eine zerbrochene Tasse, gegenüberstellt:

> He gave her a backhanded slap across the face with the damp dishcloth [...] / Alicia started, straightend a little then hurled at him the cup she had been about to put in the drying rack. The cup missed him, but smashed against the refrigerator. / 'Number two today,' Sydney said, bending to pick up the pieces. His heart raced. As he stood up with the glass frag-

> ments, he noticed with pleasure the pink streak on Alicia's cheek. / 'You're barbaric,' she said. / 'Yes.' Yes, and one day he'd go just a little too far and kill her. He had thought of it many times. One evening when they were here alone. He'd strike her in anger once, and instead of stopping, he'd just keep on until she was dead. Then as he looked again at Alicia, she smiled at him, and turned again to the sink. She smiled because she had had the last word, Sydney supposed, the thrown cup. (Highsmith, *A Suspension of Mercy*, 26)

Schließlich entwirft Sydney einen genauen Plan für seinen Phantasiemord:

> But the best way, for him, was her dying by a blow in the house, and he removed her somewhere in the car, buried her somewhere, then told everyone that she had gone away for a few days, maybe to Brighton, maybe to London. Then Alicia wouldn't come back. The police wouldn't be able to find her. Sydney would admit to the police, to everyone, that their marriage hadn't been perfect lately, and that perhaps Alicia had wanted to run away from him and change her name [...] (Highsmith, *A Suspension of Mercy*, 30)

Durch Sydneys Kauf eines Teppichs und die Tatsache, daß Alicia ihren Mann tatsächlich verläßt, erfolgt eine endgültige Bestätigung des Plans.

In *Deep Water* wird die Entwicklung Victor Van Allens zum Mörder durch einen einzigen kurzen Satz in einem Gespräch ausgelöst:

> '[...] If I really don't like somebody, I kill him.' (Highsmith, *Deep Water*, 11)

Vics Behauptung, einen Liebhaber seiner Frau ermordet zu haben, führt bei ihm zu einer entsprechenden Vorstellung, wobei er den Ablauf seines Phantasiemordes in allen Einzelheiten einschließlich des Alibis genau festlegt, so daß die Vorstellung bereits sehr realistisch wirkt:

> For a few moments Vic imagined that Mal had come back to Melinda's room that night after he had gone to his room on the other side of the garage, that he had known about it, and that he had planned the murder meticulously, gone in to New York on some pretext, called on Mal with a sash weight under his coat (the murderer must have been a friend or an acquaintance, the papers had said, because Mal had evidently let him in quietly), and had battered Mal to death. Silently and efficiently, leaving no fingerprints - neither had the real murderer - then driving back to Little Wesley the same night, giving as an alibi, in case anybody had ever asked him for one, that he had been watching a movie in Grand Central at the time Mal had been murdered, a movie that he would actually have seen, of course, at some other time. (Highsmith, *Deep Water*, 14)

Die Rolle, in die sich Vic selbst begeben hat, wird ihm aufgrund der Reaktionen seiner Umwelt zum Verhängnis, so daß aus der Phantasie zwangsläufig Realität wird:

> That evening Vic realized that there was something in what Melinda said about people shunning him - people he did not know at all. He saw people pointing him out to their dancing partners, then discussing him volubly, though always out of his earshot. Other total strangers turned away with self-conscious little smiles as he passed them, when at another time they might have introduced themselves and started talking. (Highsmith, *Deep Water*, 49 f.)

Da Vic nicht fähig ist, den Übergang von der Vorstellung zur Wirklichkeit wahrzunehmen, redet er sich bei seinem ersten tatsächlichen Mord ein, es handle sich nur um einen Scherz:

> It's a joke, Vic thought to himself. If he were to let him up now, it would be merely a joke, though perhaps a rough one [...] (Highsmith, *Deep Water*, 90)

> It's a joke, Vic thought again. But now it was too late for it to be a joke [...] (Highsmith, *Deep Water*, 91)

Für den Leser ist oft nicht deutlich erkennbar, an welchem Punkt die Wirklichkeit aufhört und das Irreale beginnt. So setzt das zwölfte Kapitel von *The Blunderer* mit einer Szene ein, in der Walter Stackhouse (ebenso wie der echte Mörder Kimmel) seine Frau, die eine Busfahrt unternimmt, während einer kurzen Rast anspricht, sie in ein Gebüsch zerrt und dort ermordet. Diesen Vorgang schildert die Autorin äußerst realistisch und in allen Einzelheiten:

> Walter sprang at her. He had both hands around her neck. He dragged her into the underbrush, but he had to exert all his strength because she had become strangely heavy, heavier even than a man, and she was clinging hard to the bushes with her hands. Walter tugged at her. He kept his hands on her throat so she could not cry out. Her throat began to feel hard and twisted, like a thick rope. He began to fear that he couldn't kill her. And then he realized she had stopped struggling. She was dead. (Highsmith, *The Blunderer*, 88)

Die Illusion der Realität wird zusätzlich dadurch verstärkt, daß die Szene eine große Ähnlichkeit mit dem Mord Kimmels aufweist, den Highsmith am Anfang des Romans beschreibt:

> He lunged against her, bouncing her deep into the underbrush at the side of the road. He nearly fell himself, but he kept his grip on her wrist with his left hand. With his right, he struck the side of her head, hard enough to break her neck, he thought, yet he kept the grip on her left wrist. He had only begun. She was down on the ground, and his left hand found her throat and closed on it, crushing her scream. (Highsmith, *The Blunderer*, 3)

Im Fall Walters erweist sich der scheinbare Mord jedoch als Traum. Die Desillusionierung erfolgt, indem Highsmith den Leser unmerklich aus der Phantasie in die innerfiktionale Realität zurückversetzt. An der Übergangsstelle zwischen Traum und Wirklichkeit verwendet sie dabei sehr geschickt zweideutige Details, die sich sowohl auf die irreale als auch auf die reale Situation beziehen können:

> But Ellie kept on going. He tried to hold her back. She went on without him. / Walter found himself face downward, trying to push himself up with his arms. He turned his groggy, ringing head. Was that Ellie lying there? He stared until Clara's dark head and small face came dimly into focus. She was lying with her face towards him. / 'What were you dreaming?' she asked in a calm, alert voice, as if she had been awake for minutes. (Highsmith, *The Blunderer*, 89)

Als Clara später tatsächlich mit dem Bus fährt und Walter sie mit dem Auto verfolgt, beschreibt die Autorin abwechselnd Walters Handlungen und seine Phantasien und vermischt auf diese Weise beides miteinander:

> Walter's foot kicked out involuntarily, and the car shot forward. He pressed the gas pedal down to the floor, and eased up only when he came very close to a car in front of him. / He tried to imagine what would happen if he did do it. First, he would have no alibi. And there was the danger that he would be seen by somebody at the bus stop, that Clara's 'Walter!' would be heard the instant she saw him, that people would remember both of them, walking off on the highway. / And Ellie would despise him. / He kept on, speeding after the fleeing bus. (Highsmith, *The Blunderer*, 99)

Die Ambivalenz wird im weiteren Textverlauf dadurch aufrechterhalten, daß Clara nach dem Scheinmord verschwindet und kurze Zeit später tatsächlich ihre Leiche entdeckt wird. Erst allmählich wird klar, daß Walter am Tod seiner Frau keine Schuld trifft. Ebenso stellt Highsmith in *A Suspension of Mercy* den imaginären Mord an Alicia Bartleby sprachlich wiederholt als Faktum dar:

> In fact Alicia was dead. He had pushed her down the stairs the morning she had intended to leave. (Highsmith, *A Suspension of Mercy*, 50)

> [...] how much better it was they thought that than suspected the hideous truth, that Alicia was six feet under. Well, four feet. (Highsmith, *A Suspension of Mercy*, 66)

Da die Grenze zwischen dem Realen und dem Irrealen, zwischen dem Alltäglichen und dem Unfaßbaren für den Rezipienten nicht klar erkennbar ist, versetzt Patricia Highsmith ihn unversehens in eine Welt des Alptraums, die in ihm Beklemmung und eine unbestimmbare Angst auslöst. Durch eine Kette von Zufällen und Fehlhandlungen verstricken sich die Protagonisten ihrer Romane allmählich in eine Situation, auf die sie keinen Einfluß mehr haben und die für sie zum Verhängnis wird. Der Leser erlebt unmittelbar mit, wie sich die Schlinge um ihren Hals immer fester zusammenzieht. Die Romanhelden sehen sich als Opfer unerbittlicher Verfolgung, oder sie werden ungewollt zu Mördern.

So begeht Guy Haines in *Strangers on a Train* unter dem Einfluß des Psychopathen Charles Bruno einen Mord. Walter Stackhouse in *The Blunderer* und Sydney Bartleby in *A Suspension of Mercy* geraten durch ihre Phantasieverbrechen unschuldig in Mordverdacht. In Sydneys Fall spitzt sich die Situation derart zu, daß er gegen Ende des Romans den Liebhaber seiner Frau tötet, und auch Victor Van Allen in *Deep Water* entwickelt sich vom eingebildeten zum wirklichen Mörder. Ebenso hat in *This Sweet Sickness* David Kelseys Flucht in seine Traumwelt zur Folge, daß er den Tod zweier Menschen verursacht, und auf Robert Forester in *The Cry of the Owl* fällt nicht nur ein unberechtigter Mordverdacht, sondern sein Leben ist sogar durch die Anschläge bedroht, die Greg aus Eifersucht auf ihn verübt.

Den durch die Situation des Romanhelden ausgelösten Gefühlen kann sich der Rezipient nicht entziehen, weil er hier in seiner eigenen unbewußten Angst angesprochen wird. Da sich der Leser bereits am Anfang des Romans mit dem Protagonisten identifiziert hat, erlebt er dessen Verstrickungen so, als wären es seine eigenen. Wenn dann der Protagonist Verfolgung erleiden muß oder einen Mord begeht, wird dem Leser bewußt, daß das Gefühl der Sicherheit und der scheinbaren Unschuld, in dem er sich bisher gewiegt hat, nur eine Illusion war. Infolge dieses Desillusionierungseffekts erkennt er, daß die Welt voller unvorhersehbarer und unerwarteter Gefahren steckt und daß auch er ein potentieller Mörder ist. Er muß akzeptieren, daß das Gute und das Böse in jedem Menschen nebeneinander existieren. Unter der Oberfläche des Alltäglichen und der gesellschaftlichen Norm verbirgt sich eine ständig latent vorhandene Neigung zu Aggression und Gewalt. Solche Gefühle können weder durch den menschlichen Willen noch durch die soziale Ordnung beeinflußt werden, und schon geringfügige Umstände reichen aus, um heimliche Wünsche in reale Taten umschlagen zu lassen.

Diese Einsicht gewinnt Guy Haines, die Hauptfigur des Romans *Strangers on a Train*, in einem langen und schmerzhaften Prozeß der Selbsterkenntnis, an dessen Beginn die Begegnung mit seinem zweiten Selbst steht und der damit endet, daß Guy das Böse in sich akzeptiert. Guys zweites Selbst wird in diesem Roman durch Charles Bruno repräsentiert, der Guy im Zug anspricht und von diesem Augenblick an sein Leben beherrscht. Während Guy erkennt, daß er sich dem Einfluß Brunos nicht entziehen kann, lernt er auch die negativen Gefühle in sich kennen, die er bisher nicht wahrgenommen hat. So spürt er plötzlich den Haß, den er empfindet, und er fühlt sich deswegen schuldig am Tod seiner Frau, obwohl er nicht ihr Mörder ist:

> It was hatred that had inspired him to say as much as he had, the same petty hatred that had made him rage against Miriam in Chapultepec Park last June. Anne had been angry then, not so much at what he had said as at his hatred. Hatred, too, was a sin. Christ had preached against hatred as against adultery and murder. Hatred was the very seed of evil. In a Christian court of justice, wouldn't he be at least partially guilty of Miriam's death? (Highsmith, *Strangers on a Train*, 120)

Indem sich Guy zunehmend mit Bruno identifiziert, akzeptiert er seine eigene Schuld:

> And he was aware of a desire to cover Bruno as carefully as if Bruno had been himself, and he guilty. (Highsmith, *Strangers on a Train*, 122)

> He was like Bruno. Hadn't he sensed it time and time again, and like a coward never admitted it? Hadn't he known Bruno was like himself? Or why had he liked Bruno? He loved Bruno. (Highsmith, *Strangers on a Train*, 134)

Seine Selbsterkenntnis führt Guy zu einem veränderten Verständnis des gesamten Universums. Er begreift, daß Liebe und Haß, das Gute und das Böse keine unvereinbaren Gegensätze darstellen, sondern sich wie alle scheinbaren Gegensätze wechselseitig bedingen:

> But love and hate, he thought now, good and evil, lived side by side in the human heart, and not merely in differing proportions in one man and the next, but all good and all evil. [...] / And Bruno, he and Bruno. Each was what the other had not chosen to be, the cast-off self, what he thought he hated but perhaps in reality loved. (Highsmith, *Strangers on a Train*, 163)

3.3.2. Illusionserzeugung durch Sympathielenkung

Die von der Autorin intendierte Identifikation des Lesers mit dem Verbrecher, der die Zentralfigur des Werks darstellt, wird in den Kriminalromanen Patricia Highsmiths zum großen Teil durch das Mittel der Sympathielenkung erreicht. Dabei wendet Highsmith sowohl positive als auch negative Sympathiesteuerung an, indem sie den Täter positiv charakterisiert und von seinen Widersachern und Feinden ein negatives Bild zeichnet. Der Verbrecher tritt als sympathische Figur auf, weil die Autorin ihn vor dem Mord als Opfer widriger Lebensumstände und nach dem Mord als Opfer der Verfolgung darstellt. Die negative Sympathielenkung hat für die Sympathieerzeugung eine verstärkende Wirkung. Indem der Mörder den negativ gezeichneten Charakteren als positive Kontrastfigur gegenübergestellt wird, kann die Sympathie, die der Leser für ihn empfindet, noch gesteigert werden.

Der Typus des 'sympathischen Verbrechers' wird im Werk Patricia Highsmiths am deutlichsten durch die Figur Tom Ripley verkörpert, die in den vier Kriminalromanen *The Talented Mr Ripley*, *Ripley Under Ground*, *Ripley's Game* und *The Boy Who Followed Ripley* als Protagonist auftritt. Ripley ist in jeder Hinsicht amoralisch, und im letzten Roman der Serie kann er auf sieben oder acht Morde zurückblicken. Seine Verbrechen führt Ripley in absoluter Gefühlskälte und ohne jedes Mitleid mit seinem Opfer aus. Er betrachtet die Morde als selbstverständlich, und Gewissensbisse nach der Tat sind ihm unbekannt. Obwohl das Verhalten dieses Romanhelden allen gängigen moralischen Normen zuwiderläuft, findet er doch die uneingeschränkte Sympathie des Lesers. Diese auf den ersten Blick paradoxe Wirkung einer Romanfigur ist auf die intensive und geschickte Anwendung des Mittels der Sympathiesteuerung durch die Autorin zurückzuführen.

Die zentrale Methode der Sympathielenkung in den vier Ripley-Romanen bildet die durchgehend personale Erzählsituation, wobei ausschließlich der Protagonist als Reflektorfigur fungiert. Eine Ausnahme bildet lediglich der Roman *Ripley's Game*, in dem die Perspektive zwischen Tom Ripley und Jonathan Trevanny, der zweiten Hauptfigur dieses Werks, hin- und herwechselt. Aufgrund der Identität des personalen Mediums mit dem Mörder werden dem Leser fortwährend die Gedanken und Emotionen des Verbrechers vermittelt. Dies hat zur Folge, daß beim Rezipienten Verständnis für dessen Einstellungen und Handlungen geschaffen und somit Sympathie für ihn erweckt wird. Den engen Zusammenhang zwischen der Innenweltdarstellung in der personalen Erzählsituation und der positiven Sympathiesteuerung hebt auch Franz K. Stanzel hervor:

> Innenweltdarstellung ist ein äußerst wirksames Mittel zur Sympathiesteuerung, weil dabei die Beeinflussung des Lesers zugunsten einer Gestalt der Erzählung unterschwellig erfolgt. Je mehr ein Leser über die innersten Beweggründe für das Verhalten eines Charakters erfährt, desto größer wird seine Bereitschaft sein, für das jeweilige Verhalten dieses Charakters Verständnis, Nachsicht, Toleranz usw. zu hegen. Es ist sehr wahrscheinlich, daß diese Sympathiesteuerung auf den modernen Leser stärker wirkt, wenn sie durch Innensicht, d. h. durch die Illusion des unmittelbaren Einblicks in das Bewußtsein des betreffenden Charakters, ausgelöst wird als bei auktorialem Gedankenbericht, also durch eine Aussage des Erzählers darüber. (Stanzel, 1985, 173 f.)

Im ersten Ripley-Roman, *The Talented Mr Ripley*, erfolgt die Sympathieerzeugung zugunsten der Figur Tom Ripley in drei Phasen:

(1) In den ersten sechs Kapiteln dieses Romans schafft die Autorin durch die subtile Darstellung der psychischen Befindlichkeit Tom Ripleys und durch Rückblenden auf seine Lebensgeschichte beim Leser eine positive Grundeinstellung gegenüber dieser Figur.

(2) Der zweite Teil des Romans schildert die inneren und äußeren Entwicklungen, die Tom Ripley zum Mörder werden lassen.

(3) Im dritten Teil des Romans wird dem Rezipienten die Situation eines Mörders in allen Einzelheiten demonstriert.

Dieses Verfahren der Sympathielenkung bewirkt eine zunehmende Identifikation des Lesers mit dem Protagonisten und damit eine allmähliche Steigerung der Sympathie. Im folgenden soll dieser Prozeß der Sympathiesteigerung im einzelnen analysiert werden.

Die im ersten Teil von *The Talented Mr Ripley* erzeugte Grundeinstellung gegenüber dem Protagonisten dient als Basis für den Aufbau der intendierten Rezeptionshaltung in den vier Romanen der Serie und verhindert von vornherein eine potentielle Schwächung der erzeugten Sympathiegefühle durch Ripleys skrupellose Verbrechen und sein fehlendes moralisches Bewußtsein. Vielmehr entsteht der Eindruck, daß seine Entwicklung zum Mörder eine natürliche und zwangsläufige Konsequenz seiner früheren Erfahrungen darstellt, so daß er für seine Taten nicht verantwortlich ist und ihn keine moralische Schuld trifft.

Zunächst wird Tom Ripley dem Leser als eine Person dargestellt, deren Gefühlsleben sich nicht grundsätzlich von dem anderer Menschen unterscheidet, so daß eine Identifikation des Rezipienten mit dieser Figur ermöglicht wird. So wechseln sich auch bei ihm in seinem Alltag unterschiedliche Gefühle miteinander ab. Seine Begegnung mit Mr Greenleaf am Anfang des Romans löst bei Tom zuerst Langeweile und Überdruß aus:

> His boredom had slipped into another gear. Tom knew the sensations. He had them sometimes at parties, but generally when he was having dinner with someone with whom he hadn't wanted to have dinner in the first place, and the evening got longer and longer. Now he could be maniacally polite for perhaps another whole hour, if he had to be, before something in him exploded and sent him running out of the door. (Highsmith, *The Talented Mr Ripley*, 10)

Dieses Gefühl wird durch Empfindungen der Vorfreude und des Erfolgs abgelöst:

> As soon as he could get a passport, he'd be sailing for Europe, probably in a first-class cabin. Waiters to bring him things when he pushed a button! Dressing for dinner, strolling into a big dining-room, talking with people at his table like a gentleman! He could congratulate himself on tonight, he thought. He had behaved just right. (Highsmith, *The Talented Mr Ripley*, 12)

Doch Toms momentane Selbstzufriedenheit erweist sich als nur von kurzer Dauer. Sie gelangt an einen Punkt, an dem er sich mit seinem Wunschbild von sich selbst nicht mehr identifizieren kann, so daß sich Schuldgefühle und ein schlechtes Gewissen einstellen:

> In a large mirror on the wall he could see himself: the upright, self-respecting young man again. He looked quickly away. He was doing the right thing, behaving the right way. Yet he had a feeling of guilt. (Highsmith, *The Talented Mr Ripley*, 20)

Somit schlägt die Euphorie schnell in Depression um:

> Tom felt awful, almost physically ill. (Highsmith, *The Talented Mr Ripley*, 22)

Um ein positives Bild von dem Romanhelden zu zeichnen, verwendet Highsmith Rückblenden auf Toms Vergangenheit, die in Form von Reflexionen des Protagonisten in die Handlung eingefügt werden. So erinnert sich Tom daran, daß er in seiner Jugendzeit, die er bei einer lieblosen Tante verbrachte, Demütigungen erdulden mußte und keine Anerkennung erhielt:

> He thought suddenly of one summer day when he had been about twelve, when he had been on a cross-country trip with Aunt Dottie [...] He remembered running between huge, inching cars, always about to touch the door of Aunt Dottie's car and never being quite able to, because she had kept inching along as fast as she could go, not willing to wait for him a minute, and yelling, 'Come on, come on, slowpoke!' out the window all the time. When he had finally made it to the car and got in, with tears of frustration and anger running down his cheeks, she had said gaily to her friend, 'Sissy! He's a sissy from the ground up. Just like his father!' (Highsmith, *The Talented Mr Ripley*, 34)

In einer anderen Rückblende wird erzählt, wie Tom seinen Arbeitsplatz in einem Lagerhaus verlor. Er fühlt sich von einer niederträchtigen und erbarmungslosen Welt ungerecht behandelt und ausgestoßen:

> He had held the job less than two weeks, because he hadn't been strong enough to lift orange crates eight hours a day, but he had done his best and knocked himself out trying to hold the job, and when they had fired him, he remembered how horribly unjust he had thought it. He remembered deciding then that the world was full of Simon Legrees, and that you had to be an animal, as tough as the gorillas who worked with him at the warehouse, or starve. (Highsmith, *The Talented Mr Ripley*, 36)

Mit seiner unglücklichen Vergangenheit rechtfertigt Tom vor sich selbst seine Ressentiments gegen die von ihm als feindlich empfundene Umwelt, seine Unfähigkeit zu echten emotionalen Beziehungen und seine Erfolglosigkeit im Leben. Seine egozentrische Haltung manifestiert sich in einem ständigen Groll gegen seine Mitmenschen:

> There were very few things that got under his skin, Tom thought self-justifyingly, but this was one of them: noisy surprises like this, the riffraff, the vulgarians, the slobs he had thought he had left behind when he crossed the gangplank [...] (Highsmith, *The Talented Mr Ripley*, 28)

Aus Toms Minderwertigkeitskomplex resultieren seine Unsicherheit und sein Gefühl, ein ständiger Versager zu sein:

> He felt mortified at the big brown shoes on his feet and at his ghost-white skin. (Highsmith, *The Talented Mr Ripley*, 40)

> Tom stood there, feeling pale and naked as the day he was born. (Highsmith, *The Talented Mr Ripley*, 41)

> Nothing he took desperately seriously ever worked out. He'd found that out years ago. (Highsmith, *The Talented Mr Ripley*, 47)

> This was the very edge of failure, failure as far as Mr Greenleaf was concerned, and failure with Dickie. (Highsmith, *The Talented Mr Ripley*, 49)

Die Schuld für sein Versagen gibt er seiner Tante Dottie, die seinen Fleiß nicht belohnte:

> His main mistake had been that he had never stuck to anything, he thought, like the accounting job in the department store that might have worked into something, if he had not been so completely discouraged by the slowness of department-store promotions. Well, he blamed Aunt Dottie to some extent for his lack of perseverance, never giving him credit when he was younger for anything he had stuck to [...] (Highsmith, *The Talented Mr Ripley*, 35)

Tom Ripley ist in diesem Stadium noch kein Verbrecher. Seine erste Gesetzesübertretung, der Diebstahl eines Brotes nach seiner Entlassung aus dem Lagerhaus, stellt sich für ihn als Wiedergutmachung für das Unrecht dar, das die Welt ihm angetan hat:

> He remembered that right after that, he had stolen a loaf of bread from a delicatessan [*sic*] counter and had taken it home and devoured it, feeling that the world owed a loaf of bread to him, and more. (Highsmith, *The Talented Mr Ripley*, 36)

Seine Lügen und kleinen Betrügereien benutzt er nicht, um sich materiell zu bereichern, sondern nur dazu, seine Minderwertigkeitsgefühle zu kompensieren. Er löst nämlich die ihm zugesandten Schecks nicht ein:

> So it amounted to no more than a practical joke, really. Good clean sport. He wasn't stealing money from anybody. (Highsmith, *The Talented Mr Ripley*, 14)

Zudem werden seine kleinen Verstöße gegen Recht und Moral dadurch wettgemacht, daß er mit guten Vorsätzen und dem festen Entschluß, eine neues Leben anzufangen, nach Europa aufbricht, um Dickie Greenleaf im Auftrag von Dickies Vater zurückzuholen:

> He was versatile, and the world was wide! He swore to himself he would stick to a job once he got it. Patience and perseverance! Upward and onward! (Highsmith, *The Talented Mr Ripley*, 32)

Im weiteren Handlungsverlauf des Romans stellt Toms Mord an seinem Freund Dickie den Höhepunkt einer Entwicklung dar, die zwangsläufig auf dieses Verbrechen zuläuft, und wird scheinbar durch diese Entwicklung gerechtfertigt. Zunächst sieht Tom die Ursache dafür, daß seine erhoffte Freundschaft mit Dickie nicht zustande kommt, noch in seinem eigenen Versagen:

> 'I'm sorry,' Tom said contritely. He was sorry he hadn't made more of an effort, that he had done a bad job when he might have done a good one. (Highsmith, *The Talented Mr Ripley*, 72)

Als Dickie sich unfair gegenüber ihm verhält, spürt er zum erstenmal, wie die Wut auf Dickie in ihm aufsteigt, und er fühlt eine tiefe Verbitterung:

> A crazy, directionless fury boiled in his blood and made him tremble. He was furious at Dickie. (Highsmith, *The Talented Mr Ripley*, 76)

> The sense of frustration and inarticulateness was agony to Tom. (Highsmith, *The Talented Mr Ripley*, 77)

Plötzlich gelangt Tom zu der schmerzlichen Erkenntnis, daß die Freundschaft mit Dickie nur eine Illusion war. Diese Einsicht stellt einen entscheidenden Punkt in seiner Entwicklung zum Verbrecher dar und erzeugt in ihm ein unerträgliches Gefühl der ewigen Einsamkeit und des Verlorenseins in einem (durch den offenen Horizont symbolisierten) gefühllosen Universum:

> Tom felt a painful wrench in his breast, and he covered his face with his hands. It was as if Dickie had been suddenly snatched away from him. They were not friends. They didn't know each other. It struck Tom like a horrible truth [...] For an instant the wordless shock of his realization seemed more than he could bear. (Highsmith, *The Talented Mr Ripley*, 78)

> He stood at the corner of the terrace, staring out at the vague empty line of the horizon and thinking of nothing, feeling nothing except a faint, dreamlike lostness and aloneness. [...] He was alone. That was the only important thing. (Highsmith, *The Talented Mr Ripley*, 81)

Der Wunsch Toms, Dickie umzubringen, und die nachfolgende Tat stellt Highsmith als logische und notwendige Konsequenzen dieses unerträglichen Gefühls der Einsamkeit dar. Auf diesen Zusammenhang weist die Autorin besonders hin, indem sie geschickt die höhnischen Worte von Toms Tante Dottie kurz vor dem Entschluß zum Mord wiederholt:

> He remembered Aunt Dottie's taunt: *Sissy! He's a sissy from the ground up. Just like his father!* (Highsmith, *The Talented Mr Ripley*, 86)

Indem Tom Dickie für seinen unglücklichen Zustand verantwortlich macht, wird dem Leser suggeriert, Dickie habe schwere Fehler begangen und müsse dafür mit dem Tod bestraft werden. Der Entschluß Tom Ripleys zum Mord stellt die zentrale Textstelle des Romans dar:

> A crazy emotion of hate, of affection, of impatience and frustration was swelling in him, hampering his breathing. He wanted to kill Dickie. [...] He had failed with Dickie, in every way. He hated Dickie, because, however he looked at what had happened, his failing had not been his own fault, not due to anything he had done, but due to Dickie's inhuman stubbornness. And his blatant rudeness! He had offered Dickie friendship, companionship, and respect, everything he had to offer, and Dickie had replied with ingratitude and now hostility. Dickie was just shoving him out in the cold. (Highsmith, *The Talented Mr Ripley*, 87)

Der vollzogene Mord wird nachträglich dadurch gerechtfertigt, daß Tom, indem er physisch und psychisch die Identität des Ermordeten annimmt, die für ihn unerträglich gewordene Rolle des ewigen Versagers ablegt. Die Autorin erzeugt so die Illusion, daß der Identitätswechsel, dessen Voraussetzung der Mord darstellte, für den Protagonisten notwendig war. So kann der Leser auch das intensive Glücksgefühl, das sich bei Tom Ripley in seiner neuen Identität einstellt, nachempfinden:

> Every moment to Tom was a pleasure [...] It was impossible ever to be lonely or bored, he thought, so long as he was Dickie Greenleaf. (Highsmith, *The Talented Mr Ripley*, 106)

> It gave his existence a peculiar, delicious atmosphere of purity, like that, Tom thought, which a fine actor probably feels when he plays an important role on a stage with the conviction that the rôle he is playing could not be played better by anyone else. He was himself and yet not himself. He felt blameless and free, despite the fact that he consciously controlled every move he made. (Highsmith, *The Talented Mr Ripley*, 118)

Infolge des Mordes an Dickie Greenleaf befindet sich Tom Ripley, der später noch einen zweiten Mord begeht, im weiteren Handlungsverlauf ständig auf der Flucht und damit in großer Gefahr, als Mörder überführt zu werden. Indem Highsmith dem Leser diese Bedrohung und die dadurch beim Protagonisten ausgelösten Ängste direkt vermittelt, sorgt sie dafür, daß der Rezipient auch weiterhin Sympathie für diese Figur empfindet, die nun die Rolle des Täters mit der des Opfers (der Verfolgung) eingetauscht hat. Durch die realistische Beschreibung der körperlichen Begleiterscheinungen der Angst (wie Unruhe, Schwäche- und Panikgefühle, feuchte und zitternde Hände, Schlaf- und Appetitlosigkeit) erleichtert die Autorin es dem Leser, sich in die Situation des verfolgten Romanhelden hineinzuversetzen:

> But his hands were cool with sweat as he went to the door. He felt faint [...] (Highsmith, *The Talented Mr Ripley*, 120)

> A terrible, tingling panic went over his shoulders and down his legs. For a moment he felt weak and helpless, too weak to move. (Highsmith, *The Talented Mr Ripley*, 162)

> Tom wandered restlessly through the rest of the house, wondering whether there was anything in his room that he ought to remove. (Highsmith, *The Talented Mr Ripley*, 195)

> Tom's hands began to shake so that he had to grip the sides of the paper to hold it steady. (Highsmith, *The Talented Mr Ripley*, 239)

> Tom expected the police to come knocking on his door at any hour of the day or night. The contrast between his tranquil self-confidence or [*sic*] five days ago and his present apprehension almost tore him apart. He could neither sleep nor eat nor sit still. (Highsmith, *The Talented Mr Ripley*, 241 f.)

Besonders intensive Angstgefühle empfindet der Protagonist in Situationen, in denen er sich in unmittelbarer Lebensgefahr befindet oder vor einer äußerst schwierigen und gefährlichen Aufgabe steht. So fällt Tom Ripley, nachdem er Dickie erschlagen und die Leiche im Meer versenkt hat, selbst ins Wasser und entrinnt nur knapp dem Tod durch Ertrinken. Diese Szene stellt Highsmith so detailliert und realistisch dar, daß der Leser die Todesangst des Mörders mitempfindet. Da die Szene direkt auf den Mord folgt, erfüllt sie den Zweck, das Verbrechen zu relativieren:

> He was in the water. / He gasped, contracting his body in an upward leap, grabbing at the boat. He missed. The boat had gone into a spin. Tom leapt again, then sank lower, so low the water closed over his head again with a deadly, fatal slowness, yet to fast for him to get a breath, and he inhaled a noseful of water just as his eyes sank below the surface. [...] now in the deadly emptiness of the water he suffered in advance the sensations of dying, sank threshing below the surface again, and the crazy motor faded as the water *thugged* into his ears, blotting out all sound except the frantic sounds that he made inside himself, breathing, struggling, the desperate pounding of his blood. (Highsmith, *The Talented Mr Ripley*, 93)

In einer ähnlich schwierigen Lage befindet sich Tom, als er nach seinem zweiten Mord die Leiche Freddie Miles' aus dem Haus schaffen muß:

> He dreaded the five- or six-hour wait until nightfall so much that for a few moments he thought he *couldn't* wait. That mountain on the floor! [...] Tom was trembling, sitting on the edge of a chair cracking his knuckles. (Highsmith, *The Talented Mr Ripley*, 126)

Die positive Sympathiesteuerung in den vier Romanen der Ripley-Reihe bewirkt, daß der Rezipient die Denkweise des Helden übernimmt, der seine

Entwicklung zum Verbrecher als notwendige Konsequenz seiner Lebenserfahrungen und anderer Umstände betrachtet. Tom kennt keinerlei Schuldgefühle. Seine Einstellung zum Töten ist streng utilitaristisch. Er tötet nicht gerne, aber er begeht einen Mord, wenn es notwendig ist und die Situation es verlangt:

> He hadn't wanted to murder, it had been a necessity. (Highsmith, *The Talented Mr Ripley*, 155)

> Tom detested murder unless it was absolutely necessary. (Highsmith, *Ripley's Game*, 8)

> [...] curiously Tom had never felt such guilt, never let it seriously trouble him. In this, Tom realized that he was odd. Most people would have experienced insomnia, bad dreams, especially after committing a murder such as that of Dickie Greenleaf, but Tom had not. (Highsmith, *The Boy Who Followed Ripley*, 112)

Aus diesem Grund zögert Tom auch, seine Taten als Morde zu bezeichnen. Bernard muß 'beseitigt' werden, und der Mord an Dickie erscheint ihm so natürlich, daß er in seinen Gedanken zunächst von 'Dickies Tod' spricht. Seine Verbrechen sieht er sogar als selbstlose Handlungen an:

> It had occurred to him that if Bernard balked tonight, Bernard would have to be disposed of, too. Killed. It was a sickening thought. Tom did not want to kill Bernard. Perhaps he would not even be able to. (Highsmith, *Ripley Under Ground*, 116)

> And of course Dickie's death - rather his murder - had caused Tom to kill the American slob called Freddie Miles. [...] And surely his - murder since then, Murchison for instance, had most certainly been done to protect others as much as himself. (Highsmith, *Ripley's Game*, 224)

Der scheinbaren Notwendigkeit der Morde entspricht auch, daß Tom zwar im Hinblick auf diese Verbrechen als absolut amoralisch dargestellt wird, seine sonstigen Gefühle sich aber nicht von denen anderer Menschen unterscheiden. So empfindet er Mitleid mit Personen, die offensichtlich bekümmert sind:

> But he felt he had to do something, because Bernard's air of misery was pitiable. Each glimpse of Bernard sent a weird pain through Tom: it was as if he were seeing someone already in the throes of death, yet walking about. (Highsmith, *Ripley Under Ground*, 230)

Es mutet wie Ironie an, daß Toms Mord an Murchison in *Ripley Under Ground* ihn nicht daran hindert, Mrs Murchison zu bedauern, weil sie ihren Mann verloren hat:

> Tom felt sorry for her. He felt sorry that he had killed her husband. (Highsmith, *Ripley Under Ground*, 216)

In den letzten beiden Romanen der Serie beweist Tom, daß er inzwischen fähig ist, echte Beziehungen zu anderen Menschen einzugehen. In *Ripley's Game* bringt er zwar den leukämiekranken Jonathan Trevanny in eine äußerst unangenehme Lage, als Jonathan überredet wird, zwei Mafia-Gangster zu töten. Später macht Tom jedoch das Unrecht, das er diesem Mann zugefügt hat, wieder gut, indem er den zweiten Mord selbst übernimmt. In *The Boy Who Followed Ripley* empfindet Tom sogar echte Zuneigung zu dem sechzehnjährigen Millionärssohn Frank Pierson, der seinen Vater getötet hat. Die Schuldgefühle des Jungen veranlassen Tom, sich für Frank verantwortlich zu fühlen. Da Tom Ripley also die Rolle eines 'sympathischen Verbrechers' spielt, nimmt der Leser, nachdem er die Lektüre jedes der vier Ripley-Romane beendet hat, mit Erleichterung zur Kenntnis, daß Tom sich wieder einmal der Bestrafung entziehen konnte (vgl. Finke, 1983, 282-291; Suerbaum, 1984, 188-192).

Ein anderer Roman, in dem Patricia Highsmith für eine Figur Sympathie erzeugt, die sich im Verlauf der Handlung vom unschuldigen Bürger zum Mörder entwickelt, ist *The Glass Cell*. Der Ingenieur Philip Carter, der Protagonist dieses Romans, wird aufgrund seiner Sorglosigkeit und Vertrauensseligkeit von einem skrupellosen Bauunternehmer ausgenutzt, der die Schuld für seine betrügerischen Manipulationen auf Carter abwälzen will. Daraufhin wird Carter, obwohl er völlig unschuldig ist, zu einer sechsjährigen Haftstrafe verurteilt. Da er im Gefängnis nur Roheit, Brutalität und Gefühlskälte erfährt und seine Frau ihn obendrein mit seinem Freund betrügt, verliert er seinen Glauben an Recht und Gerechtigkeit:

> Wrong was right and right was wrong, and everything was made of paper: sentences, pardons, pleas, bad records, demerits, proof of guilt, but never, it seemed, proof of innocence. (Highsmith, *The Glass Cell*, 83 f.)

So erscheint ihm das Töten als einzige Möglichkeit der Selbsterhaltung in einer ungerechten Welt:

> He thought of Max nearly all night. At least he had killed a man in return, not the man who had killed Max, probably, but one of the lot, and they were all alike. Carter was sure he had killed that man. And that seemed quite right and proper. (Highsmith, *The Glass Cell*, 95)

> In principle, his killing Sullivan had been an evil act, done in anger. And the fact that he felt no guilt made it worse, in principle and in fact. His killing O'Brien had been a calculated, cold-blooded act done to clear himself of an equally evil act. Carter could admit to himself that both acts were evil, and yet he felt no pangs - or very little pangs - of conscience about either of them, or both of them together. (Highsmith, *The Glass Cell*, 218)

Neben *The Talented Mr Ripley* und *The Glass Cell* sind auch *Deep Water* und *A Suspension of Mercy* Romane, in denen die Entwicklung eines Unschuldigen zum Verbrecher dargestellt wird. So fühlt sich Victor Van Allen in *Deep Water* von den zweitklassigen Liebhabern seiner Frau angewidert, und Sydney Bartleby in *A Suspension of Mercy* rächt sich an dem Mann, mit dem seine Frau ein Verhältnis hatte, indem er ihn zwingt, eine Überdosis Schlaftabletten zu schlucken. Dabei gewährt er ihm allerdings einen 'Gnadenaufschub', denn als Sydney seine Wohnung verläßt, ist er noch nicht tot.

Die negative Sympathielenkung in den Kriminalromanen Patricia Highsmiths erfolgt häufig durch negative Wertungen, welche die Gedanken und Gefühle des Protagonisten in solchen Romanabschnitten wiedergeben, in denen er als Reflektorfigur fungiert. Da der Protagonist das Objekt der positiven Sympathiesteuerung darstellt, macht sich der Rezipient unwillkürlich dessen Einstellungen gegenüber anderen Romanfiguren zu eigen, so daß sich beide Arten der Sympathielenkung gegenseitig bedingen und verstärken.

In *The Talented Mr Ripley* treten im Verlauf der Handlung mehrere Personen auf, die so beschrieben werden, daß sie beim Leser Antipathiegefühle auslösen, was zur Folge hat, daß seine positive Einstellung gegenüber dem Verbrecher Tom Ripley im gesamten Roman bestehenbleibt. Dabei handelt es sich um Marc Priminger, in dessen Haus Tom vorübergehend gewohnt hat, Dickies Freundin Marge Sherwood und Freddie Miles, einen Bekannten Dickies. Highsmith benutzt die äußerliche Bescheibung dieser Personen als Methode der negativen

Sympathiesteuerung, denn schon das extrem unattraktive Aussehen dieser Figuren ruft beim Leser Gefühle des Abscheus hervor. Diesen Empfindungen entsprechen auch Ausdrücke wie *ugly, hideous, abominable* etc., die in solchen Darstellungen oft vorkommen. So wird Marc folgendermaßen beschrieben:

> [...] Marc's stupid, pig-like eyes, his massive jaw, his ugly hands with the gaudy rings (waving through the air, ordering this and that from everybody) [...] (Highsmith, *The Talented Mr Ripley*, 25)

Über Marge wird gesagt:

> [...] the naïve clothes she wore and her windblown hair and her general air of a Girl Scout. (Highsmith, *The Talented Mr Ripley*, 61)

> [...] her speech, Tom thought, was abominable, both her choice of words and her pronunciation. (Highsmith, *The Talented Mr Ripley*, 61)

> What disgusted him was the big bulge of her behind in the peasant skirt below Dickie's arm that circled her waist. (Highsmith, *The Talented Mr Ripley*, 67 f.)

Das Haus, in dem Marge wohnt, macht einen ebenso unordentlichen Eindruck wie die Frau selbst, und die Erwähnung ihrer Unterwäsche wirkt zusätzlich ekelerregend:

> Marge's house was a rather sloppy-looking one-storey affair with a messy garden at one end, a couple of buckets and a garden hose cluttering the path to the door, and the feminine touch represented by her tomato-coloured bathing suit and a bra hanging over a window-sill. Through an open window, Tom had a glimpse of a disorderly table with a typewriter on it. (Highsmith, *The Talented Mr Ripley*, 50)

An manchen Textstellen erfolgt eine direkte Identifikation der Gefühle des Ekels und des Hasses:

> Tom hated her. He suddenly remembered her bra hanging over the windowsill in Mongibello. Her underwear would be draped over his chairs tonight, if he invited her to stay here. The idea repelled him. (Highsmith, *The Talented Mr Ripley*, 195)

Wenn es sich bei solchen abwertend beschriebenen Figuren um ein Mordopfer handelt, hat die negative Sympathiesteuerung die zusätzliche Funktion, das moralisch Verwerfliche des Mordes abzuschwächen. In *The Talented Mr*

Ripley ist Freddie Miles das zweite Opfer des Mörders Tom Ripley. Schon bei seiner ersten Begegnung mit Tom wird dieser Mann als äußerst häßlich dargestellt:

> The American's name was Freddie Miles. Tom thought he was hideous. Tom hated red hair, especially this kind of carrot-red hair with white skin and freckles. Freddie had large red-brown eyes that seemed to wobble in his head as if he were cock-eyed, or perhaps he was only one of those people who never looked at anyone they were talking to. He was also overweight. (Highsmith, *The Talented Mr Ripley*, 56)

Um zu verhindern, daß der Leser in der Mordszene Mitleid mit dem Opfer empfindet, bringt die Autorin dem Rezipienten das häßliche Gesicht Freddies kurz vor dem Mord mehrmals in Erinnerung. Dabei wird Freddie bereits in dem Augenblick, in dem er Toms Wohnung betritt, mit dieser Häßlichkeit identifiziert:

> Freddie Miles came in, looking around. His ugly, freckled face gawked in every direction. (Highsmith, *The Talented Mr Ripley*, 120)

> [...] Freddie asked with that wall-eyed stare that made his face look idiotic and rather scared. (Highsmith, *The Talented Mr Ripley*, 120)

> The ugly, freckle-blotched face stared at him from under the garish thatch of red hair. (Highsmith, *The Talented Mr Ripley*, 122)

Während die negative Charakterisierung der einzelnen Figuren in *The Talented Mr Ripley* eher indirekt mit Hilfe ihrer äußerlichen Beschreibung erfolgt, tritt in *The Cry of the Owl* unter den Gegenspielern des Protagonisten Robert Forester eine Person auf, die direkt als absolut böse und gefährlich charakterisiert wird. Dabei handelt es sich um Roberts ehemalige Frau Nickie, die neben Greg und der Polizei die dritte Verfolgungsinstanz in diesem Roman darstellt. Nickie ist eine Psychopathin, die dermaßen von Haß auf Robert erfüllt ist, daß sie jede Gelegenheit nutzt, um ihn zu erniedrigen. Daher diffamiert sie ihn bei der Polizei, indem sie ihn als geisteskrank hinstellt, und sie versteckt Greg, um Robert in Mordverdacht geraten zu lassen. So erscheint Nickie im gesamten Roman als eine undurchsichtige und unberechenbare Macht, von der ständig Böses ausgeht (vgl. Finke, 1983, 237 f.):

> Then Nickie entered his mind like a tangible image of danger. She'd do all she could against him, that was certain, and no use asking the old question why. Just count on it, he told himself. (Highsmith, *The Cry of the Owl*, 122)

Da die Polizei in den Kriminalromanen Patricia Highsmiths oft als die wichtigste Verfolgungsinstanz für den Protagonisten auftritt, fungieren Polizeibeamte häufig als Objekte der negativen Sympathielenkung. So werden vor allem die amerikanischen Polizisten (einem gängigen Klischee entsprechend) als gefühlskalt, primitiv und brutal dargestellt. Auch diese Wesenszüge zeigen sich schon in ihrer äußeren Erscheinung, wobei die Negativwertungen deutlich zum Ausdruck kommen oder auch nur unterschwellig in den Beschreibungen enthalten sein können (vgl. Finke, 1983, 235-237):

> Corby was smiling at him, in the friendliest way his anaemic-looking, overbright schoolboyish face was able to smile, Walter supposed. It was not at all friendly. (Highsmith, *The Blunderer*, 130)
>
> He was like a long, limber wrestler manoeuvring, ready to take an unfair grip. (Highsmith, *The Blunderer*, 180)
>
> Walter studied his tight little face again, the icy pale-blue eyes [...] (Highsmith, *The Blunderer*, 256)
>
> McGregor, a tall, hulking fellow [...] (Highsmith, *The Cry of the Owl*, 110)
>
> He was a short, slight man with pale-blue eyes and pockmarks on the left side of his face. (Highsmith, *The Cry of the Owl*, 111)
>
> Lippenholtz only looked at him, his thin lips slightly smiling. (Highsmith, *The Cry of the Owl*, 170)
>
> Lippenholtz [...] gave a sudden cackling laugh [...] (Highsmith, *The Cry of the Owl*, 182)

Beatrix Finke macht in ihrer Untersuchung zu *The Cry of the Owl* die interessante Feststellung, daß solche abwertenden Beschreibungen der Polizisten nur in Szenen enthalten sind, in denen sie einen Unschuldigen verfolgen, nicht jedoch in Textabschnitten, in denen ein echter Verbrecher mit der Polizei konfrontiert wird (vgl. Finke, 1983, 237). Dies trifft zwar für den Roman *The Cry of the Owl* zu, in dem mit Gregory Wyncoop und Robert Forester ein Schuldiger und ein Unschuldiger von den Kriminalbeamten verfolgt werden, gilt aber nicht für die Werke *Strangers on a Train* und *The Blunderer*, in denen im Hinblick auf

Charles Bruno und Guy Haines bzw. Melchior Kimmel und Walter Stackhouse eine ähnliche Situation vorliegt. So fühlt sich in *Strangers on a Train* nicht nur Guy, sondern auch Bruno von dem Privatdetektiv Gerard, der Hauptverfolgungsinstanz in diesem Roman, angewidert:

> Gerard looked up with a smile on his round, faintly pink-and-purple mottled face. [...] He lighted another of the cigars that were shaped something like his fat fingers, and Bruno noticed once more, with disgust, the gravy stains on the lapels of his fuzzy, light-brown suit and the ghastly marble-patterned tie. (Highsmith, *Strangers on a Train*, 149)

In *The Blunderer* schreckt Lieutenant Corby beim Verhör auch vor brutaler Gewaltanwendung nicht zurück. Da sich die Gewalt jedoch gegen den echten Mörder Kimmel richtet, nimmt Highsmith hier in Kauf, daß der Leser Mitleid mit dieser Person empfindet, die an anderen Stellen des Romans selbst von negativer Sympathiesteuerung betroffen ist.

Während in *The Talented Mr Ripley* mit Hilfe der positiven Sympathielenkung beim Leser eine wohlwollende Einstellung zu einem einzigen, im Zentrum der Handlung stehenden Romanhelden geschaffen werden soll und die negative Sympathiesteuerung nur eine unterstützende Funktion hat, ist der Roman *Strangers on a Train* durch das Spannungsverhältnis zwischen zwei Protagonisten gekennzeichnet, die jeweils den positiven und den negativen Pol der Handlung bilden, so daß beide Arten der Sympathielenkung den gleichen Rang einnehmen. So wird im gesamten Roman für Guy Haines eine wohlwollende Einstellung, für Charles Bruno dagegen eine ablehnende Haltung des Rezipienten angestrebt. Dieses Ziel verfolgt Highsmith mit verschiedenen Mitteln: Auf der Ebene der Figurenperspektiven dominieren die Romanabschnitte, in denen Guy die Reflektorinstanz darstellt, quantitativ wesentlich gegenüber den Textsegmenten, in denen Bruno die Funktion des personalen Mediums zufällt. Entscheidend ist in diesem Zusammenhang auch, daß die erste persönliche Begegnung der beiden Männer - ebenso wie alle ihre weiteren Treffen - aus Guys Perspektive erzählt wird. Der Leser, dem Guys Abscheu und Entsetzen über das widerwärtige Verhalten Brunos direkt vermittelt werden, übernimmt so unwillkürlich die negative Einstellung des Architekten gegenüber dem anderen Mann:

> He felt sick of Bruno. Bruno was smiling. (Highsmith, *Strangers on a Train*, 29)

> Guy looked at him in disgust. Bruno seemed to be growing indefinite at the edges, as if by some process of deliquescence. He seemed only a voice and a spirit now, the spirit of evil. All he despised, Guy thought, Bruno represented. All the things he would not want to be, Bruno was, or would become. (Highsmith, *Strangers on a Train*, 30)

> He saw Bruno's narrow face twist then in a queer way - in a smirk of surprise, a look that was eerily omniscient and hideous. (Highsmith, *Strangers on a Train*, 31)

Die Kontrastierung der beiden antagonistischen Hauptfiguren erfolgt im gesamten Roman in der Weise, daß die diametralen Unterschiede zwischen den Charakterzügen und Lebensweisen Guys und Brunos durch einzelne Gegenüberstellungen akzentuiert werden. So widmet sich der Architekt Guy mit Fleiß und Zielstrebigkeit seiner Arbeit, in der er Befriedigung findet:

> He closed his mind to Metcalf, to Miriam, and to Bruno, and concentrated on the work for Palm Beach which, he saw from the first day, would demand all that he had in diplomacy, technical knowledge, and sheer physical strength. Except for Anne, he closed his mind to all his past that, for all his idealistic aims and the fighting for them, and the small success he had known, seemed miserable and grubbing compared to the magnificent main building of the country club. And the more he immersed himself in the new effort, the more he felt recreated also in a different and more perfect form. (Highsmith, *Strangers on a Train*, 89 f.)

Dagegen führt Bruno das ziellose Leben eines Nichtstuers:

> That evening, Charles Anthony Bruno was lying on his back in an El Paso room, trying to balance a gold fountain-pen across his rather delicate, dished-in nose. He was too restless to go to bed, not energetic enough to go down to one of the bars in the neighbourhood and look things over. He had looked things over all afternoon, and he did not think much of them in El Paso. He did not think much of the Grand Canyon either. (Highsmith, *Strangers on a Train*, 41)

Ebenso ist Guys Verhältnis zu seiner Mutter von Wärme und Zuneigung geprägt, während Bruno, der zu wahrer Liebe unfähig ist, gegenüber seiner Mutter abnorme Besitzansprüche hat:

> [Guy] got up and took her soft face in his hands. 'Mama, I don't care a bit,' he said, kissing her forehead. 'I really don't care a row of beans.' (Highsmith, *Strangers on a Train*, 39)

> [Bruno] smiled. Dully, with a wistful realization that much would happen before he saw them again, he watched his mother's legs flex as she tightened her stockings. The slim lines of her legs always gave him a lift, made him proud. His mother had the best-looking legs he had ever seen on anyone, no matter what age. Ziegfeld had picked her, and hadn't Ziegfeld known his stuff? But she had married right back into the kind of life she had run away from. He was going to liberate her soon, and she didn't know it. (Highsmith, *Strangers on a Train*, 56 f.)

Am deutlichsten manifestiert sich der gegensätzliche Charakter der beiden Romanhelden in dem Augenblick, in dem sie den jeweiligen Mord begehen. Guy gelingt die Ausführung der Tat nur in einer Situation der Verzweiflung, und er kämpft dabei gegen starke innere Widerstände an:

> Guy wet his lips. The aliveness of the laugh had swept away everything of the scene for a moment, left nothing in its place, and now slowly the vacuum was filling with his standing here about to kill. It had happened in the time of a heartbeat. Life. The young girl walking in the street. With a young man, perhaps. And the man asleep in the bed, living. *No, don't think! You do it for Anne, remember? For Anne and for yourself! It is like killing in war, like killing* - (Highsmith, *Strangers on a Train*, 138)

Bei Brunos Mord kommen dagegen seine krankhafte Lust am Töten und sein sinnloser Haß auf das Opfer klar zum Ausdruck:

> Under the bright lights, he saw that Miriam was covered with freckles. She looked increasingly loathsome, so he began not to want to put his hands on her soft sticky-warm flesh. Well, he still had the knife. A clean instrument. (Highsmith, *Strangers on a Train*, 70)

> Miriam looked ugly and stupid with her mouth open, as if she were being strangled and had turned pink and bloated. He could not bear to look at her, and still grinning, turned his eyes away. (Highsmith, *Strangers on a Train*, 71)

> If he had Miriam here in the boat with him, he would hold her head under the water with pleasure. (Highsmith, *Strangers on a Train*, 71)

Durch die konträre Sympathielenkung in *Strangers on a Train* wird dem Rezipienten veranschaulicht, daß nicht alle Morde gleichgesetzt und nicht alle Täter nach den gleichen Maßstäben bewertet und verurteilt werden können. Patricia

Highsmith legt ihren Lesern somit nahe, die überkommenen moralischen Wertvorstellungen, die auch in der klassischen Detektivliteratur enthalten sind, in Frage zu stellen (vgl. Finke, 1983, 378-384).

Das Motiv der beiden gegensätzlichen Männer, von denen der eine positiv und der andere negativ charakterisiert wird, die jedoch eine starke innere Beziehung miteinander verbindet, findet sich auch in anderen Kriminalromanen Patricia Highsmiths. In *The Blunderer* gilt dies für den Phantasiemörder Walter Stackhouse und sein 'Vorbild' Melchior Kimmel. Auch in diesem Roman wird die negativ gezeichnete Figur abwertend beschrieben:

> [...] looking down at Walter with his cold, nearly expressionless tan eyes. (Highsmith, *The Blunderer*, 190)

> Kimmel's fat mouth with the heavy seam along the heart-shaped upper lip seemed to Walter the most vulgar thing he had ever looked at. (Highsmith, *The Blunderer*, 191)

> Walter could see very distintly [*sic*] Kimmel's ugly mouth, one round corner trembling upward in an incredulous smile. (Highsmith, *The Blunderer*, 192)

Ein ähnliches Verhältnis besteht in dem Roman *The Two Faces of January* zwischen dem jungen Amerikaner Rydal Keener und dem Ganoven Chester MacFarland, der Rydals verstorbenem Vater ähnlich sieht. Rydal wird verdächtigt, den Mord an Chesters junger Frau Colette begangen zu haben, der tatsächlich von Chester verübt wurde. Ebenso spielt in *Those Who Walk Away* Ray Garrett die Rolle des positiv gezeichneten Helden, während Edward Coleman, der versucht, Ray umzubringen, beim Leser Antipathiegefühle auslöst. Auch Coleman wird als äußerst unattraktiv beschrieben:

> [...] looking at Coleman's bloating face, his unappetizing brown moustache, his balding head freckled from Mallorca, imagining the bulging belly below the table level, Ray wondered how he could attract women as fastidious as Inez seemed to be. (Highsmith, *Those Who Walk Away*, 16)

3.4. Spannungsanalyse

Zur Untersuchung der Spannungsstruktur im Kriminalroman von Patricia Highsmith werden an dieser Stelle zwei Romane der Autorin exemplarisch unter diesem Gesichtspunkt analysiert. Für diese Aufgabe werden die Werke *The Talented Mr Ripley* und *A Suspension of Mercy* herangezogen.

Der Roman *The Talented Mr Ripley* beginnt mit einem typischen Spannungsmittel des Kriminalromans, dem Aufbau einer Persekutionsspannung. Bei diesem Verfahren entsteht für eine Romanfigur eine existentielle Gefahr dadurch, daß sie von einer anderen Person bedroht und verfolgt wird. Die verfolgte Person steht damit vor der Aufgabe, ihrem Verfolger zu entkommen. Die Aufgabe gilt als Anfangsposition und löst eine Handlung aus, die in dem Versuch besteht, die Aufgabe zu lösen. Die Endposition ist erreicht, wenn die Aufgabe gelöst oder nicht gelöst wurde. Bei der Technik der Persekutionsspannung bilden also die Bedrohung des Persekutionsobjekts durch die Verfolgungsinstanz und das Entkommen bzw. Nichtentkommen der verfolgten Person die beiden Spannungspole. So setzt der Roman *The Talented Mr Ripley* mit den folgenden Sätzen ein:

> Tom glanced behind him and saw the man coming out of the Green Cage, heading his way. Tom walked faster. There was no doubt that the man was after him. (Highsmith, *The Talented Mr Ripley*, 5)

Im vorliegenden Fall handelt es sich nur um eine sehr kurzfristige Spannung, die bereits auf der nächsten Seite abgebaut wird. Zwar entkommt Tom Ripley dem Verfolger nicht, doch es stellt sich heraus, daß in Wirklichkeit gar keine Gefahr bestand und der Eindruck der Bedrohung lediglich auf einer Fehlinterpretation der Situation durch den scheinbar Verfolgten beruhte:

> Reprieved, he thought. Free! Nobody was going to arrest him. (Highsmith, *The Talented Mr Ripley*, 6)

Am Anfang der eigentlichen Handlung des Romans steht eine Aufgabe, mit der der Protagonist Tom Ripley konfrontiert wird. Er soll nämlich auf Wunsch von Mr Greenleaf, einem reichen amerikanischen Unternehmer, nach Italien reisen, um dort Greenleafs Sohn Dickie zu einer Rückkehr in die Heimat zu bewegen. Diese ursprüngliche Triade der Handlung endet mit der Nichtlösung dieser Aufgabe, denn Dickie zeigt keinerlei Interesse daran, der Bitte seines Vaters nachzukommen. Aus der direkten Begegnung zwischen Tom und Dickie entstehen jedoch weitere Triaden. So stellt sich Tom die neue Aufgabe, die Freundschaft Dickies zu gewinnen. Als er auch in dieser Hinsicht scheitert, resultiert aus der Nichtlösung der zweiten Aufgabe sein Verlangen, Dickie zu töten. Da der Abstand zwischen der Anfangsposition (dem Wunsch Toms, Dickie zu ermorden) und der Endposition (dem gelungenen Mord) aufgrund der mit dem Mord verbundenen Gefahren an dieser Stelle besonders groß ist, besteht hier ein sehr hohes Spannungspotential. Diese Gefahren stellt Highsmith anschaulich dar, indem sie die Reflexionen Toms vor dem Mord genau wiedergibt. Der Protagonist überlegt sich, wie er das Verbrechen ausführen könnte:

> He began to think of *how*. / The water. But Dickie was such a good swimmer. The cliffs. It would be easy to push Dickie off some cliff when they took a walk, but he imagined Dickie grabbing at him and pulling *him* off with him, and he tensed in his seat until his thighs ached and his nails cut red scallops in his thumbs. (Highsmith, *The Talented Mr Ripley*, 88)

> Where? In one of these little streets tonight? The town would be dark and silent by one in the morning, if he could keep Dickie up that long. In the water? It was slightly cloudy, though not cold. Tom racked his brain. It would be easy in the hotel room, too, but how would he get rid of the body? The body had to *disappear*, absolutely. That left only the water, and the water was Dickie's element. There were boats, row boats and little motor-boats, that people could rent down at the beach. In each motorboat, Tom noticed, was a round weight of cement attached to a line, for anchoring the boat. (Highsmith, *The Talented Mr Ripley*, 88)

Im Gegensatz zu den beiden ersten Aufgaben ist Tom diesmal erfolgreich. Nach der gelungenen Ausführung des Mordes fällt die Spannung zunächst ab, steigt dann jedoch sofort wieder an, denn aus der Endposition der Triade entsteht eine neue Anfangsposition in Form einer neuen Gefahrensituation für den Helden. Tom, der nicht schwimmen kann und seit seiner Kindheit eine panische Angst vor dem Wasser hat, fällt nämlich selbst ins Meer und kämpft um sein Leben. Als sich Tom dann wieder im Boot befindet, sinkt die Spannung erneut.

Bei der Schilderung des zweiten Mordes gelingt es der Autorin in sehr geschickter Weise, die Spannung langsam ansteigen zu lassen. Als Auslöser der Spannungssituation fungiert die Tatsache, daß es an der Tür der Wohnung in

Rom, in der sich Tom in der Rolle Dickies verborgen hält, klingelt. Da Toms Aufenthaltsort niemandem bekannt ist, handelt es sich bei diesem Ereignis um eine Überraschung, denn Tom und der Leser erwarten aufgrund ihrer Textrearrangements an diesem Punkt des Textes nicht, daß jemand Tom in seiner Wohnung aufsucht. In solchen Überraschungssituationen ist die Spannung sehr hoch. Zunächst ist die Gefahr nur im Hintergrund, nämlich auf der anderen Seite der Wohnungstür, erkennbar und wird noch vom Protagonisten ignoriert. Beim zweiten Klingeln erhöht sich die Spannung, doch Tom hofft immer noch, die Gefahr werde sich von allein verziehen:

> While Tom was packing his suitcases one morning his doorbell rang. He supposed it was a solicitor of some kind, or a mistake. He had no name on his doorbell, and he had told the superintendent that he did not want his name on the doorbell because he didn't like people to drop in on him. It rang for the second time, and Tom still ignored it, and went on with his lackadaisical packing. (Highsmith, *The Talented Mr Ripley*, 120)

Die Spannung steigt steil an, als Tom schließlich erkennt, daß die Bedrohung echt ist, und daraufhin mit großer Angst zur Tür geht und sie einen Spalt breit öffnet:

> But his hands were cool with sweat as he went to the door. He felt faint, and the absurdity of his faintness, plus the danger of keeling over and being found prostrate on the floor, made him wrench the door open with both hands, though he opened it only a few inches. (Highsmith, *The Talented Mr Ripley*, 120)

Während sich Freddie Miles in Toms Wohnung aufhält, besteht ständig die Gefahr, daß der unwillkommene Besucher die Situation durchschaut und Tom verdächtigt, Dickie ermordet zu haben. Für den Protagonisten ergibt sich daraus die Aufgabe, Freddie zum Verlassen des Hauses zu bewegen, bevor ihm etwas Verdächtiges auffällt oder er Signora Buffi, der Frau des Hausverwalters, begegnet, bei der Tom sich als Dickie Greenleaf ausgegeben hat:

> Now he would have to get Freddie out of the house without running into Signora Buffi downstairs, because she always sang out, 'Buon' giorno, Signor Greenleaf!' (Highsmith, *The Talented Mr Ripley*, 121)

Mehrmals steigt die Spannung in dieser Situation kurzfristig an, als Freddie in Toms Wohnung etwas bemerkt, was bei ihm Verdacht erregen könnte:

> Freddie was looking at Tom's shoes. 'You've got the same kind of shoes Dickie and I have. [...]' / They were Dickie's grain-leather shoes. 'These came from America,' Tom said. (Highsmith, *The Talented Mr Ripley*, 121)

> Freddie had strolled towards the bedroom and stopped, looking at the suitcases on the bed. 'Is Dickie leaving for somewhere or did he just get here?' Freddie asked, turning. / 'He's leaving. Didn't Marge tell you? He's going to Sicily for a while.' (Highsmith, *The Talented Mr Ripley*, 121)

> Tom turned around and saw Freddie staring at the silver identification bracelet on his left wrist. It was Dickie's bracelet, which Tom had never seen him wearing, but had found in Dickie's studbox. Freddie was looking at it as if he had seen it before. (Highsmith, *The Talented Mr Ripley*, 122)

Als Freddie tatsächlich Verdacht schöpft, erfolgt ein steiler Spannungsanstieg:

> Freddie was looking at him now with a different expression, with a little surprise. Tom knew what Freddie was thinking. He stiffened, sensing danger. You're not out of the woods yet, he told himself. You're not out of the house yet. / [...] / 'You do live here, don't you?' (Highsmith, *The Talented Mr Ripley*, 122)

Zwar erreicht es Tom, daß Freddie die Wohnung zunächst verläßt, so daß die Spannung vorübergehend abfällt. Nachdem Signora Buffi jedoch Freddie in seinem Verdacht bestärkt hat und sich die Gefahr für Tom erneut nähert, steigt die Spannung wieder steil an. Dem Protagonisten bleibt jetzt nur noch übrig, Freddie umzubringen. Der vollzogene Mord verursacht dann das neue Problem der Beseitigung der Leiche. So beabsichtigt Tom, Freddie die Treppe hinunterzutragen und ihn ins Auto zu schaffen, wobei er vortäuscht, daß Freddie betrunken ist. Wegen der vielen Risikomöglichkeiten ist das Spannungspotential in dieser Situation sehr hoch: Der Tote ist eine schwere Last für Tom, Signora Buffi oder andere Hausbewohner oder Besucher könnten etwas bemerken, oder Passanten könnten auf der Straße vorbeikommen. Auch in dieser Triade erfolgt stellenweise ein intensiver Spannungsanstieg durch plötzlich auftauchende Gefahrenmomente:

> Halfway down the first flight, he stopped, hearing someone come out of an apartment on the second floor. He waited until the person had gone down the stairs and out the front door, then recommenced his slow, bumping descent. (Highsmith, *The Talented Mr Ripley*, 127)

> A man approaching him on the sidewalk slowed his steps as if he were going to stop, but he went on. (Highsmith, *The Talented Mr Ripley*, 128)

'Can I help you?' a voice asked in Italian. / 'Ah, no, no, grazie,' Tom replied with drunken good cheer. 'I know where he lives,' he added in mumbled English. / The man nodded, smiling a little, too, and walked on. A tall thin man in a thin overcoat, hatless, with a moustache. Tom hoped he wouldn't remember. Or remember the car. (Highsmith, *The Talented Mr Ripley*, 129)

Nach der erfolgreichen Beseitigung der Leiche ist diese Triade beendet, und die Spannung sinkt wieder ab.

In der zweiten Hälfte des Romans setzt Highsmith vorwiegend das Mittel der Persekutionsspannung ein, indem sie Tom Ripleys Flucht vor der italienischen Polizei, Dickies Freundin Marge Sherwood sowie Mr Greenleaf und dem von ihm engagierten Privatdetektiv schildert, die in *The Talented Mr Ripley* alle als Verfolgungsinstanzen auftreten. Dabei ist als Grundsituation gegeben, daß Tom den Mord an Dickie geheimhält, indem er abwechselnd seine eigene und Dickies Rolle spielt. Auf der Basis dieser Grundsituation entwickeln sich eine Reihe von kleineren Triaden, deren Ausgangsposition in der Gefahr besteht, daß eine der Persekutionsinstanzen der Wahrheit näher kommt. Am Ende jeder Triade erfolgt jeweils ein Spannungsabbau durch die Abwendung der Gefahr. So erzeugt die Autorin im weiteren Verlauf der Handlung durch folgende Umstände Spannung: Tom wird nach dem Mord an Freddie von der Polizei verhört (vgl. Kap. 17). Das Boot, in dem Tom seinen Freund an der Riviera umgebracht hat, wird gefunden (vgl. Kap. 17). Darauf wird Tom in der Rolle Dickies ein zweites Mal von der Polizei vernommen, die glaubt, Dickie habe Tom ermordet (vgl. Kap. 18). Tom wird in einem Hotel von Marge angerufen, die Dickie sehen möchte (vgl. Kap. 18). Toms Unterschrift auf einer Banküberweisung an Dickie wird als Fälschung entlarvt (vgl. Kap. 20). Tom in der Rolle Dickies wird unter Androhung von Zwangsmaßnahmen aufgefordert, die Polizei in Rom aufzusuchen (vgl. Kap. 21). Tom wird in seiner eigenen Identität von demselben Polizeibeamten befragt, der bereits mit ihm gesprochen hat, als er sich als Dickie Greenleaf ausgab, und er fürchtet, von dem Beamten wiedererkannt zu werden (vgl. Kap. 22). Marge trifft bei Tom in Venedig ein (vgl. Kap. 23). Mr Greenleaf kündigt einen Besuch bei Tom an (vgl. Kap. 25). Marge entdeckt Dickies Fingerringe in Toms Haus und glaubt ihm daher nicht mehr, daß der vermißte Dickie noch am Leben ist (vgl. Kap. 26). Tom wird von dem Privatdetektiv, den Mr

Greenleaf mit der Suche nach Dickie beauftragt hat, befragt (vgl. Kap. 27). Die Polizei findet die Gegenstände Dickies, die Tom in Venedig deponiert hat, und untersucht sie nach Fingerabdrücken (vgl. Kap. 29). Das Ende des Romans ist durch ein endgültiges Absinken der Spannung gekennzeichnet, denn mit Tom Ripleys Eintreffen in Griechenland zeigt sich, daß er seinen Verfolgern entkommen ist.

Die Spannungsstruktur des Romans *The Talented Mr Ripley* kann also folgendermaßen beschrieben werden: Einerseits enthält der Roman (nach Beendigung der Triaden, die zum ersten Mord hinführen) einen Spannungsbogen, der sich auf den größeren Teil des Handlungsverlaufs erstreckt. So weiß der Leser während des Lesevorgangs nicht, ob Tom Ripley, dessen Verbrechen er miterlebt hat, zum Schluß gefaßt wird oder nicht. Diese Grundspannung bleibt während des gesamten Handlungsablaufs erhalten und wird erst am Romanende abgebaut. Andererseits finden sich in dem Roman zahlreiche kleinere Spannungsbögen (bzw. Triaden). Die Ausgangsposition dieser Triaden besteht in einer zeitweiligen Intensivierung der Grundspannung durch plötzlich auftretende Umstände, die für den Protagonisten eine Gefahr darstellen. Die Endposition der jeweiligen Triade ist durch die Beseitigung der Gefahr und die Reduktion des Spannungsmoments auf das Niveau der Grundspannung gekennzeichnet, das vor Beginn der Triade bestand. Innerhalb der einzelnen Triaden kann auch ein Spannungsanstieg dritten Ranges erfolgen. Beispiele hierfür sind die kleinen Spannungshöhepunkte, zu denen es während des Aufenthalts von Freddie Miles in Toms Wohnung oder beim Hinausschaffen der Leiche Freddies kommt und die jeweils in Szenen eingebettet sind, die ihrerseits Spannungshöhepunkte im Hinblick auf die Gesamthandlung bilden.

Da in *The Talented Mr Ripley* der Protagonist Tom Ripley als alleinige Reflektorfigur fungiert, entsprechen sich die Prospektionszustände (bzw. Textrearrangements) dieser Person und des Rezipienten weitgehend. Dagegen decken sich die Prospektionszustände der übrigen Figuren - wie die von Marge Sherwood, Mr Greenleaf oder des Polizeibeamten Tenente Roverini - nicht mit denen Tom Ripleys und des Lesers. Im rearrangierten Text der anderen Figuren ist die Ermordung Dickies durch Tom nicht enthalten, da Tom sich als Dickie ausgibt und immer wieder neue Textrearrangements des Dickie-Stranges entwirft, um zu verhindern, daß die Textrearrangements dieser Personen hinsichtlich des Dickie-Stranges mit seinem eigenen Textrearrangement übereinstimmen. So entwirft Tom folgende Textrearrangements: Dickie hat seinen Wohnsitz nach Rom verlegt. Er möchte Marge nicht sehen. Er ist mit dem (in Wirklichkeit nicht existierenden) Maler Di Massimo nach Sizilien gefahren. Er hat Selbstmord begangen. Er hält sich in Tanger auf. Er versteckt sich in einem kleinen Hotel in Italien. Er litt an Depressionen. Er hat Tom seine Fingerringe gegeben. Er hat Tom seinen gesamten Besitz vererbt. Er ist von einer anderen Person ermordet worden. Ebenso kommt im rearrangierten Text der übrigen Figuren nicht vor, daß Tom der Mörder Freddies ist. Auch am Schluß konvergieren die übrigen P-Prospektionszustände und P-Textrearrangements nicht mit denen Tom Ripleys und den R-Prospektionszuständen bzw. R-Textrearrangements, denn die anderen Personen erfahren niemals, daß Tom die Morde verübt hat (vgl. Wienold, 1972, 88-95).

Die Spannungsstruktur des Romans *A Suspension of Mercy* unterscheidet sich wesentlich von dem beschriebenen Muster. Dieser Roman ist nicht durch den abwechselnden Auf- und Abbau von Spannung, sondern durch eine fortwährende Intensivierung der Grundspannung gekennzeichnet. Diese Grundspannung ist zu Beginn der Handlung noch niedrig und steigt dann allmählich an, bis sie kurz vor dem Ende des Romans ihr Maximum erreicht. Danach sinkt die Spannung jäh ab. Inhaltlich handelt es sich auch hier um eine Persekutionsspannung, deren Steigerung dadurch realisiert wird, daß sich die Lage für den Protagonisten Sydney Bartleby durch das Auftreten von immer neuen negativen Faktoren ständig verschärft. Im einzelnen durchläuft die Eskalation folgende Stadien: Sydney verspürt den Wunsch, seine Frau Alicia umzubringen (vgl. Kap. 3). Er überlegt sich, wie er die imaginäre Leiche beseitigen könnte, und kauft daher einen neuen Teppich, um den alten zu diesem Zweck benutzen zu können (vgl. Kap. 4). Alicia verläßt Sydney mit unbekanntem Ziel (vgl. Kap. 8). Sydney trägt den Teppich aus dem Haus und vergräbt ihn im Wald (vgl. Kap. 9). Sydney und seine Nachbarin, eine ältere Frau mit dem Namen Mrs Lilybanks, werden von der Polizei befragt (vgl. Kap. 14). Sydney wird ein zweites Mal von der Polizei verhört und verdächtigt, Alicia ermordet zu haben, und Mrs Lilybanks hegt ebenfalls einen entsprechenden Verdacht, ist sich aber noch nicht sicher (vgl. Kap. 16). Mrs Lilybanks teilt Sydney mit, daß sie ihn beim Heraustragen des Teppichs mit einem Fernglas beobachtet hat und sieht sich durch Sydneys Reaktion in ihrem Verdacht bestätigt (vgl. Kap. 17). Sydney wird auch von anderen Personen als Mörder angesehen (vgl. Kap. 18). Mrs Lilybanks entschließt sich, der Polizei ihre Beobachtung mitzuteilen (vgl. Kap. 19). Mrs Lilybanks erleidet einen tödlichen Herzanfall, als sie Sydney in ihr Haus kommen hört (vgl. Kap. 20). Sydney steht nun in Verdacht, auch am Tod der alten Frau schuld zu sein (vgl. Kap. 21). Sydney wird von seinem Partner Alex erpreßt, mit dem zusammen er fürs Fernsehen schreibt (vgl. Kap. 22). Das Notizbuch, in dem Sydney seinen imaginären Mord wie eine Tagebucheintragung festgehalten hat und das er in einem Laden verloren hat, ist von dem Ladeninhaber der Polizei ausgehändigt worden (vgl. Kap. 24). Sowohl die geplante Fernsehserie als auch der Vertrag für Sydneys Buch werden wegen des Verdachts gegen ihn zurückgestellt (vgl. Kap. 26). Alicia verübt Selbstmord, indem sie sich bei Brighton eine Felswand hinunterstürzt. Aus Wut und Verzweiflung begeht Sydney darauf tatsächlich einen Mord (vgl. Kap. 28). Eine Frau, die gesehen hat, wie Sydney in das Haus des Opfers ging, meldet dies der Polizei, und Sydney wird von Scotland Yard verhört (vgl. Kap. 29). Erst am Ende des Romans fällt die Spannung ab. Die Polizei hegt zwar den Verdacht, daß Sydney sein Opfer zur Einnahme der Tabletten gezwungen hat; da sie ihm dies jedoch nicht nachweisen kann, fühlt Sydney sich sicher (vgl. Highsmith, *Plotting and Writing Suspense Fiction*, 42-44).

Da in *A Suspension of Mercy* nicht nur der Protagonist Sydney Bartleby, sondern vorübergehend auch Alicia und Mrs Lilybanks als Reflektorfiguren eingesetzt werden, entspricht der rearrangierte Text des Rezipienten in diesem Roman eher der Realität als das Textrearrangement irgendeiner fiktiven Person. So erfährt der Leser durch einen mehrmaligen Perspektivenwechsel zu Alicia, daß sie unter falschem Namen in Brighton lebt und dort ein Verhältnis mit einem Londoner Rechtsanwalt hat. Sydney muß sich dagegen diese Informationen durch Nachforschungen erst erschließen. Während in *The Talented Mr Ripley* ein tatsächlich begangener Mord im Textrearrangement der meisten Personen nicht vorkommt, enthalten in *A Suspension of Mercy* die rearrangierten Texte aller Figuren mit Ausnahme Sydney Bartlebys, Alicias und ihres Geliebten Edward Tilbury ein in Wirklichkeit nicht geschehenes Verbrechen. Im Gegensatz zu *The*

Talented Mr Ripley wird jedoch durch den Selbstmord Alicias und die damit erfolgte Falsifizierung der Mordhypothese in dieser Hinsicht eine Konvergenz der Prospektionszustände am Ende des Romans erreicht.

In ihrem Gesamtwerk benutzt Patricia Highsmith zur Erzeugung von Spannung fünf verschiedene Grundmuster, die sich durch die Art der Verwendung der Motive Mord und Verfolgung voneinander unterscheiden. So können folgende Situationen vorliegen (vgl. Wienold, 1972, 95):

(1) Eine Person wird unter bestimmten Bedingungen zum Mörder, und sie wird nach dem Mord von der Polizei oder anderen Ermittlungsinstanzen verfolgt. Dies gilt für Tom Ripley in *The Talented Mr Ripley*, Victor Van Allen in *Deep Water*, David Kelsey in *This Sweet Sickness* oder Sydney Bartleby hinsichtlich seines tatsächlichen Mordes gegen Ende des Romans *A Suspension of Mercy*. In diesen Fällen wird im Roman als Ausgangspunkt einer ersten übergeordneten Triade eine Konfliktsituation geschaffen, deren Höhepunkt in der Ausführung des Mordes besteht. Um ein Absinken der Spannung nach dem vollzogenen Mord zu verhindern, wird im weiteren Handlungsverlauf als zweiter großer Spannungsbogen eine Persekutionsspannung aufgebaut, die auf das Ergreifen bzw. das Entkommen des Täters gerichtet ist. Dabei erfüllt ein zusätzlicher Mord den doppelten Zweck, einerseits die Aufklärung des ursprünglichen Verbrechens durch die Beseitigung von lästigen Personen hinauszuzögern und somit einen vorzeitigen Spannungsabfall zu verhindern und andererseits das Spannungsmoment durch das mit dem zusätzlichen Mord für den Täter entstandene erhöhte Risiko zu vergrößern. Die drei weiteren Romane der Ripley-Serie unterscheiden sich von diesem Muster dadurch, daß sie die Entwicklung Toms zum Mörder, die bereits Gegenstand des ersten Ripley-Romans ist, nicht enthalten. Dennoch wird auch in diesen Fällen die Vorgeschichte des jeweiligen ersten Mordes dargestellt, so daß auch hier schon vor dem Einsetzen der Verfolgung Spannung vorhanden ist.

(2) Jemand wird wegen eines entschuldbaren Mordes verfolgt, wie z. B. Guy Haines in *Strangers on a Train* oder Philip Carter in *The Glass Cell*. Dieser Fall gleicht der ersten Variante. Die Autorin nutzt jedoch die Dramatik der

Situation aufgrund der relativen Unschuld des Täters als zusätzliches Spannungsmittel.

(3) Jemand wird wegen eines Mordes verfolgt, den er nicht begangen hat, wie z. B. Rydal Keener in *The Two Faces of January*.

(4) Eine Person wird wegen eines Mordes verfolgt, ohne daß überhaupt ein Mord geschehen ist. Dies gilt für Walter Stackhouse in *The Blunderer*, Robert Forester in *The Cry of the Owl* oder Sydney Bartleby in *A Suspension of Mercy*. In den Situationen (3) und (4) konzentriert sich das Spannungsmoment auf die Persekutionsspannung, die sich durch die völlige Unschuld des Verfolgten gegenüber den anderen Varianten noch erhöht.

(5) Eine Person wird von einer anderen verfolgt (nichtpolizeiliche Verfolgung). In diesem Fall fungiert nicht der (echte oder vermeintliche) Täter, sondern das Opfer als Persekutionsobjekt. So verübt in *The Cry of the Owl* Gregory Wyncoop Mordanschläge auf Robert Forester, und in *Those Who Walk Away* wird Ray Garretts Leben durch Edward Coleman bedroht.

Eine intensive Spannungssteigerung läßt sich erzielen, indem die polizeiliche und die nichtpolizeiliche Verfolgung der gleichen Person miteinander kombiniert werden. Eine solche Situation schafft Highsmith in *The Cry of the Owl* durch den Umstand, daß der Aufenthaltsort Gregory Wyncoops nach seiner Schlägerei mit Robert Forester unbekannt ist, so daß Robert gleichzeitig von zwei Seiten bedroht wird: Der Polizei dient das Verschwinden Gregs als Indiz dafür, daß Robert seinen Gegner bei dem Kampf getötet hat, und Greg selbst stellt durch seine Versuche, Robert zu erschießen, eine ständige Gefahr für Robert dar, deren Unberechenbarkeit sich daraus ergibt, daß Robert nicht weiß, wo Greg sich befindet. Dabei wird eine gegenseitige Verstärkung der aus beiden Persekutionssituationen resultierenden Spannung erreicht, indem sich die jeweiligen Spannungshöhepunkte in beiden Situationen miteinander abwechseln. Die Bedrohung durch Greg steigert sich bei den einzelnen Anschlägen, denn bei seinem ersten Erscheinen hört Robert nur einen Schuß (vgl. Kap. 19), beim zweitenmal wird er am Arm getroffen, und ein Hund wird getötet (vgl. Kap. 20), und bei Gregs drittem Anschlag wird der Arzt Dr Knott, in dessen Haus sich Robert zu dieser Zeit aufhält, so schwer verwundet, daß er später stirbt (vgl. Kap. 22).

Zwischen den einzelnen Anschlägen erhöht sich jedoch auch die Gefahr für Robert, die sich aus dem Tötungsverdacht ergibt. So wird Robert zwischen Gregs erstem und zweitem Erscheinen von der Polizei darüber unterrichtet, daß eine Leiche gefunden wurde, von der angenommen wird, daß es sich dabei um Greg handelt (vgl. Kap. 20), und nach den Schüssen, durch die Robert verletzt wird, beschimpfen ihn wütende Nachbarn, die glauben, daß er Greg getötet hat (vgl. Kap. 21).

Als Mittel der Spannungserzeugung verwendet Patricia Highsmith nicht nur die bisher beschriebenen konventionellen Techniken, sondern auch die emotionale Beeinflussung des Rezipienten. Während solche Stilmittel in der klassischen Detektivverzählung vor allem die Funktion haben, beim Leser irrationale Assoziationen zu wecken, um ihn daran zu hindern, das Rätsel mit dem Verstand zu lösen, und den Desillusionierungseffekt in der Aufklärungsszene zu vergrößern, dienen sie in Highsmiths Werken, in denen kein Rätsel enthalten ist, ausschließlich der Spannungserzeugung. Am Anfang ihrer Romane erzeugt die Autorin häufig eine besondere Atmosphäre, die den psychischen Zustand widerspiegelt, in dem sich der Protagonist befindet. Diese Stimmung überträgt sich auf den Leser, so daß sein Interesse für die Situation des Romanhelden geweckt wird und er die nachfolgenden Ereignisse mit größerer Spannung verfolgt (vgl. Highsmith, *Plotting and Writing Suspense Fiction*, 61-70). Der Roman *Strangers on a Train* beginnt z. B. wie folgt:

> The train tore along with an angry, irregular rhythm. It was having to stop at smaller and more frequent stations, where it would wait impatiently for a moment, then attack the prairie again. But progress was imperceptible. The prairie only undulated, like a vast, pink-tan blanket being casually shaken. The faster the train went, the more buoyant and taunting the undulations. / Guy took his eyes from the window and hitched himself back against the seat. / Miriam would delay the divorce at best, he thought. She might not even want a divorce, only money. Would there really ever be a divorce from her? / Hate had begun to paralyse his thinking, he realized, to make little blind alleys of the roads that logic had pointed out to him in New York. He could sense Miriam ahead of him, not much farther now, pink and tan-freckled, and radiating a kind of unhealthful heat, like the prairie out the window. Sullen and cruel. (Highsmith, *Strangers on a Train*, 7)

In der Stimmung, die in diesem Textbeispiel zum Ausdruck kommt, manifestiert sich der seelische Zustand des Protagonisten Guy Haines zu Beginn der Handlung: Guy empfindet Rast- und Ruhelosigkeit, weil er Probleme mit seiner Frau Miriam hat, von der er sich scheiden lassen möchte. Die innere Beziehung zwischen Guy und Miriam wird in die äußere Situation projiziert, wobei Guy mit dem Zug und Miriam mit der ihn umgebenden Landschaft identifiziert wird. Die Gleichsetzung erfolgt durch die Verwendung von Ausdrücken, die menschliche Gefühlszustände oder Handlungen wiedergeben, zur Beschreibung des Zuges und der Prärie. So drücken sich Guys Aktivität und Unruhe in den Wörtern *tore, angry, impatiently* und *attack* aus, während Miriams spöttische Haltung durch die Ausdrücke *buoyant* und *taunting* wiedergegeben wird. Nachdem die Autorin auf diese Weise Guys augenblickliche Stimmung dargestellt hat, erläutert sie seine Probleme und beschreibt sein Gefühl des Hasses und der Ausweglosigkeit. Schließlich macht sie den Vergleich explizit, indem sie die Verbindung zwischen Miriam und der Prärie herstellt. Eine solche gespannte Atmosphäre ruft beim Leser die Erwartung hervor, daß wichtige Ereignisse unmittelbar bevorstehen. Durch die Begegnung Guys mit Bruno, der Guys Leben entscheidend verändert, wird diese Erwartung in *Strangers on a Train* erfüllt.

Eine ähnliche Stimmung von Gespanntheit charakterisiert David Kelsey, den Protagonisten in *This Sweet Sickness*. Am Beginn dieses Romans sind dem Leser Davids Probleme, die zunächst nur als 'the Situation' bezeichnet werden, noch nicht bekannt. Dennoch kommen seine Verzweiflung und Isolation in der düsteren und einsamen Atmosphäre der Stadt, in der er nachts aus Ruhelosigkeit umhergeht, zum Ausdruck. Die Stadt wirkt schwarz, unfreundlich und menschenleer, die Straße ist eine Sackgasse, und dazu bläst ein kalter Herbstwind. Indem Highsmith auf diese Weise die Ausweglosigkeit der Situation deutlich macht, bereitet sie den Leser auf die Ereignisse vor, in denen sich die Spannung entlädt:

> The streets in the neighborhood, residential in a shabby, run-down way, were now black and deserted. It was just after midnight. David turned a corner into a street that sloped down toward the Hudson River. Behind him, he heard a faint sound of car motors starting: the movie on Main Street was letting out. He stepped onto a curb and dodged the trunk of a tree that grew inward, sloping over the sidewalk. In the upstairs corner

> room of a two-storey frame house a yellowish light was on. Was somebody reading late or just going to the bathroom, David wondered. A man passed him, weaving lazily, drunk. David came to a DEAD END sign, stepped over a low white fence onto pebbly ground, folded his arms and stood staring at the blackness in front of him that was the river. He could not really see the river, but he could smell it. He knew it was there, gray-green, deep and rolling, and more or less dirty. He had left the house without his jacket, and the autumn wind blew sharp. (Highsmith, *This Sweet Sickness*, 7)

In *The Cry of the Owl* spiegelt die Abenddämmerung als Ankündigung der Nacht eine Stimmung der Angst und Hoffnungslosigkeit wider. Die Nacht, die auf die Erde niedersinkt und alles Lebende auslöscht, wird direkt mit dem Tod verglichen, und mit den Ausdrücken *falling quickly*, *visible speed* und *frightening swiftness* veranschaulicht die Autorin das Plötzliche und Unerwartete des Todes. Damit entsteht beim Leser eine Erwartungshaltung, welche die spätere Todesangst Roberts aufgrund der Anschläge Gregs und seine Furcht vor Verfolgung vorwegnimmt:

> Night was falling quickly, with visible speed, like a black sea creeping over the earth. As Robert drove past the motels [...], he felt a physical revulsion against entering the town and driving to his street. [...] It was only the dusk, he thought. [...] In winter, in the empty Pennsylvania landscape [...], it came with a frightening swiftness and depressed him. It was like sudden death. (Highsmith, *The Cry of the Owl*, 8)

Eine große Rolle im Hinblick auf die Erzeugung einer bestimmten Atmosphäre kann auch der Rhythmus der Sprache spielen. Der Roman *The Glass Cell* beginnt z. B. mit kurzen, abgehackten, aneinandergereihten Sätzen bzw. Satzteilen. Dieser Stakkato-Rhythmus reflektiert die Stimmung in dem Gefängnis, die von Öde und Hoffnungslosigkeit geprägt ist:

> It was 3.35 p. m., Tuesday afternoon, in the State Penitentiary, and the inmates were returning from the workshops. Men in unpressed, flesh-coloured uniforms, each with a number on the back, streamed through the long corridor of A-block, and a low hum of voices rose from them [...] (Highsmith, *The Glass Cell*, 7)

Insgesamt läßt sich zur Spannungserzeugung und ihrer Funktion im Kriminalroman von Patricia Highsmith folgendes feststellen: Diese Schriftstellerin vertritt eine Variante des modernen Kriminalromans, die im Bereich der Detektiv-

und Kriminalliteratur in verschiedener Hinsicht den genauen Gegenpol zur klassischen Detektiverzählung bildet. Während die klassische Detektiverzählung durch eine dominierende Rätselspannung gekennzeichnet ist, die während des gesamten Handlungsverlaufs erhalten bleibt, wird bei Highsmith laufend Spannung auf- und abgebaut. Die Romane der Autorin weisen damit eine große Ähnlichkeit zur Abenteuererzählung auf. In der Abenteuererzählung steht oft ein Romanheld im Mittelpunkt, der sich im ständigen Kampf mit seinen Widersachern und Feinden befindet und dabei nacheinander einzelne Gefahren überwinden muß. Romanabschnitte, in denen sich der Protagonist in einer schwierigen und gefährlichen Lage befindet, wechseln mit solchen ab, in denen eine Gefahr erfolgreich abgewendet wurde. Im ersten Fall ist die erzeugte Spannung relativ hoch, im zweiten verhältnismäßig niedrig.

In Highsmiths Kriminalromanen befindet sich der Held in einer ähnlichen Situation wie in der Abenteuererzählung. In beiden Literaturformen lebt der Protagonist in ständigem Konflikt mit seiner Umgebung, der sich allerdings bei Highsmith nicht nur im physischen Kampf, sondern auch in emotionalen Gegensätzen manifestiert. Highsmiths Romanhelden fühlen sich häufig von ihrer Umwelt nicht verstanden und existieren in einer Welt, die ihren Wunsch nach befriedigenden emotionalen Beziehungen nicht erfüllt. Während in der Abenteuererzählung oft ein eindeutig positiv gezeichneter Held im Zentrum der Handlung steht, schreibt Highsmith Romane über neurotisch veranlagte Menschen, die sich zum Verbrecher entwickeln. Andererseits unterscheiden sich die Werke der Autorin von der klassischen Detektivliteratur darin, daß der Verbrecher nicht das Böse repräsentiert, sondern als ein im Grunde liebenswürdiger Mensch mit gewissen Schwächen und Fehlern dargestellt wird. Die Figur des Tom Ripley kann dabei als Prototyp des 'sympathischen Verbrechers' gelten. Durch komplexe Techniken der Sympathiesteuerung gelingt es Highsmith, dem Leser einen positiven Eindruck von dieser Figur und anderen Verbrechern zu vermitteln.

Sowohl in der Spannungsstruktur als auch in der Darstellung des Verbrechers kehrt Patricia Highsmith mit ihren Kriminalromanen zu einer Form der Kriminalliteratur zurück, die bestanden hatte, bevor es zur Entwicklung der klassischen Detektiverzählung kam. Die Gestalt des Robin Hood, der pikareske Roman oder die englische Verbrechensliteratur des 18. Jahrhunderts können hier als Beispiele genannt werden. Das Interesse des Lesers am Text wird dadurch geweckt und aufrechterhalten, daß der Held im Kampf mit seinen Widersachern und Verfolgern in gefährliche Situationen gerät. Hierin liegt die wesentliche Quelle der Spannung. Patricia Highsmiths Romane gehen jedoch weit über die traditionelle Verbrechensliteratur hinaus. Indem sie äußerst realistisch eine für den Leser nachvollziehbare Situation schildert, fördert sie die Identifikation des Rezipienten mit dem Protagonisten. Der Einblick in die Psyche des Verbrechers führt beim Leser zu neuen Erkenntnissen über seine eigene Natur. Dabei gelingt es der Autorin in überzeugender Weise, beide Aspekte ihres Werkes miteinander zu verbinden. Ihre spannenden Kriminalromane sind gleichzeitig wertvolle psychologische Studien.

4. Die Leserrolle in der klassischen Detektivliteratur und im Kriminalroman von Patricia Highsmith im Vergleich

Sowohl für die klassische Detektiverzählung, deren wichtigste Repräsentanten Sir Arthur Conan Doyle und Agatha Christie sind, als auch für den modernen Kriminalroman, wie er beispielsweise von Patricia Highsmith geschrieben wird, gilt, daß es sich dabei um Literaturformen handelt, die sich einer außergewöhnlichen Beliebtheit erfreuen und deren Lesepublikum sich aus den verschiedensten gesellschaftlichen Schichten und Gruppen zusammensetzt und unterschiedlichen nationalen Soziokulturen angehört. Die wesentliche Ursache für diese Wirkung der genannten Genres bildet das Moment der Spannung, das besonders im Bereich der Rezeption von Unterhaltungsliteratur von entscheidender Bedeutung ist. Der Begriff *Spannung* kann dadurch definiert werden, daß der Leser mit großem Interesse den Fortgang der Handlung erwartet. Die Voraussetzung dafür ist, daß der Rezipient während des gesamten Lesevorgangs nicht weiß, wie sich die geschilderten Ereignisse in dem Teil der Erzählung entwickeln, den er am jeweiligen Punkt des Textes noch nicht gelesen hat. Dementsprechend definiert Marie F. Rodell das Phänomen der Spannung wie folgt:

> [...] suspense consists in not knowing what comes next. (Rodell, 1952, 139)

Die Mittel und Techniken der Spannungserzeugung in der klassischen Detektivliteratur und im Kriminalroman Patricia Highsmiths wurden in der vorliegenden Arbeit eingehend untersucht und ausführlich beschrieben. Dabei hat sich gezeigt, daß einerseits das hohe Spannungsmoment ein gemeinsames Charakteristikum der beiden Subgattungen darstellt, während andererseits die Art der Spannung, die Mittel der Spannungserzeugung und die Gestalt der Spannungskurven beträchtlich voneinander abweichen. Bei dem angestrebten Vergleich ist darauf hinzuweisen, daß dabei Gesichtspunkte wiederaufgegriffen werden, die bereits in den Kapiteln 2 und 3 der vorliegenden Arbeit angesprochen wurden, jetzt jedoch unter der Zielsetzung des Vergleichs zwischen den beiden Subgattungen aus einem neuen Blickwinkel betrachtet werden.

Die klassische Detektiverzählung in ihrer Idealform besitzt zwei Pole der zentralen Spannung: das Rätsel und seine Auflösung. Die beiden Spannungspole markieren jeweils den Anfang und das Ende der Erzählung, so daß der Spannungsbogen sich auf den gesamten Handlungsverlauf erstreckt. Die Spannung ist allein auf die Auflösung des Rätsels gerichtet und wird im Verlauf der Handlung nicht abgebaut, sondern verstärkt sich fortwährend. Erst nachdem die Spannung in der Aufklärungsszene am Schluß der Erzählung ihren Höhepunkt erreicht hat, erfolgt ein plötzlicher Abbau der Spannung durch die Präsentation der Lösung. Diese relativ einfache Spannungsstruktur der klassischen Detektiverzählung ist auf den literaturgeschichtlichen Ursprung dieses Genres zurückzuführen. Edgar Allan Poe, der Begründer der Detektiverzählung, der sich sicherlich nicht vorstellen konnte, daß seine *Tales of Ratiocination* so viele Nachahmer finden würden, schrieb diese Geschichten nicht als Unterhaltungsliteratur, sondern als 'philosophische Erzählungen', deren Funktion in der Demonstration seiner theoretischen These von der Vollkommenheit des menschlichen Intellekts bestand. Aus diesem Grund handelt es sich bei einer klassischen Detektiverzählung nicht um eine Erzählung im traditionellen Sinne. Sie kann vielmehr als ein in eine Handlung eingekleidetes logisches Problem gelten, das mit Hilfe formaler Schlußverfahren systematisch gelöst wird. Die Handlung dient somit nur zur größeren Anschaulichkeit, und die Thematik des Verbrechens stellt keine spezifische Notwendigkeit dar, sondern ist lediglich als Konvention zu betrachten, die sich allerdings aufgrund der Bemühungen des Täters, die Umstände der Tat zu verheimlichen, besonders gut für das Lösen von Rätseln eignet. Diese ursprüngliche Funktion der Detektiverzählung als logisches Problem hat zur Folge, daß sich die Spannung allein auf die Lösung des Problems konzentriert und daß alle anderen in der traditionellen Erzählliteratur üblichen Spannungsmittel im Idealtypus der klassischen Detektiverzählung fehlen. Nach den Gattungskonventionen des Genres muß am Schluß der Erzählung die Auflösung des Rätsels erfolgen. Da mit dem Wegfall des Rätsels auch die Rätselspannung beseitigt ist, endet die Handlung aufgrund der nicht mehr bestehenden Spannung zwangsläufig. Die klassische Detektiverzählung besitzt somit eine geschlossene Handlungsstruktur.

Der moderne Kriminalroman verfügt im Verhältnis zur klassischen Detektiverzählung über eine weitaus komplexere Spannungsstruktur. Die Romane Patricia Highsmiths enthalten einerseits Spannungsbögen, die sich (wie in der klassischen Detektiverzählung) auf den größten Teil des Handlungsverlaufs erstrekken. So weiß der Leser beispielsweise nicht, ob der Täter, den er bei seinen Morden beobachtet hat, zum Schluß gefaßt wird oder nicht. Andererseits sind für diese Subgattung aber auch Handlungsabschnitte typisch, in denen die Spannung besonders groß ist, am Ende des jeweiligen Abschnitts jedoch abgebaut wird. Ein Beispiel für einen solchen Handlungsabschnitt mit erhöhter Spannung stellt in dem Roman *The Talented Mr Ripley* die Szene dar, in der Tom die Leiche Freddie Miles' die Treppe hinunter und ins Auto schafft. Die Spannung des Rezipienten richtet sich dabei auf das Gelingen dieses Manövers und sinkt nach dessen erfolgreichem Abschluß ab. Doch auch innerhalb eines solchen Handlungsabschnitts ist die Spannung nicht konstant. So markieren plötzlich auftauchende Gefahrenmomente in der jeweiligen Situation einzelne Spannungshöhepunkte. Die Spannungsstruktur dieser Kriminalromane kann damit folgendermaßen beschrieben werden: Die Spannungskurve setzt sich aus Spannungsbögen verschiedener Länge zusammen, die aus beliebig vielen untergeordneten Bögen bestehen können. Da auch diese wiederum in noch kürzere Spannungsbögen gegliedert werden können und der Unterteilung theoretisch keine Grenzen gesetzt sind, entsteht in den Romanen Patricia Highsmiths häufig eine vergleichsweise komplizierte Spannungsstruktur. Dies ist jedoch kein spezifisches Merkmal dieser Romane oder der Subgattung, sondern entspricht dem typischen Aufbau der traditionellen Erzählliteratur, vor allem der Unterhaltungsliteratur, und braucht daher nicht weiter begründet zu werden. Da die komplexe Spannungsstruktur des modernen Kriminalromans das Aneinanderreihen von beliebig vielen Spannungsbögen ermöglicht, ist die Handlung an keinem Punkt der Erzählung notwendigerweise abgeschlossen, so daß eine offene Handlungsstruktur vorliegt.

Neben der äußeren Form der Spannungskurven bildet auch die jeweilige Richtung der Spannung einen wesentlichen Unterschied zwischen den beiden Subgattungen. Ein typisches Merkmal der in einer klassischen Detektiverzählung erzeugten Spannung besteht darin, daß diese rückwärts gerichtet ist. Die Kausalität wird umgekehrt, indem von der Wirkung zur Ursache eines Phänomens vorgegangen wird. Da die Wirkung, beispielsweise das Vorhandensein einer Leiche und bestimmter Indizien, bekannt ist, richtet sich das Interesse des Lesers auf die unbekannten Ursachen dieser Wirkung, nämlich auf den Schuldigen und sein Motiv. Das Interesse des Rezipienten entspringt somit einem Bedürfnis der Neugier. Er möchte erfahren, was sich in der Erzählvergangenheit zugetragen hat, und stellt daher die Frage: Was ist geschehen?

Im Gegensatz zur klassischen Detektiverzählung ist die Spannung im modernen Kriminalroman vorwärts gerichtet. Hier wird von der Ursache zur Wirkung vorgegangen, was der Kausalität entspricht. Dem Leser wird die Ursache, das ausgeführte Verbrechen, im Roman handlungssynchron dargeboten; die Folgen des Verbrechens, beispielsweise die Verhaftung oder das Entkommen des Täters, bleiben dagegen bis zum Schluß unbekannt. Der Rezipient möchte wissen, was sich in der Erzählzukunft ereignen wird, und fragt daher: Was wird geschehen? (vgl. Todorov, 1971, 60).

Da die Spannung in der klassischen Detektiverzählung rückwärts gerichtet ist, handelt es sich dabei um eine Rätselspannung. Der Leser möchte bestimmte Sachverhalte erfahren, die im Zentrum der Handlung stehen, ihm jedoch vorenthalten werden. Diese Sachverhalte betreffen die Identität des Täters, das Tatmotiv und die genaue Ausführung des Verbrechens. Dagegen ist die vorherrschende Spannungsart in den Romanen Patricia Highsmiths die Persekutionsspannung, die eine typische Form der für den modernen Kriminalroman charakteristischen Zukunftsspannung darstellt. Da für die verfolgte Person der weitere Ablauf der Ereignisse im Hinblick auf ihr Leben oder ihre Freiheit entscheidend ist, eignet sich die Persekutionsspannung besonders gut für den Aufbau einer vorwärts gerichteten Spannung. Die Spannung richtet sich dabei auf die Frage, ob die verfolgte Person von den sie bedrohenden Persekutionsinstanzen ergriffen bzw. getötet wird oder ihnen entkommen kann. Als Persekutionsobjekt fungiert entweder ein wirklicher Mörder (wie Tom Ripley in den Ripley-Romanen, Victor Van Allen in *Deep Water* oder David Kelsey in *This Sweet Sickness*), jemand, der direkt oder indirekt zum Mord gezwungen wurde (z.B. Guy Haines in *Strangers on a Train* oder Philip Carter in *The Glass Cell*), oder ein Unschuldiger (wie Walter Stackhouse in *The Blunderer*, Robert Forester in *The Cry of the Owl*, Rydal Keener in *The Two Faces of January* oder Sydney Bartleby in *A Suspension of Mercy*).

Die Rolle der Verfolgungsinstanzen übernehmen die Polizei, Privatdetektive, Angehörige des Ermordeten oder eine Person, die einen Mord an dem Verfolgten plant (z. B. Gregory Wyncoop in *The Cry of the Owl* oder Edward Coleman in *Those Who Walk Away*). Wie Beatrix Finke zutreffend feststellt, tritt die Polizei in den Kriminalromanen Patricia Highsmiths weniger als Instanz der Detektion denn als Instanz der Verfolgung auf (vgl. Finke, 1983, 231). Dieser Funktionswechsel ist als natürliche Folge der Tatsache anzusehen, daß die Autorin die Rätselspannung der klassischen Detektiverzählung durch die Persekutionsspannung ersetzt.

In der klassischen Detektiverzählung ist die Erzeugung einer Persekutionsspannung im Hinblick auf die Verfolgung des Täters dagegen ausgeschlossen, weil sie aus zwei Gründen mit den Gattungskonventionen unvereinbar ist: Einerseits steht die Ergreifung des Täters aufgrund der geschlossenen Handlungsstruktur von vornherein fest, und andererseits setzt jede Persekutionsspannung voraus, daß das Persekutionsobjekt bekannt ist, so daß der Rezipient dessen Verfolgung miterleben kann, wozu sich die personale Erzählsituation mit der verfolgten Person als personalem Medium in besonderer Weise eignet. Da die Täterfrage in der klassischen Detektiverzählung jedoch im Zentrum der Rätselspannung steht, scheidet dies grundsätzlich aus. Aufgrund dieser Konvention kann sich eine Persekutionsspannung hinsichtlich der Verfolgung des Verbrechers selbst in solchen Detektivromanen nicht bilden, die (wie Christies *The Murder of Roger Ackroyd*) mit dem modernen Kriminalroman gemein haben, daß sie aus der Täterperspektive erzählt werden.

Dagegen kann die Schilderung der Verfolgung des Opfers auch in einer klassischen Detektiverzählung als Spannungsmittel benutzt werden. Dabei handelt es sich allerdings um ein synthetisches Element, das in der Detektiverzählung in ihrer reinen Form nicht enthalten ist. Es kann jedoch in die Handlungsstruktur eingefügt werden, sofern die Identität des (mit dem Mörder identischen) Verfolgers bis zur Aufklärungsszene unbekannt bleibt. Dies gilt für die Motive des erwarteten Mordes (wie z. B. in Christies Romanen *Death on the Nile*, *Towards Zero* oder *A Murder is Announced*), der Mordserie (z. B. in *The A.B.C. Murders*, *Murder is Easy*, *Ten Little Niggers*, *The Moving Finger*, *Death Comes as the End* oder *Curtain*), des zu verhindernden Mordes (wie in Doyles Geschichte

"The Speckled Band") und des mißglückten Mordanschlags (z. B. in Christies Romanen *Peril at End House*, *One, Two, Buckle My Shoe*, *Death Comes as the End*, *Crooked House*, *A Murder is Announced*, *They Do it with Mirrors*, *After the Funeral* oder *The Mirror Crack'd from Side to Side*). In allen diesen Fällen liegt eine Verfolgungssituation vor, in der das Leben des potentiellen Mordopfers (bzw. mehrerer Opfer) bedroht ist. Die Tatsache, daß im Hinblick auf das Motiv des mißlungenen Mordanschlags, das Christie ausschließlich als falsche Hypothese zur Mystifikation verwendet, nur scheinbar eine Verfolgungssituation besteht, ändert dabei nichts daran, daß beim Leser, der die Mystifikation nicht durchschaut, während des Lesevorgangs tatsächlich Persekutionsspannung erzeugt wird, so daß das Motiv eine Doppelfunktion erfüllt. Der entscheidende Unterschied zu Highsmiths Romanen *The Cry of the Owl* und *Those Who Walk Away* liegt jedoch darin, daß die Identität des Verfolgers bei Christie nicht bekannt ist. Eine Ausnahme bildet lediglich der Roman *Death on the Nile*, in dem scheinbar eine echte Verfolgungssituation mit bekannter Persekutionsinstanz vorliegt: Jacqueline de Bellefort verfolgt Simon und Linnet Doyle. Diese Situation wird hier jedoch nur zur Mystifikation benutzt, denn sie gehört zum Mordplan der Täter.

Als zentrales Spannungsmittel fungiert in der klassischen Detektiverzählung eine markierte Unbestimmtheitsstelle in Form eines Täterrätsels. Diese Leerstelle bildet den Anfangspunkt eines Spannungsbogens, der sich fast auf den gesamten Handlungsverlauf erstreckt, und löst die Aktivität des Rezipienten aus. In Zusammenhang mit der zentralen Unbestimmtheitsstelle stehen weitere Leerstellen. Da die zentrale Spannung im Verlauf der Handlung nicht abgebaut wird, sondern sich ständig erhöht, versucht der Leser, die Lösung zu prospizieren, um den Spannungsbogen zu brechen. Die im Vergleich zu anderen Literaturformen weitaus aktivere Rolle des Rezipienten in der klassischen Detektivliteratur stellt eine Folge des großen Abstands zwischen den beiden Spannungspolen dar. Da Rätsel und Auflösung so weit voneinander entfernt liegen, sieht sich der Autor gezwungen, ständig die Aktivität des Rezipienten herauszufordern, dessen Interesse anderenfalls erlahmen würde. Hierin liegt die Ursache für den Spielcharakter des Genres. Da der Autor die Reaktionen des Lesers bei der Anlage des Werks berücksichtigt, entsteht während der Lektüre ein Prozeß der dynamischen

Wechselwirkung zwischen Text und Leser. Aus dieser Interaktion resultiert die Doppelfunktion der klassischen Detektiverzählung, die darin besteht, einerseits durch die Vergabe von lösungsrelevanten Informationen die Leseraktivität zu fördern und andererseits durch die Verschleierung eben dieser Informationen und den systematischen Aufbau einer innerfiktionalen Illusion als retardierende Elemente die vorzeitige Auflösung der zentralen Spannung zu verhindern. Somit dienen alle Mittel der Leserlenkung in der klassischen Detektivliteratur einem dieser beiden Zwecke: Es handelt sich dabei entweder um Techniken der Realitätsverschleierung oder der Illusionserzeugung. Zusätzlich werden dem Rezipienten in Form von unmarkierten Unbestimmtheitsstellen lösungsrelevante Informationen vorenthalten, um die Desillusionierungswirkung in der Aufklärungsszene zu intensivieren.

Zur Realitätsverschleierung werden die folgenden Techniken eingesetzt: Der Autor einer Detektiverzählung kann verhindern, daß der Rezipient eine lösungsrelevante Information als solche wahrnimmt, indem er sie so unscheinbar beläßt, daß die Relevanz der Information nicht zutage tritt. Ist dies nicht möglich, so muß der Autor gezielte Ablenkungstechniken einsetzen, um die Aufmerksamkeit des Lesers auf einen anderen Gegenstand zu richten. Wenn eine lösungsrelevante Information als solche mehrdeutig ist, wobei sprachliche Ambivalenz, Ambivalenz von Gegenständen und von Teilhandlungen zu unterscheiden sind, kann der Autor die Information in einen falschen Kontext integrieren, so daß ihre Relevanz im Hinblick auf den richtigen Kontext nicht erkennbar ist. Wird die Information im Text so deutlich genannt, daß der Leser in jedem Fall Kenntnis von ihr nimmt, so kann sie durch Negation und Relativierung in Frage gestellt und damit aus dem Blickfeld des Lesers gerückt werden. Die Relativierung kann explizit im Text enthalten sein oder erst durch den Leser erfolgen, wenn die Information von einer Person geäußert wird, die der Autor als unglaubwürdig charakterisiert.

Die Illusionserzeugung kann mit folgenden Mitteln vorgenommen werden: Der Autor kann Irrfährten (*red herrings*) verwenden, die den Anschein von echten *clues* haben, den Deduktionsprozeß des Lesers jedoch in eine falsche Richtung lenken. Von solchen Irrfährten geht eine größere Überzeugungskraft aus, wenn sie als Sekundärhandlungen in die Erzählung eingefügt werden, die in keinem Zusammenhang mit dem Mordrätsel stehen, ohne daß dies für den Rezipienten erkennbar ist. Als Grundlage der Illusionserzeugung in einer Detektiverzählung kann auch eine falsche Hypothese dienen, auf der sich die gesamte innerfiktionale Illusion aufbaut und die niemals in Frage gestellt wird. Diese Hypothese steht meistens in Zusammenhang mit dem Verbrechen, das den Gegenstand der Detektionshandlung bildet, und betrifft die Tatsache des Mordes als solche, die Umstände des Mordes, seine Ausführung oder den Täter. Den Inhalt einer unzutreffenden Hypothese kann aber auch die Figurenkonstellation bilden. Einen Sonderfall der Verwendung von falschen Hypothesen stellt die Umkehrung der Perspektive dar, die den Leser zwingt, das Geschehen aus einem falschen Blickwinkel zu betrachten, und ihm so bestimmte Interpretationsmöglichkeiten vorenthält. In einigen Detektiverzählungen bilden solche unzutreffenden Hypothesen die logische Basis für vollständige Theorien, die aufgrund der falschen Prämissen ebenfalls nicht der Wirklichkeit entsprechen. Während in den bisher genannten Techniken der Illusionserzeugung vor allem die Ratio des Rezipienten angesprochen wird, machen sich die Autoren der Detektivliteratur schon seit den Zeiten Edgar Allan Poes die gefühlsmäßigen Einstellungen des Lesers zunutze, um die Illusionswirkung zu verstärken. Dazu verwenden sie sprachliche Klischees, die Rätselhaftigkeit evozieren, sowie Elemente des Schauerromans und andere Motive, die beim Rezipienten irrationale Assoziationen wecken. Auch durch die Erzeugung dramatischer Effekte wird eine solche emotionale Beeinflussung des Lesers erzielt. Schließlich kann der Autor zur Illusionserzeugung auch den inner- und den außerliterarischen Erwartungshorizont des Rezipienten nutzen, indem er eine Handlung konstruiert, die scheinbar den Lesererwartungen entspricht, während in Wirklichkeit diese Erwartungen negiert werden. Die Erwartungen ergeben sich dabei entweder aus Konventionen und Klischees der Detektivliteratur, die dem Leser bekannt sind, oder aus soziokulturell oder psychologisch bedingten Vorurteilen und vorgefaßten Meinungen.

Im Gegensatz zur klassischen Detektivliteratur haben Unbestimmtheitsstellen im Kriminalroman von Patricia Highsmith nur eine untergeordnete Bedeutung. Da die Spannung im Sinne einer Zukunftsspannung vorwärts gerichtet ist und kein in der Erzählvergangenheit liegendes Rätsel als Spannungsauslöser fungiert, entfällt die Notwendigkeit von Unbestimmtheitsstellen zur Erzeugung einer Grundspannung. Dennoch verwendet Highsmith in ihren Romanen markierte Unbestimmtheitsstellen, um die Spannung an verschiedenen Stellen des Textes zu verstärken. Eine solche Leerstelle bildet der Aufenthaltsort einer verschwundenen Person. Dies gilt für Clara Stackhouse in *The Blunderer*, Gregory Wyncoop in *The Cry of the Owl*, Alicia Bartleby in *A Suspension of Mercy* und Edward Coleman in *Those Who Walk Away*. Auf diese Weise kann die Autorin den Verdacht aufbauen, die vermißte Person sei tot und der Protagonist habe sie ermordet. Von besonderer Bedeutung sind markierte Unbestimmtheitsstellen an den Romananfängen, an denen es entscheidend ist, das Interesse des Lesers zu wecken und ihn zum Weiterlesen anzuregen. Die Unbestimmtheitsstellen in den Kriminalromanen Patricia Highsmiths unterscheiden sich vor allem dadurch von den Leerstellen in der klassischen Detektiverzählung, daß sie nicht während des gesamten Handlungsverlaufs erhalten bleiben, sondern oft schon nach wenigen Seiten aufgehoben werden. Während die markierten Unbestimmtheitsstellen in Highsmiths Romanen eine andere Funktion als in der klassischen Detektivliteratur erfüllen, sind unmarkierte Unbestimmtheitsstellen in ihrem Werk überhaupt nicht vorhanden, weil das Rätselelement und damit auch der Verblüffungseffekt am Schluß fehlen.

Da einerseits in Highsmiths Romanen kein zentrales Rätselelement vorhanden ist und andererseits aufgrund des abwechselnden Auf- und Abbaus von Spannung das Entstehen eines Spannungsdefizits von vornherein verhindert wird, erübrigen sich hier die Techniken der Informationsvergabe und -verschleierung und der Illusionserzeugung zu Mystifikationszwecken, mit denen in der klassischen Detektiverzählung die Spannung aufrechterhalten wird. Das Illusionselement ist im Kriminalroman von Patricia Highsmith nicht an die Funktion der Irreführung des Lesers gebunden und kann daher völlig neuen Zielen dienen. Es wird von der Autorin eingesetzt, um eine Identifikation des Lesers mit dem Protagonisten des Romans herbeizuführen. Die erzeugte Illusion besteht darin, daß mit Hilfe der überzeugend realistischen Darstellung am Anfang der Romane dem Rezipienten der Eindruck vermittelt wird, die Handlung sei in einem ihm vertrauten Milieu situiert. Da sich der Übergang vom Vertrauten zum scheinbar Ungewöhnlichen und Irrationalen nur ganz allmählich und unmerklich vollzieht und zudem an entscheidenden Stellen die Grenze zwischen dem Realen und dem Irrealen nicht erkennbar ist, bleibt die Identifikation des Lesers mit dem Romanhelden auch bestehen, nachdem der Bereich des Vertrauten verlassen und die Grenze zur Kriminalität überschritten worden ist. Die Autorin möchte den Leser zu einem veränderten Verständnis des Lebens und seiner eigenen Natur bewegen und erreichen, daß er seine bisherigen Wert- und Moralvorstellungen in Frage stellt. Indem der Rezipient das in Highsmiths Romanen enthaltene Identifikationspotential während des Lesevorgangs aktualisiert, erlebt er, daß auch er in gefährliche Situationen geraten und sich unter bestimmten Bedingungen zum Verbrecher entwickeln könnte. Im Gegensatz zur klassischen Detektivliteratur erfolgt die Desillusionierung im Kriminalroman Patricia Highsmiths nicht erst am Schluß, sondern bereits in dem Augenblick, in dem sich die Situation für den Protagonisten über ein normales Maß hinaus zugespitzt hat, was beispielsweise darin zum Ausdruck kommt, daß er von Verfolgern umgeben ist oder einen Mord begeht. Der Übergang von der Illusion zur Desillusionierung vollzieht sich dabei nicht abrupt wie in der klassischen Detektiverzählung, sondern allmählich und kaum erkennbar. Der größte Unterschied zwischen beiden Subgattungen liegt jedoch in der jeweiligen Funktion der Desillusionierungswirkung: In der klassischen Detektiverzählung besteht der Desillusionierungseffekt nur in der Zerstörung einer falschen Vorstellung von der innerfiktionalen Realität; im Kriminalroman von Patricia Highsmith betrifft die Desillusionierung dagegen den Leser selbst, indem sie sein moralisches Selbstverständnis in Frage stellt.

Sowohl in der klassischen Detektivliteratur als auch im Kriminalroman von Patricia Highsmith stellt das Verfahren der positiven und negativen Sympathielenkung ein wesentliches Element der emotionalen Beeinflussung des Lesers dar. Die Funktionen, die dieses Mittel erfüllt, sind jedoch in beiden Subgattungen grundverschieden: In der klassischen Detektiverzählung wird die literarische Konvention der Personencharakterisierung zum Zweck der Verdachtslenkung umgekehrt, so daß von schuldigen Personen ein positives und von unschuldigen Figuren ein negatives Bild entsteht. Im Kriminalroman Patricia Highsmiths erfolgt dagegen die positive Charakterisierung des Täters nicht, um den Leser, dem die Identität des Verbrechers ohnehin bekannt ist, zu täuschen, sondern um echtes Verständnis für den Kriminellen zu wecken. Dies ist in der klassischen

Detektivliteratur aufgrund der impliziten Moralvorstellungen dieses Genres von vornherein ausgeschlossen. Die negative Sympathiesteuerung stellt in der klassischen Detektiverzählung das spiegelbildliche Gegenstück der positiven Sympathielenkung dar. Sie dient dazu, gegen unschuldige Personen einen Verdacht aufzubauen. Highsmith verwendet dagegen dieses Mittel, um das positive Bild vom Protagonisten durch das Entwerfen von negativen Kontrastfiguren zu verstärken. Dabei treten in Highsmiths Romanen auch die Polizeibeamten als Objekte der negativen Sympathielenkung auf, was in der klassischen Detektiverzählung ebenfalls die Wertvorstellungen und moralischen Klischees dieses Genres verbieten.

Eine weitere Technik der emotionalen Beeinflussung des Rezipienten, die sowohl von Doyle und Christie als auch von Highsmith eingesetzt wird, bildet die Erzeugung einer besonderen Atmosphäre. Auch dieses Mittel wird in der klassischen Detektiverzählung und im modernen Kriminalroman Highsmiths zu verschiedenen Zwecken eingesetzt: In den Werken Doyles und Christies werden auf diese Weise beim Leser irrationale Assoziationen geweckt, so daß er in seiner (zur Rätsellösung notwendigen) Fähigkeit zum logischen Denken beeinträchtigt wird und sich die Desillusionierungswirkung am Schluß der Erzählung erhöht. Da das Rätselelement in den Kriminalromanen Patricia Highsmiths fehlt, ist diese Funktion solcher Stilmittel in ihrem Werk ausgeschlossen. Highsmith setzt diese Technik ausschließlich ein, um die Spannung zu erhöhen und den Leser zum Weiterlesen zu zwingen. Ähnlich unterschiedliche Funktionen in beiden Subgattungen erfüllt die Umkehrung der Perspektive, die den Täter als Opfer erscheinen läßt: Während Doyle und Christie dieses Mittel benutzen, um den Leser mit einer falschen Hypothese irrezuführen, möchte Highsmith auf diese Weise erreichen, daß der Rezipient sich in die Situation des Verbrechers versetzt und sich mit ihm identifiziert.

Das Spannungspotential ergibt sich in der klassischen Detektiverzählung aus dem Mangel, der sich in der zentralen Unbestimmtheitsstelle manifestiert, bzw. aus der Aufgabe, diesen Mangel zu beheben. Im Kriminalroman von Patricia Highsmith resultiert der Mangel aus der Notsituation des Protagonisten, und seine Aufgabe besteht entweder darin, diese Situation durch einen Mord zu verändern oder als Persekutionsobjekt seinen Verfolgern zu entkommen. In beiden

Subgattungen bestehen Differenzen zwischen den einzelnen Prospektionszuständen und Textrearrangements der fiktiven Personen und des Lesers: In der klassischen Detektiverzählung entspricht nur das Textrearrangement des Täters vom Zeitpunkt des Verbrechens an dem letzten rearrangierten Text. Der Leser besitzt dagegen - ebenso wie die Watson-Figur - im allgemeinen das gleiche Textrearrangement wie die anderen Personen, und das Textrearrangement des Detektivs stimmt zunächst mit dem des Lesers und der übrigen Personen und später mit dem des Mörders überein. Patricia Highsmith kehrt dieses Muster um: In solchen Kriminalromanen, in denen das Geschehen (wie in den meisten Romanen der Ripley-Reihe) ausschließlich aus der Täterperspektive erzählt wird, besitzt der Rezipient, der das Verbrechen als Augenzeuge miterlebt, schon im Augenblick der Tat das gleiche Textrearrangement wie der Täter. Andererseits stimmen beide Subgattungen darin überein, daß das Textrearrangement der übrigen Personen, denen die Identität des Mörders unbekannt ist, der innerfiktionalen Realität weitaus weniger entspricht als das des Täters. Die Sonderstellung des Detektivs entfällt im Kriminalroman von Patricia Highsmith, da sich die auftretenden Polizei- und Privatdetektive im Gegensatz zu den Meisterdetektiven Doyles und Christies nicht durch eine außergewöhnliche Kombinationsgabe auszeichnen und daher über keinen im Verhältnis zur Realität besser rearrangierten Text verfügen als die anderen Personen (mit Ausnahme des Täters). Eine Watson-Figur ist bei Highsmith nicht vorhanden und auch nicht erforderlich, da das Textrearrangement des Lesers dem des Täters entspricht und daher eher mit der Realität übereinstimmt als das der Detektive, so daß sich jede Vermittlung durch eine Watson-Figur erübrigt. Ein anderer Unterschied zwischen beiden Subgattungen besteht darin, daß in der klassischen Detektiverzählung das Konvergieren sämtlicher Prospektionszustände und Textrearrangements in der Aufklärungsszene einen notwendigen Bestandteil der Gattungsstruktur darstellt, während in den Romanen Patricia Highsmiths, in denen es bis zum Schluß offen bleibt, ob der Täter von der Polizei entlarvt wird, eine solches Konvergieren möglich, aber nicht erforderlich ist.

Die bisher erfolgte Gegenüberstellung bezieht sich auf Idealtypen der beiden Subgattungen und gilt daher nicht für alle konkreten Werke der klassischen Detektivliteratur bzw. des modernen Kriminalromans. Schon Arthur Conan

Doyle fügte synthetische Elemente, die er der Abenteuererzählung entnommen hatte, in die analytische Struktur der Detektiverzählung ein, um der durch die große Entfernung der Spannungspole bedingten ständigen Gefahr eines Spannungsdefizits zu begegnen. Dadurch entstanden zusätzlich zu der Grundspannung, die aus dem zentralen Rätsel resultiert, weitere, kleinere Spannungsbögen, so daß sich die Spannungskurve der Detektiverzählung der Kurve einer traditionellen Erzählung annäherte. Agatha Christie weicht vor allem in ihren Detektiverzählungen in Romanlänge häufig von dem klassischen Muster eines einzigen, durchgehenden Spannungsbogens ab. So kann die Spannungskurve während des Handlungsverlaufs absinken, indem Teile des ursprünglichen Rätsels vorzeitig aufgelöst werden, oder die Spannung wird durch das Einfügen synthetischer Elemente kurzfristig erhöht. Als synthetische Elemente können das Erwarten eines Mordes, zusätzliche unerwartete Morde oder Elemente der Abenteuererzählung, des Thrillers oder des Spionageromans fungieren. Andererseits hat auch Patricia Highsmith mit *A Game for the Living* einen *whodunit* mit zwar nicht zentralem, aber immerhin doch vorhandenem Täterrätsel geschrieben.

Unter dem Gesichtspunkt der Rezeptions- bzw. Wirkungsästhetik weisen die beiden Subgattungen der klassischen Detektiverzählung Sir Arthur Conan Doyles und Agatha Christies und des modernen Kriminalromans von Patricia Highsmith sowohl verschiedene Gemeinsamkeiten als auch grundlegende Unterschiede auf. Die wesentlichen Gemeinsamkeiten und Unterschiede, die in der vorliegenden Arbeit herausgearbeitet wurden, lassen sich wie folgt kurz zusammenfassen:

(1) Sowohl in der klassischen Detektivliteratur als auch im Kriminalroman Patricia Highsmiths stellt die Erzeugung von Spannung das zentrale Element der Rezeptionslenkung dar. Die erzeugte Spannung erfüllt die Funktion, das Interesse des Rezipienten im Hinblick auf den Text zu wecken, aufrechtzuerhalten und zu intensivieren. Die wesentlichen Unterschiede zwischen beiden Subgattungen liegen in der jeweiligen Spannungsstruktur, der Richtung und der Art der Spannung. Die klassische Detektiverzählung ist durch einen übergreifenden Spannungsbogen gekennzeichnet, der sich auf den gesamten Handlungsverlauf erstreckt, wobei das Rätsel und seine Auflösung die beiden Spannungspole bilden. Der moderne Kriminalroman besitzt eine komplexe

Spannungsstruktur mit zahlreichen größeren und kleineren Spannungsbögen, die in beliebig viele untergeordnete Spannungsbögen unterteilt werden können. Die Spannung in der klassischen Detektiverzählung ist rückwärts, die in den Romanen Patricia Highsmiths vorwärts gerichtet. In der klassischen Detektivliteratur handelt es sich vorwiegend um eine Rätselspannung, in Highsmiths Romanen dominiert die Persekutionsspannung.

(2) Markierte Leer- bzw. Unbestimmtheitsstellen fungieren in der klassischen Detektiverzählung in Form eines Täterrätsels als zentrales Spannungsmittel und als Grundelement der Gattungsstruktur. Sie bleiben daher in der Regel bis zur Aufklärungsszene erhalten. Im Kriminalroman von Patricia Highsmith dienen sie dagegen nur der Erzeugung von zusätzlicher Spannung an einzelnen Stellen des Textes und werden daher meistens schon nach kurzer Zeit aufgefüllt. Unmarkierte Unbestimmtheitsstellen, die in der klassischen Detektivliteratur zur Verstärkung des Verblüffungseffekts in der Aufklärungsszene benutzt werden, fehlen bei Highsmith völlig.

(3) In beiden Subgattungen stellt die Illusionsbildung ein wichtiges Element der Rezeptionssteuerung dar, das jedoch völlig verschiedenen Zwecken dient. Während Doyle und Christie dem Rezipienten eine falsche Vorstellung von der innerfiktionalen Realität vermitteln, um die vorzeitige Lösung des Rätsels durch den Leser zu verhindern und somit die Spannung bis zum Schluß der Erzählung zu erhalten, strebt Highsmith durch die realistische Darstellung einer für den Rezipienten nachvollziehbaren Situation eine Identifikation des Lesers mit dem Protagonisten an, dessen Lage sich allmählich zuspitzt, so daß er oft zum Mörder wird. In diesem Zusammenhang ist auch die unterschiedliche Funktion der positiven und negativen Sympathielenkung in den beiden Subgattungen zu sehen, die in der klassischen Detektivliteratur der Verdachtslenkung und somit der Mystifikation dient, bei Highsmith dagegen die Identifikation des Lesers mit dem Romanhelden bewirken soll.

Abschließend läßt sich sagen, daß es sich sowohl bei der klassischen Detektivliteratur als auch beim modernen Kriminalroman um literarische Subgattungen handelt, die in besonderem Maße rezeptionsabhängig sind. Die Rezeptionsabhängigkeit kommt bereits in der außergewöhnlichen Popularität zum Ausdruck, die für diese Literaturformen seit Beginn dieses Jahrhunderts charakteristisch ist. Es versteht sich von selbst, daß literarische Werke, die im Hinblick auf ein Massenpublikum geschrieben werden und damit unter dem Zwang stehen, hohe Auflagen und Verkaufsziffern zu erzielen, den Leser in die Anlage des Werks mit einbeziehen müssen. Aus dieser Situation resultiert die Tatsache, daß die dem Leser zugedachte Rolle im Zusammenspiel von Autor, Text und Rezipient in solchen Werken vom Schriftsteller exakt festgelegt und daher auch mit Hilfe des von Wolfgang Iser geprägten Begriffs des impliziten Lesers durch eine sorgfältige Analyse der Texte ermittelt werden kann. Die Übereinstimmung des realen Lesers mit dem impliziten Leser ist Vorbedingung für die Wirkung der klassischen Detektivliteratur, so daß sich aus jeder Abweichung des realen Lesers von der als Textstruktur im Werk enthaltenen Leserrolle proportional ein Wirkungsverlust ergibt. Dieser Fall könnte z. B. eintreten, wenn der reale Leser entweder an der Lösung des Rätsels nicht interessiert wäre oder in der Lage wäre, es sofort zu lösen. In den Kriminalromanen Patricia Highsmiths ist dagegen die Verbindung zwischen der Leserrolle und der Popularität der Werke weniger eindeutig und offensichtlich. Die Romane dieser Autorin sind spannend geschrieben und wären auch ohne die von Highsmith intendierte Identifikation des Lesers mit dem Protagonisten als Unterhaltungsliteratur interessant und lesenswert. Patricia Highsmith versteht es jedoch, dem Rezipienten auf dem Wege der Illusionserzeugung Einsicht in die Psyche des Verbrechers zu geben und dem Leser damit auch neue Erkenntnisse über sein eigenes Wesen zu vermitteln. Im Gegensatz zur klassischen Detektivliteratur, deren Leserrolle sich allein aus ihren Gattungskonventionen ergibt, erzielt Highsmith mit ihren Kriminalromanen eine Wirkung, die über den Rahmen der Unterhaltungsliteratur hinausgeht, so daß sich diese Schriftstellerin an der Grenze zwischen dem Kriminalroman und der künstlerischen Literatur bewegt.

Das Gesamtresultat der vorliegenden Arbeit kann in fünf Stichpunkten zusammengefaßt werden:

(1) Es wurde gezeigt, daß sich das Gebiet der Detektiv- und Kriminalliteratur als ein äußerst populäres Genre der Unterhaltungsliteratur nicht nur für essayistische Betrachtungen und populärwissenschaftliche Darstellungen eignet, aus

denen der überwiegende Teil der vorhandenen Sekundärliteratur besteht, sondern den Gegenstand einer objektiven wissenschaftlichen Untersuchung bilden kann.

(2) Durch die Auswahl von zwei Grundtypen aus den verschiedenen Varianten der Detektiv- und Kriminalliteratur sollte ein Beitrag dazu geleistet werden, eine Typologie der Gattung zu erarbeiten und die verwendeten Termini exakt zu definieren. Beide Aufgaben wurden bisher noch nicht in befriedigender Weise gelöst.

(3) Im Bereich der Wirkungsästhetik wurde versucht, das Verhältnis von Autorintention, Textgestalt und Leserreaktion in zwei verschiedenen literarischen Subgattungen zu analysieren. Dabei wurde der Zielsetzung dieser Forschungsrichtung Rechnung getragen, den literarischen Text nicht als selbständige Einheit zu betrachten und zu interpretieren, sondern die vielfältigen Wechselwirkungen zwischen Text und Leser zum Gegenstand der Untersuchung zu machen. Unter diesem Gesichtspunkt liegt das Schwergewicht weniger auf der Frage, welche Gedanken und Vorstellungen der Autor dem Leser vermitteln möchte, sondern die Untersuchung konzentriert sich vielmehr auf die Mittel und Techniken, die im literarischen Werk zur Anwendung gelangen und damit eine erfolgreiche Kommunikation zwischen Autor und Leser erst ermöglichen. Es geht also weniger um die Inhalte der literarischen Kommunikation als um die Strategien, diese Inhalte dem Lesepublikum zu vermitteln.

(4) Um einen möglichst weiten Geltungsbereich der erzielten Resultate zu erreichen, wurde eine relativ große Zahl von Werken untersucht. Die Ergebnisse wurden durch die Analyse der literarischen Texte gewonnen und durch Beispiele aus diesen Texten belegt. Die wirkungsästhetischen Konzepte stellten ausschließlich die theoretische Grundlage für die Analyse dar, und die umfangreiche, aber unbefriedigende Sekundärliteratur zur Detektiv- und Kriminalliteratur wurde lediglich herangezogen, soweit sich darin erste Ansätze zu einer wirkungsästhetischen Analyse der Gattung finden.

(5) Indem die verschiedenen Mittel und Techniken der Leserlenkung in Gruppen geordnet wurden, entstand eine Systematik, die auch bei der Untersuchung von anderen Subgattungen der Detektiv- und Kriminalliteratur (beispielsweise von Werken der amerikanischen *hard-boiled school* oder von realistischen Polizeiromanen) als Instrumentarium dienen könnte. Es bleibt dabei eine interessante Frage, inwieweit die Ergebnisse der vorliegenden Arbeit sich auf solche Subgattungen übertragen lassen. Auch auf dem Gebiet der übrigen Unterhaltungsliteratur kann das Phänomen der Lesersteuerung erforscht werden, so daß ein Vergleich zwischen den verschiedenen Formen der Unterhaltungsliteratur in dieser Hinsicht ermöglicht wird. Schließlich wären auch im Bereich der künstlerischen Literatur neben den Arbeiten Wolfgang Isers weitere wirkungsästhetische Untersuchungen wünschenswert, und die vorliegende Arbeit könnte dazu anregen, die Forschung in dieser Richtung weiterzuführen.

Bibliographie

I. Primärliteratur

Die Titel der britischen Originalausgaben sind jeweils in Klammern angegeben, sofern diese von den Titeln der benutzten Ausgaben abweichen.

Christie, Agatha. *The A.B.C. Murders*. 1935. New York: Pocket, o. J. ([1]1941).

---. "The Adventure of Johnnie Waverly." *Poirot's Early Cases*, 1983, 46-57.

---. *The Adventure of the Christmas Pudding: and a selection of entrées.* 1960. Glasgow: Fontana/Collins, 1988 ([1]1963).

---. "The Affair at the Victory Ball." *Poirot's Early Cases*, 1983, 7-20.

---. *After the Funeral*. 1953. Glasgow: Fontana/ Collins, 1979 ([1]1956).

---. *And Then There Were None* (*Ten Little Niggers*). 1939. Glasgow: Fontana/Collins, 1988 ([1]1963)

---. *Appointment with Death*. 1938. New York: Dell, 1979 ([1]1978).

---. "The Bloodstained Pavement." *The Thirteen Problems*, 1988, 53-63.

---. "The Blue Geranium." *The Thirteen Problems*, 1988, 92-108.

---. *The Body in the Library*. 1942. New York: Pocket, o. J. ([1]1965).

---. *By the Pricking of My Thumbs.* 1968. New York: Pocket, o. J. ([1]1969).

---. *Cards on the Table*. 1936. Glasgow: Fontana/Collins, 1979 ([1]1957).

---. *A Caribbean Mystery*. 1964. New York: Pocket, o. J. ([1]1966).

---. "The Case of the Caretaker." *Three Blind Mice and Other Stories*, 1980, 129-144.

---. *Cat Among the Pigeons*. 1959. New York: Pocket, o. J. ([1]1961).

---. "A Christmas Tragedy." *The Thirteen Problems*, 1988, 146-165.

---. *The Clocks*. 1963. Glasgow: Fontana/Collins, 1985 ([1]1966).

---. *Crooked House*. 1949. Glasgow: Fontana/Collins, 1980 ([1]1959).

---. *Curtain: Poirot's Last Case*. 1975. Glasgow: Fontana/Collins, 1977.

---. *Dead Man's Folly*. 1956. Glasgow: Fontana/Collins, 1980 ([1]1960).

---. "Dead Man's Mirror." *Murder in the Mews*, 1980, 100-167.

---. *Death Comes as the End*. 1944. New York: Pocket, o. J. ([1]1959).

---. *Death in the Clouds*. 1935. Glasgow: Fontana/Collins, 1976 ([1]1957).

---. *Death on the Nile*. 1937. New York: Bantam, 1978.

---. "Double Sin." *Poirot's Early Cases*, 1983, 155-167.

---. "The Dream." *The Adventure of the Christmas Pudding*, 1988, 188-214.

---. *Evil Under the Sun*. 1941. Glasgow: Fontana/Collins, 1981 ([1]1957).

---. *4.50 from Paddington*. 1957. Glasgow: Fontana/Collins, 1988 ([1]1960).

---. *Hallowe'en Party*. 1969. Glasgow: Fontana/Collins, 1970.

---. *Hickory Dickory Death* (*Hickory, Dickory, Dock*). 1955. New York: Pocket, o. J. ([1]1956).

---. *A Holiday for Murder* (*Hercule Poirot's Christmas*). 1938. New York: Bantam, 1980 ([1]1962).

---. *The Hollow*. 1946. New York: Berkley, 1984.

---. "The Idol House of Astarte." *The Thirteen Problems*, 1988, 23-38.

---. "The Incredible Theft." *Murder in the Mews*, 1980, 56-99.

---. *Lord Edgware Dies*. 1933. Glasgow: Fontana/Collins, 1979 ([1]1954).

---. "The Market Basing Mystery." *Poirot's Early Cases*, 1983, 168-176.

---. "The Million Dollar Bond Robbery." *Poirot Investigates*, 1987, 80-91.

---. *The Mirror Crack'd* (*The Mirror Crack'd from Side to Side*). 1962. New York: Pocket, o. J. ([1]1964).

---. "Motive *v* Opportunity." *The Thirteen Problems*, 1988, 64-77.

---. *The Moving Finger*. 1943. Glasgow: Fontana/Collins, 1979 ([1]1961).

---. *Mrs. McGinty's Dead*. 1952. New York: Pocket, o. J. ([1]1953).

---. *The Murder at the Vicarage*. 1930. New York: Berkley, 1984.

---. *Murder in Mesopotamia*. 1936. Glasgow: Fontana/Collins, 1987 ([1]1962).

---. *Murder in the Mews*. 1937. Glasgow: Fontana/Collins, 1980 ([1]1964).

---. "Murder in the Mews." *Murder in the Mews*, 1980, 7-55.

---. *A Murder is Announced*. 1950. Glasgow: Fontana/Collins, 1980 ([1]1953).

---. *Murder is Easy*. 1939. Glasgow: Fontana/Collins, 1980 ([1]1960).

---. *The Murder of Roger Ackroyd*. 1926. Glasgow: Fontana/Collins, 1984 ([1]1957).

---. *The Murder on the Links*. 1923. Frogmore, St Albans, Herts.: Triad/Panther, 1979 ([1]1978).

---. *Murder on the Orient Express*. 1934. Glasgow: Fontana/Collins, 1987 ([1]1959).

---. *The Mysterious Affair at Styles*. 1920. New York: Bantam, 1983 ([1]1961).

---. *The Mysterious Mr. Quin*. 1930. New York: Berkley, 1984.

---. *The Mystery of the Blue Train*. 1928. New York: Pocket, o. J. ([1]1940).

---. "The Mystery of the Spanish Chest." *The Adventure of the Christmas Pudding*, 1988, 57-102.

---. *Nemesis*. 1971. New York: Pocket, o. J. ([1]1973).

---. *One, Two, Buckle My Shoe*. 1940. Glasgow: Fontana/Collins, 1980 ([1]1959).

---. *Ordeal by Innocence*. 1958. New York: Pocket, o. J. ([1]1960).

---. *Peril at End House*. 1932. Glasgow: Fontana/Collins, 1987 ([1]1961).

---. *A Pocket Full of Rye*. 1953. Glasgow: Fontana/Collins, 1970 ([1]1958).

---. *Poirot Investigates*. 1924. London: Triad Grafton, 1987 ([1]1983).

---. *Poirot Loses a Client (Dumb Witness)*. 1937. New York: Dell, 1983 ([1]1982).

---. *Poirot's Early Cases*. 1974. Glasgow: Fontana/Collins, 1983 ([1]1975).

---. "Problem at Sea." *Poirot's Early Cases*, 1983, 194-207.

---. *Sad Cypress*. 1940. London: Pan, 1981 ([1]1979).

---. "The Shadow on the Glass." *The Mysterious Mr. Quin*, 1984, 19-39.

---. "The Sign in the Sky." *The Mysterious Mr. Quin*, 1984, 59-75.

---. *The Sittaford Mystery*. 1931. Glasgow: Fontana/Collins, 1983 ([1]1961).

---. *Sleeping Murder*. 1976. Glasgow: Fontana/Collins, 1984 ([1]1977).

---. *Sparkling Cyanide*. 1945. Glasgow: Fontana/Collins, 1988 ([1]1960).

---. *Taken at the Flood*. 1948. Glasgow: Fontana/Collins, 1984 ([1]1961).

---. *They Do it with Mirrors*. 1952. Glasgow: Fontana/Collins, 1980 ([1]1955).

---. *Third Girl*. 1966. London: Pan, 1982.

---. *The Thirteen Problems*. 1932. Glasgow: Fontana/Collins, 1988 ([1]1965).

---. *Three Act Tragedy*. 1935. Glasgow: Fontana/Collins, 1980 ([1]1957).

---. "Three Blind Mice." *Three Blind Mice and Other Stories*, 1980, 7-82.

---. *Three Blind Mice and Other Stories*. 1950. New York: Dell, 1980.

---. *Towards Zero*. 1944. Harmondsworth: Penguin, 1979 ([1]1977).

---. "The Tragedy at Marsdon Manor." *Poirot Investigates*, 1987, 32-47.

---. "The Under Dog." *The Adventure of the Christmas Pudding*, 1988, 103-170.

---. "The Veiled Lady." *Poirot's Early Cases*, 1983, 185-193.

---. "Wasps' Nest." *Poirot's Early Cases*, 1983, 177-184.

---. "The Witness for the Prosecution." *The Hound of Death and Other Stories*. 1933. Glasgow: Fontana/Collins, 1982 ([1]1964). 89-108.

Doyle, Sir Arthur Conan. "The Adventure of Shoscombe Old Place." *The Case-Book of Sherlock Holmes*, 1985, 219-237.

---. "The Adventure of the Blanched Soldier." *The Case-Book of Sherlock Holmes*, 1985, 38-59.

---. "The Adventure of the Devil's Foot." *His Last Bow*, 1986, 148-174.

---. "The Adventure of the Lion's Mane." *The Case-Book of Sherlock Holmes*, 1985, 185-205.

---. "The Adventure of the Retired Colourman." *The Case-Book of Sherlock Holmes*, 1985, 238-254.

---. "The Adventure of the Sussex Vampire." *The Case-Book of Sherlock Holmes*, 1985, 98-115.

---. "The Adventure of the Three Garridebs." *The Case-Book of Sherlock Holmes*, 1985, 116-133.

---. "The Adventure of Wisteria Lodge." *His Last Bow*, 1986, 7-38.

---. *The Adventures of Sherlock Holmes*. 1892. Introd. Eric Ambler. London: Pan, 1976.

---. *The Annotated Sherlock Holmes: The Four Novels and the Fifty-six Short Stories Complete*. Ed., with an introduction, notes and bibliography by William S. Baring-Gould. 2 Bde. London: Murray, 1968.

---. "Black Peter." *The Return of Sherlock Holmes*, 1987, 139-161.

---. "The Boscombe Valley Mystery." *The Adventures of Sherlock Holmes*, 1976, 88-114.

---. *The Case-Book of Sherlock Holmes*. 1927. Harmondsworth: Penguin, 1985 ([1]1951).

---. "The Disappearance of Lady Frances Carfax." *His Last Bow*, 1986, 127-147.

---. "The Final Problem." *The Memoirs of Sherlock Holmes*, 1967, 236-255.

---. "The Greek Interpreter." *The Memoirs of Sherlock Holmes*, 1967, 179-198.

---. *His Last Bow*. 1917. New York: Berkley, 1986 ([1]1964).

---. *The Hound of the Baskervilles*. 1902. Harmondsworth: Puffin, 1986 ([1]1982).

---. "The Man with the Twisted Lip." *The Adventures of Sherlock Holmes*, 1976, 137-163.

---. *The Memoirs of Sherlock Holmes*. 1894. Harmondsworth: Penguin, 1967 ([1]1950).

---. "The Norwood Builder." *The Return of Sherlock Holmes*, 1987, 30-55.

---. "The Problem of Thor Bridge." *The Case-Book of Sherlock Holmes*, 1985, 134-161.

---. "The Red-Headed League." *The Adventures of Sherlock Holmes*, 1976, 61-87.

---. *The Return of Sherlock Holmes*. 1905. Harmondsworth: Penguin, 1987 ([1]1981).

---. "A Scandal in Bohemia." *The Adventures of Sherlock Holmes*, 1976, 15-40.

---. "The Second Stain." *The Return of Sherlock Holmes*, 1987, 296-323.

---. *The Sign of Four*. 1890. Harmondsworth: Penguin, 1986 ([1]1982).

---. "The Speckled Band." *The Adventures of Sherlock Holmes*, 1976, 187-214.

---. *A Study in Scarlet*. 1887. Harmondsworth: Penguin, 1987 ([1]1981).

---. "The Three Students." *The Return of Sherlock Holmes*, 1987, 204-222.

---. *The Valley of Fear*. 1915. Harmondsworth: Penguin, 1988 ([1]1981).

---. "The Yellow Face." *The Memoirs of Sherlock Holmes*, 1967, 35-54.

Highsmith, Patricia. *The Blunderer*. 1954. London: Penguin, 1988.

---. *The Boy Who Followed Ripley*. 1980. Harmondsworth: Penguin, 1981.

---. *The Cry of the Owl*. 1962. Harmondsworth: Penguin, 1986 ([1]1973).

---. *Deep Water*. 1957. Harmondsworth: Penguin, 1986 ([1]1974).

---. *A Game for the Living*. 1958. London: Arrow, 1986.

---. *The Glass Cell*. 1964. Harmondsworth: Penguin, 1985 ([1]1973).

---. *Ripley Under Ground*. 1970. Harmondsworth: Penguin, 1986, ([1]1973).

---. *Ripley's Game*. 1974. Harmondsworth: Penguin, 1987 ([1]1976).

---. *Strangers on a Train*. 1950. Harmondsworth: Penguin, 1985 ([1]1974).

---. *A Suspension of Mercy*. 1965. Harmondsworth: Penguin, 1987 ([1]1972).

---. *The Talented Mr Ripley*. 1955. Harmondsworth: Penguin, 1987 ([1]1976).

---. *This Sweet Sickness*. 1960. London: Penguin, 1987 ([1]1972).

---. *Those Who Walk Away*. 1967. London: Arrow, 1986.

---. *The Two Faces of January*. 1964. London: Arrow, 1986.

Poe, Edgar Allan. "The Murders in the Rue Morgue." *Selected Writings of Edgar Allan Poe*, 1975, 189-224.

---. "The Purloined Letter." *Selected Writings of Edgar Allan Poe*, 1975, 330-349.

---. *Selected Writings of Edgar Allan Poe: Poems, Tales, Essays and Reviews*. Ed. with an introduction by David Galloway. Harmondsworth: Penguin, 1975 ([1]1967).

II. Sekundärliteratur

1. Zur Detektiv- und Kriminalliteratur

Albrecht, Wilma, und Richard Albrecht. "'Krimi' - und Literaturwissenschaft: Zu einigen literaturwissenschaftlichen Diskussionsschwerpunkten um fiktionale Verbrechensliteratur." *Literatur in Wissenschaft und Unterricht* 13 (1980): 124-142.

Alewyn, Richard. "Anatomie des Detektivromans." Vogt, 1971, Bd. 2, 372-404 (a).

---. "Die Anfänge des Detektivromans." Žmegač, 1971, 185-202 (b).

Arnold, Armin (Hg.). *Sherlock Holmes auf der Hintertreppe: Aufsätze zur Kriminalliteratur.* Studien zur Germanistik, Anglistik und Komparatistik 106. Paraliteratur 3. Bonn: Bouvier, 1981.

Arnold, Armin, und Josef Schmidt (Hg.). *Reclams Kriminalromanführer.* Stuttgart: Reclam, 1978.

Auden, W. H. "The Guilty Vicarage." *The Dyer's Hand and other essays.* New York: Vintage, 1968. 146-158.

Aydelotte, William O. "The Detective Story as a Historical Source." Landrum/Browne/Browne, 1976, 68-82.

Bakerman, Jane S. (Hg.). *And Then There Were Nine ... More Women of Mystery.* Bowling Green: Bowling Green State Univ. Popular Press, 1985.

Ball, John (Hg.). *The Mystery Story.* 1976. Harmondsworth: Penguin, 1978.

Ballet, René. "Structures du roman policier: Une parodie de rapports équivoques." *La Pensée* 135 (1967): 165-174.

Barzun, Jacques, und Wendell Hertig Taylor. *A Catalogue of Crime.* 2nd impr. corr. New York: Harper & Row, 1971.

Becker, Jens-Peter. *Sherlock Holmes & Co.: Essays zur englischen und amerikanischen Detektivliteratur.* München: Goldmann, 1975.

Benstock, Bernard (Hg.). *Art in Crime Writing: Essays on Detective Fiction.* New York: St. Martin's, 1983.

Bloch, Ernst. "Philosophische Ansicht des Detektivromans." Vogt, 1971, Bd. 2, 322-343.

Boileau, Pierre, und Thomas Narcejac. *Le roman policier*. Collection Science de l'Homme. Paris: Payot, 1964. Deutsch: *Der Detektivroman*. Übers. Wolfgang Promies. Neuwied, Berlin: Luchterhand, 1967.

Brecht, Bertolt. "Über die Popularität des Kriminalromans." Vogt, 1971, Bd. 2, 315-321.

Brenner, Peter J. "Die Geburt des Detektivromans aus dem Geiste des Unheimlichen." *Literatur in Wissenschaft und Unterricht* 11 (1978): 1-13.

Broich, Ulrich. "Der 'entfesselte' Detektivroman." *Gattungen des modernen englischen Romans*. Schwerpunkte Anglistik 9. Wiesbaden: Athenaion, 1975. 17-56.

---. "Formen des modernen Detektivromans." *Neusprachliche Mitteilungen aus Wissenschaft und Praxis* 31 (1978): 65-73.

Brophy, Brigid. "Detective Fiction: A Modern Myth of Violence?" *The Hudson Review* 18 (1965): 11-30.

Buchloh, Paul Gerhard. "Poe: The Murders in the Rue Morgue." *Die amerikanische Kurzgeschichte*. Hg. Karl Heinz Göller und Gerhard Hoffmann. Düsseldorf: Bagel, 1972. 94-102, 386-388.

Buchloh, Paul Gerhard, und Jens Peter Becker. *Der Detektivroman: Studien zur Geschichte und Form der englischen und amerikanischen Detektivliteratur*. Mit Beiträgen von Antje Wulff und Walter T. Rix. 2., überarb. u. erg. Aufl. Darmstadt: Wissenschaftliche Buchgesellschaft, 1978 (^{1}1973).

--- (Hg.). *Der Detektiverzählung auf der Spur: Essays zur Form und Wertung der englischen Detektivliteratur*. Wege der Forschung 387. Darmstadt: Wissenschaftliche Buchgesellschaft, 1977.

Burack, A. S. (Hg.). *Writing Detective and Mystery Fiction*. Boston: The Writer, 1967 (^{1}1945).

Cawelti, John G. *Adventure, Mystery, and Romance: Formula Stories as Art and Popular Culture*. Chicago, London: Univ. of Chicago Press, 1976.

Champigny, Robert. *What Will Have Happened: A Philosophical and Technical Essay on Mystery Stories*. Bloomington, London: Indiana Univ. Press, 1977.

Chandler, Raymond. "The Simple Art of Murder." Haycraft, 1983, 222-237.

Chesterton, Gilbert Keith. "A Defence of Detective Stories." Haycraft, 1983, 3-6.

Conrad, Horst. *Die literarische Angst: Das Schreckliche in Schauerromantik und Detektivgeschichte*. Literatur in der Gesellschaft 21. Düsseldorf: Bertelsmann Universitätsverlag, 1974.

Depken, Friedrich. *Sherlock Holmes, Raffles und ihre Vorbilder: Ein Beitrag zur Entwicklungsgeschichte und Technik der Kriminalerzählung*. Anglistische Forschungen 41. Heidelberg: Carl Winter's Universitätsbuchhandlung, 1914.

Dupuy, Josée. *Le roman policier*. Textes pour aujourd'hui. Paris: Larousse, 1974.

Dutruch, Suzanne. *Les techniques et les thèmes du roman policier anglais (Auteurs Féminins) 1920-1950*. Paris: Didier, 1985.

Finckh, Eckhard (Hg.). *Theorie des Kriminalromans*. Für die Sekundarstufe. Arbeitstexte für den Unterricht. Universal-Bibliothek 9512. Stuttgart: Reclam, 1981 (^{1}1974).

Finke, Beatrix. *Erzählsituationen und Figurenperspektiven im Detektivroman*. Bochumer Anglistische Studien 15. Amsterdam: Grüner, 1983.

Fosca, François. *Histoire et technique du roman policier*. Paris: Nouvelle Revue Critique, 1937.

Gerber, Richard. "Verbrechensdichtung und Kriminalroman." Vogt, 1971, Bd. 2, 404-420.

Gilbert, Michael (Hg.). *Crime in Good Company: Essays on Criminals and Crimewriting*. London: Constable, 1959.

Goette, Jürgen-Wolfgang, und Hartmut Kircher (Hg.). *Der Kriminalroman: Texte zur Theorie und Kritik*. Texte und Materialien zum Literaturunterricht. 2. Aufl. Frankfurt/M.: Diesterweg, 1980.

Hagen, Ordean A. *Who Done It? A Guide to Detective, Mystery and Suspense Fiction*. New York, London: Bowker, 1969.

Haining, Peter. *Mystery! An Illustrated History of Crime and Detective Fiction.* London: Souvenir, 1977.

Haycraft, Howard. *Murder for Pleasure: The Life and Times of the Detective Story.* 1941. New York: Carroll & Graf, 1984.

--- (Hg.). *The Art of the Mystery Story: A Collection of Critical Essays.* 1946. New York: Caroll & Graf, 1983.

Heißenbüttel, Helmut. "Spielregeln des Kriminalromans." Vogt, 1971, Bd. 2, 356-371.

Hippe, Robert (Hg.). *Kriminalliteratur.* Dichtung in Theorie und Praxis. Hollfeld/Ofr.: Bange, 1980.

Holquist, Michael. "Whodunit and Other Questions: Metaphysical Detective Stories in Post-War Fiction." *New Literary History* 3 (1971): 135-156.

Hoveyda, Fereydoun. *Histoire du roman policier.* Paris: Les Editions du Pavillon, 1965.

Hühn, Peter. "Zu den Gründen für die Popularität des Detektivromans: Eine Untersuchung von Thesen über die Motive seiner Rezeption." *Arcadia* 12 (1977): 273-296.

Keating, H. R. F. (Hg.). *Whodunit? A Guide to Crime, Suspense and Spy Fiction.* New York: Van Nostrand Reinhold, 1982.

Knight, Stephen. *Form and Ideology in Crime Fiction.* Bloomington: Indiana Univ. Press, 1980.

Knox, Ronald A. "A Detective Story Decalogue." Haycraft, 1983, 194-196.

Kracauer, Siegfried. *Der Detektiv-Roman: Ein philosophischer Traktat.* Suhrkamp Taschenbuch Wissenschaft 297. Frankfurt/M.: Suhrkamp 1979.

Kühnelt, Harro Heinz. *Die Bedeutung von Edgar Allan Poe für die englische Literatur: Eine Studie anläßlich des 100. Todestages des Dichters.* Innsbruck: Wagner'sche Universitäts-Buchhandlung, 1949.

La Cour, Tage, und Harald Mogensen. *The Murder Book: An Illustrated History of the Detective Story.* 1969. Übers. Roy Duffell. London: Allen and Unwin, 1971.

Landrum, Larry N., Pat Browne und Ray B. Browne (Hg.). *Dimensions of Detective Fiction*. Bowling Green: Popular, 1976.

Langner, Ilse. "Drei Krimi-Nornen oder Shakespeare und Agatha Christie." *Frankfurter Hefte* 35.10 (1980): 55-64.

MacShane, Frank (Hg.). *The Notebooks of Raymond Chandler* and *English Summer: A Gothic Romance by Raymond Chandler*. London: Weidenfeld and Nicolson, 1977.

Mandel, Ernest. *Delightful Murder: A Social History of the Crime Story*. London, Sydney: Pluto, 1984.

Marsch, Edgar. *Die Kriminalerzählung: Theorie - Geschichte - Analyse*. München: Winkler, 1972.

Messac, Régis. *Le "Detective Novel" et l'influence de la pensée scientifique*. Bibliothèque de la Revue de littérature comparée 59. Paris: Librairie Ancienne Honoré Champion, 1929.

Murch, A. E. *The Development of the Detective Novel*. Rev. ed. London: Owen, 1968 ([1]1958).

Naumann, Dietrich. "Der Kriminalroman: Ein Literaturbericht." *Der Deutschunterricht* 19. Beilage zu Heft 1 (1967): 1-12.

---. "Zur Typologie des Kriminalromans." Žmegač, 1971, 241-260.

Nevins, Francis M. (Hg.). *The Mystery Writer's Art*. Bowling Green: Bowling Green Univ. Popular Press, 1970.

Nusser, Peter. "Kriminalromane zur Überwindung von Literaturbarrieren." *Didaktik der Trivialliteratur*. Hg. Peter Nusser. Zur Praxis des Deutschunterrichts 7. Stuttgart: Metzler, 1976. 219-238.

---. *Der Kriminalroman*. Sammlung Metzler 191. Realien zur Literatur. Abt. E: Poetik. Stuttgart: Metzler, 1980.

Palmer, Jerry. *Thrillers: Genesis and Structure of a Popular Genre*. London: Arnold, 1978.

Pederson-Krag, Geraldine. "Detective Stories and the Primal Scene." Landrum/ Browne/Browne, 1976, 58-63, 276.

Pfeiffer, Hans. *Die Mumie im Glassarg: Bemerkungen zur Kriminalliteratur*. Rudolstadt: Greifen, 1960.

Porter, Dennis. *The Pursuit of Crime: Art and Ideology in Detective Fiction*. New Haven, London: Yale Univ. Press, 1981.

Quayle, Eric. *The Collector's Book of Detective Fiction*. London: Studio Vista, 1972.

Rauter, Herbert. "Zum englischen und amerikanischen Detektivroman: Entstehung und Wandel." *Jahrbuch der Universität Düsseldorf 1970/71*. Düsseldorf: Triltsch, 1972. 229-240.

Reilly, John M. (Hg.). *Twentieth-Century Crime and Mystery Writers*. Twentieth-Century Writers of the English Language. London, Basingstoke: Macmillan, 1980.

Reinert, Claus. *Das Unheimliche und die Detektivliteratur: Entwurf einer poetologischen Theorie über Entstehung, Entfaltung und Problematik der Detektivliteratur*. Abhandlungen zur Kunst-, Musik- und Literaturwissenschaft 139. Bonn: Bouvier, 1973.

Rickman, H. P. "Die metaphysische Bedeutung des Detektivromans." *Eckart* 29 (1960): 249-257.

Rodell, Marie F. *Mystery Fiction: Theory and Technique*. Rev. ed. New York: Hermitage House, 1952 ([1]1943).

Routley, Erik. *The Puritan Pleasures of the Detective Story: A Personal Monograph*. London: Gollancz, 1972.

Sayers, Dorothy L. "The Omnibus of Crime." Haycraft, 1983, 71-109.

Schiffels, Walter. "Zur Typologie der Kriminalgeschichte." *Literatur für viele 1: Studien zur Trivialliteratur und Massenkommunikation im 19. und 20. Jahrhundert*. Hg. Anton Kaes und Bernhard Zimmermann. Zeitschrift für Literaturwissenschaft und Linguistik. Beiheft 1. Göttingen: Vandenhoeck & Ruprecht, 1975. 133-150.

Schmidt, Jochen. *Gangster, Opfer, Detektive: Eine Typengeschichte des Kriminalromans*. Frankfurt/M., Berlin: Ullstein, 1989.

Schmidt-Henkel, Gerhard. "Kriminalroman und Trivialliteratur." Žmegač, 1971, 149-176.

Schönhaar, Rainer. *Novelle und Kriminalschema: Ein Strukturmodell deutscher Erzählkunst um 1800.* Bad Homburg v. d. H., Berlin, Zürich: Gehlen, 1969.

Schütz, Erhard (Hg.). *Zur Aktualität des Kriminalromans: Berichte, Analysen, Reflexionen zur neueren Kriminalliteratur.* Kritische Information. München: Fink, 1978.

Schulz-Buschhaus, Ulrich. *Formen und Ideologien des Kriminalromans: Ein gattungsgeschichtlicher Essays* [*sic*]. Schwerpunkte Romanistik 14. Frankfurt/M.: Athenaion, 1975.

Schulze-Witzenrath, Elisabeth. "Die Geschichten des Detektivromans: Zu Struktur und Rezeptionsweise seiner klassischen Form." *Poetica* 11 (1979): 233-258.

Škreb, Zdenko. "Die neue Gattung: Zur Geschichte und Poetik des Detektivromans." Žmegač, 1971, 35-95.

Späth, Eberhard. *Der britische Kriminalroman 1960-1975: Ein Beitrag zur Untersuchung der nicht so hohen Literatur.* Beiträge zur Anglistik 6. Gießen: Hoffmann, 1983.

Suerbaum, Ulrich. "Der gefesselte Detektivroman: Ein gattungstheoretischer Versuch." Vogt, 1971, Bd. 2, 437-456.

---. *Krimi: Eine Analyse der Gattung.* Stuttgart: Reclam, 1984.

Symons, Julian. *The Detective Story in Britain.* Writers and their Work 145. Rpt. with minor amendments to the text and a rev. bibliography. Harlow, Ess.: Longmans, Green & Co., 1969 ([1]1962).

---. *Bloody Murder: From the Detective Story to the Crime Novel: A History.* London: Faber and Faber, 1972.

Thomson, H. Douglas. *Masters of Mystery: A Study of the Detective Story.* 1931. Folcroft, Pa.: Folcroft Library Editions, 1973.

Todorov, Tzvetan. "Typologie du roman policier." *Poétique de la prose.* Poétique. Paris: Seuil, 1971. 55-65. Deutsch: "Typologie des Kriminalromans." *Poetik der Prosa.* Übers. Helene Müller. Ars poetica: Texte und Studien zur Dichtungslehre und Dichtkunst 16. Frankfurt/M.: Athenäum, 1972. 54-64.

Tourteau, Jean-Jacques. *D'Arsène Lupin à San-Antonio: Le roman policier français de 1900 à 1970*. Tours: Mame, 1970.

Tschimmel, Ira. *Kriminalroman und Gesellschaftsdarstellung: Eine vergleichende Untersuchung zu Werken von Christie, Simenon, Dürrenmatt und Capote.* Studien zur Germanistik, Anglistik und Komparatistik 69. Bonn: Bouvier, 1979.

Van Dine, S. S. "Twenty Rules for Writing Detective Stories." Haycraft, 1983, 189-193.

Vogt, Jochen (Hg.). *Der Kriminalroman: Zur Theorie und Geschichte einer Gattung*. 2 Bde. UTB 81/82. München: Fink, 1971.

Watson, Colin. *Snobbery with Violence: English Crime Stories and Their Audience.* Rev. and rpt. London: Eyre Methuen, 1979 ([1]1971).

Wellershoff, Dieter. "Vorübergehende Entwirklichung: Zur Theorie des Kriminalromans." *Literatur und Lustprinzip: Essays*. Köln: Kiepenheuer & Witsch, 1973. 77-138.

Wells, Carolyn. *The Technique of the Mystery Story*. Introd. J. Berg Esenwein. The Writer's Library. 1913. Folcroft, Pa.: Folcroft Library Editions, 1973.

Winks, Robin W. (Hg.). *Detective Fiction: A Collection of Critical Essays.* Twentieth Century Views. Englewood Cliffs, N. J.: Prentice-Hall, 1980.

Wölcken, Fritz. *Der literarische Mord: Eine Untersuchung über die englische und amerikanische Detektivliteratur*. Nürnberg: Nest, 1953.

Wright, Willard Huntington. "The Great Detective Stories." Haycraft, 1983, 33-70.

Žmegač, Viktor (Hg.). *Der wohltemperierte Mord: Zur Theorie und Geschichte des Detektivromans.* Schwerpunkte Germanistik 4. Frankfurt/M.: Athenäum, 1971.

2. Zu Sir Arthur Conan Doyle

Brown, Ivor. *Conan Doyle: A Biography of the Creator of Sherlock Holmes*. London: Hamish Hamilton, 1972.

Carr, John Dickson. *The Life of Sir Arthur Conan Doyle*. New York: Harper & Brothers, 1949.

Dakin, D. Martin. *A Sherlock Holmes Commentary*. Newton Abbot: David & Charles, 1972.

Edwards, Owen Dudley. *The Quest for Sherlock Holmes: A Biographical Study of Arthur Conan Doyle*. Edinburgh: Mainstream, 1983.

Göller, Karl Heinz. "Doyle: The Speckled Band." *Die englische Kurzgeschichte*. Hg. Karl Heinz Göller und Gerhard Hoffmann. Düsseldorf: Bagel, 1973. 70-79, 360-361.

Green, Richard Lancelyn, und John Michael Gibson. *A Bibliography of A. Conan Doyle.* With a foreword by Graham Greene. Rpt. with corrections. Oxford: Clarendon, 1984 ([1]1983).

Hardwick, Michael, und Mollie Hardwick. *The Sherlock Holmes Companion.* New York: Bramhall House, 1962.

Harrison, Michael. *In the Footsteps of Sherlock Holmes*. Rev. ed. Newton Abbot: David & Charles, 1971 ([1]1958).

Higham, Charles. *The Adventures of Conan Doyle: The Life of the Creator of Sherlock Holmes*. New York: Norton & Co., 1976.

Keating, H. R. F. *Sherlock Holmes: The Man and His World.* O.O.: Thames and Hudson, 1979.

Nordon, Pierre. *Sir Arthur Conan Doyle: L'homme et l'oeuvre*. Etudes anglaises 17. Paris: Didier, 1964. Englisch: *Conan Doyle*. Übers. Frances Partridge. London: Murray, 1966.

Pearson, Hesketh. *Conan Doyle*. Introd. Graham Greene. 1943. London: Unwin, 1987.

Rosenberg, Samuel. *Naked is the Best Disguise: The Death & Resurrection of Sherlock Holmes*. Indianapolis, New York: Bobbs-Merrill, 1974.

Schklovskij, Viktor. "Die Kriminalerzählung bei Conan Doyle." Vogt, 1971, Bd. 1, 76-94.

Symons, Julian. *Portrait of an Artist: Conan Doyle*. London: Whizzard/Deutsch, 1979.

3. Zu Agatha Christie

Das Agatha Christie Lesebuch: Aufregendes und Informatives aus der Mörderwerkstatt der Queen of Crime. 2. Aufl. Bern, München, Wien: Scherz, 1986.

Bargainnier, Earl F. "Another Watson: Captain Hastings." *Armchair Detective* 13 (1980): 354-360 (a).

---. *The Gentle Art of Murder: The Detective Fiction of Agatha Christie*. Bowling Green: Bowling Green Univ. Popular Press, 1980 (b).

Barnard, Robert. *A Talent to Deceive: An Appreciation of Agatha Christie*. New York: Dodd, Mead & Co., 1980.

Christie, Agatha. *An Autobiography*. 1977. New York: Ballantine, 1984 (^{1}1978).

Egloff, Gerd. *Detektivroman und englisches Bürgertum: Konstruktionsschema und Gesellschaftsbild bei Agatha Christie*. Literatur in der Gesellschaft 23. Düsseldorf: Bertelsmann Universitätsverlag, 1974.

Fitzgibbon, Russell H. *The Agatha Christie Companion*. Bowling Green: Bowling Green State Univ. Popular Press, 1980.

Grossvogel, David I. "Agatha Christie: Containment of the Unknown." *Mystery and Its Fictions: From Oedipus to Agatha Christie*. Baltimore, London: Johns Hopkins Univ. Press, 1979. 39-52.

---. "Death Deferred: The Long Life, Splendid Afterlife and Mysterious Workings of Agatha Christie." Benstock, 1983, 1-17.

Keating, H. R. F. (Hg.). *Agatha Christie: First Lady of Crime*. London: Weidenfeld and Nicolson, 1977.

Lathen, Emma. "Cornwallis's Revenge." Keating, 1977, 79-94.

Maida, Patricia D., und Nicholas B. Spornick. *Murder She Wrote: A Study of Agatha Christie's Detective Fiction*. Bowling Green: Bowling Green State Univ. Popular Press, 1982.

Morgan, Janet. *Agatha Christie: A Biography*. London: Collins, 1984.

Murdoch, Derrick. *The Agatha Christie Mystery*. Toronto: Pagurian, 1976.

Osborne, Charles. *The Life and Crimes of Agatha Christie*. London: Collins, 1982.

Ramsey, G. C. *Agatha Christie: Mistress of Mystery*. London: Collins, 1968.

Riley, Dick, und Pam McAllister (Hg.). *The Bedside, Bathtub & Armchair Companion to Agatha Christie*. Introd. Julian Symons. New York: Ungar, 1979.

Rivière, François. *Agatha Christie: "Duchesse de la Mort"*. Fiction & Cie. 44. Paris: Seuil, 1981.

Robyns, Gwen. *The Mystery of Agatha Christie*. Garden City, N. Y.: Doubleday & Co., 1978.

Sanders, Dennis, und Len Lovallo. *The Agatha Christie Companion: The Complete Guide to Agatha Christie's Life and Work*. New York: Delacorte, 1984.

Singer, Eliot A. "The Whodunit as Riddle: Block Elements in Agatha Christie." *Western Folklore* 43.3 (1984): 157-171.

Toye, Randall. *The Agatha Christie Who's Who*. London: Muller, 1980.

Wagoner, Mary S. *Agatha Christie*. Twayne's English Authors Series. Boston: Twayne, 1986.

Wyndham, Francis. "The Algebra of Agatha Christie." *The Sunday Times* 27.2.1966: 25-26.

Wynne, Nancy Blue. *An Agatha Christie Chronology*. New York: Ace, 1976.

---. "The Baker Street-Devon Connection: The Influence of the Sherlock Holmes Stories on Agatha Christie's Early Work." *The Baker Street Journal* 27 (1977): 6-10.

4. Zu Patricia Highsmith

Brown, Craig. "Perspectives of Guilt." *The Times Literary Supplement* 25.4.1980: 462.

Cavigelli, Franz, und Fritz Senn (Hg.). *Über Patricia Highsmith*. 3., erw. Aufl. Zürich: Diogenes, 1980.

Cooper-Clark, Diana. "Patricia Highsmith - Interview." *Armchair Detective* 14 (1981): 313-320.

Highsmith, Patricia. "Not-Thinking With the Dishes." Keating, 1982, 92-93.

---. *Plotting and Writing Suspense Fiction*. London: Poplar, 1987 ([1]1983).

Hilfer, Anthony Channell. "'Not Really Such a Monster': Highsmith's Ripley as Thriller Protagonist and Protean Man." *Midwest Quarterly* 25. 4 (1984): 361-374.

Jenny, Urs. "Der alte Dreikampf, luxuriöser." *Die Weltwoche* 26.7.1968: 23.

Josselin, Jean-François. "Au coeur de l'imaginaire: Ripley revient dans l'oeuvre de Patricia Highsmith: un grand moment." *Le Nouvel Observateur* (édition internationale) 9.-15.6.1980: 58-59.

Karasek, Hellmuth. "Verbrechen ohne Sühne: Zu Patricia Highsmiths neuem Roman 'Ripley Under Ground'." *Die Zeit* 29.9.1972: LIT 7.

Klein, Kathleen Gregory. "Patricia Highsmith." Bakerman, 1985, 170-197.

"Mind for Hire." *The Times Literary Supplement* 22.3.1974: 282.

Ortlepp, Gunar. "Schützender Zauber." *Der Spiegel* 15.11.1976: 220, 222.

Sutcliffe, Thomas. "Graphs of Innocence and Guilt." *The Times Literary Supplement* 2.10.1981: 1118.

"The Talented Miss Highsmith." *The Times Literary Supplement* 24.9.1971: 1147-1148.

Vincent, Sally. "Wave from Afar." *The Observer* 27.4.1980: 52.

Wyndham, Francis. "Miss Highsmith." *New Statesman* 31.5.1963: 833-834.

Zeindler, Peter. "'Der Angelegenheit ein Ende bereiten': Ein Besuch bei Patricia Highsmith." *Neue Zürcher Zeitung* 11.2.1975: 35.

5. Zur Wirkungsästhetik

Fieguth, Rolf. "Rezeption contra falsches und richtiges Lesen? Oder: Mißverständnisse mit Ingarden." *Sprache im technischen Zeitalter* 10 (1971): 142-159.

Grimm, Gunter (Hg.). *Literatur und Leser: Theorien und Modelle zur Rezeption literarischer Werke*. Stuttgart: Reclam, 1975.

Groeben, Norbert. *Rezeptionsforschung als empirische Literaturwissenschaft: Paradigma - durch Methodendiskussion an Untersuchungsbeispielen*. Empirische Literaturwissenschaft 1. Kronberg/Ts.: Athenäum, 1977.

Habicht, Werner, und Ina Schabert (Hg.). *Sympathielenkung in den Dramen Shakespeares: Studien zur publikumsbezogenen Dramaturgie*. Münchener Universitäts-Schriften: Institut für Englische Philologie: Texte und Untersuchungen zur Englischen Philologie 9. München: Fink, 1978.

Holub, Robert C. *Reception Theory: A Critical Introduction*. New Accents. London, New York: Methuen, 1984.

Ingarden, Roman. *Das literarische Kunstwerk*. Mit einem Anhang von den Funktionen der Sprache im Theaterschauspiel. 3., durchges. Aufl. Tübingen: Niemeyer, 1965 (^{1}1931).

---. *Vom Erkennen des literarischen Kunstwerks*. Tübingen: Niemeyer, 1968.

Iser, Wolfgang. "Möglichkeiten der Illusion im historischen Roman (Sir Walter Scotts *Waverley*)." *Nachahmung und Illusion: Kolloquium Gießen Juni 1963: Vorlagen und Verhandlungen*. Hg. H. R. Jauß. 2., durchges. Aufl. Poetik und Hermeneutik I. München: Fink, 1969 (^{1}1964). 135-156.

---. "Die Appellstruktur der Texte: Unbestimmtheit als Wirkungsbedingung literarischer Prosa." Warning, 1979, 228-252 (a).

---. "Im Lichte der Kritik." Warning, 1979, 325-342 (b).

---. *Der implizite Leser: Kommunikationsformen des Romans von Bunyan bis Beckett*. UTB 163. 2. Aufl. München: Fink, 1979 (^{1}1972) (c).

---. *Der Akt des Lesens: Theorie ästhetischer Wirkung*. UTB 636. 2., durchges. u. verb. Aufl. München: Fink, 1984 ([1]1976).

Jauß, Hans Robert. "Der Leser als Instanz einer neuen Geschichte der Literatur." *Poetica* 7 (1975): 325-344.

Just, Georg. *Darstellung und Appell in der "Blechtrommel" von Günter Grass: Darstellungsästhetik versus Wirkungsästhetik*. Literatur und Reflexion 10. Frankfurt/M.: Athenäum, 1972.

Kaiser, Gerhard. "Nachruf auf die Interpretation?" *Poetica* 4 (1971): 267-277.

Labroisse, Gerd (Hg.). *Rezeption - Interpretation: Beiträge zur Methodendiskussion*. Amsterdamer Beiträge zur neueren Germanistik 3. Amsterdam: Rodopi, 1974.

Link, Hannelore. "'Die Appellstruktur der Texte' und ein 'Paradigmawechsel in der Literaturwissenschaft'? *Jahrbuch der deutschen Schillergesellschaft*. Hg. Fritz Martini, Walter Müller-Seidel, Bernhard Zeller. 17. Jahrgang 1973. Stuttgart: Kröner, 1974. 532-583.

---. *Rezeptionsforschung: Eine Einführung in Methoden und Probleme*. Urban-Taschenbücher 215. Stuttgart: Kohlhammer, 1976.

Sontag, Susan. "Against Interpretation." *Against Interpretation and other essays*. 3rd pr. New York: Farrar, Straus & Giroux, 1967. 3-14.

Warning, Rainer (Hg.). *Rezeptionsästhetik: Theorie und Praxis*. UTB 303. 2. Aufl. München: Fink, 1979 ([1]1975).

Wienold, Götz. *Semiotik der Literatur*. Frankfurt/M.: Athenäum, 1972.

6. Sonstige Sekundärliteratur

Altick, Richard D. *The English Common Reader: A Social History of the Mass Reading Public 1800-1900*. Chicago, London: Univ. of Chicago Press, 1983 ([1]1957).

Booth, Wayne C. *The Rhetoric of Fiction*. Chicago: Univ. of Chicago Press, 1961.

Bremond, Claude. *Logique du récit*. Poétique. Paris: Seuil, 1973.

Lessing, Gotthold Ephraim. "Laokoon oder Über die Grenzen der Malerei und Poesie: Mit beiläufigen Erläuterungen verschiedener Punkte der alten Kunstgeschichte: Erster Teil." *Gesammelte Werke*. Hg. Wolfgang Stammler. München: Hanser, 1959. Bd. 2. 781-962.

Poe, Edgar Allan. "The Philosophy of Composition." *Selected Writings of Edgar Allan Poe: Poems, Tales, Essays and Reviews*. Ed. with an introduction by David Galloway. Harmondsworth: Penguin, 1975 ([1]1967). 480-492.

---. "Twice-Told Tales." (Rezension zu Nathaniel Hawthorne) *Selected Writings of Edgar Allan Poe*, 1975, 437-447.

Stanzel, Franz K. *Typische Formen des Romans*. Kleine Vandenhoeck-Reihe 1187. 7. Aufl. Göttingen: Vandenhoeck & Ruprecht, 1974 ([1]1964).

---. *Theorie des Erzählens*. UTB 904. 3., durchges. Aufl. Göttingen: Vandenhoeck & Ruprecht, 1985 ([1]1979).

FAS
Publikationen des Fachbereichs Angewandte Sprachwissenschaft der Johannes Gutenberg-Universität Mainz in Germersheim

REIHE A - Abhandlungen und Sammelbände

Band 1 Dietrich Briesemeister (Hrsg.): Sprache, Literatur, Kultur. Romanistische Beiträge. 225 S. 1974.

Band 2 Reinhart Herzog (Hrsg.): Computer in der Übersetzungswissenschaft. Sprachpraktische und terminologische Studien. 271 S. 1981.

Band 3 Karl-Heinz Stoll: The New British Drama. A Bibliography with Particular Reference to Arden, Bond, Osborne, Pinter, Wesker, 94 S. 1975.

Band 4 Sergej Mawrizki: Außenhandel der Sowjetunion Gestern und Heute. Grundlagen, Entwicklung und der Westhandel nach dem Zweiten Weltkrieg. 238 S. 1976.

Band 5 Michael T. Trabert: Das religiöse Erbe im Frühwerk Philip Roths. *Goodbye Columbus.* 1985.

Band 6 H. W. Drescher, Signe Scheffzek (Hrsg.): Theorie und Praxis des Übersetzens und Dolmetschens. 280 S. 1976.

Band 7 Dagmar Steffen: Der Zweiakter im zeitgenössischen englischen Drama. Studien zu John Mortimers *The Judge*, David Mercers *After Haggerty* und *Flint* und Tom Stoppards *Jumpers*. 1983.

Band 8 J. Albrecht, H. W. Drescher, H. Göhring, N. Salnikow (Hrsg.): Translation und interkulturelle Kommunikation. 40 Jahre Fachbereich Angewandte Sprachwissenschaft der Johannes Gutenberg-Universität Mainz in Germersheim. 1987.

Band 9 Renate von Bardeleben (Hrsg.): Wege amerikanischer Kultur / Ways and Byways of American Culture. Aufsätze zu Ehren von / Essays in Honor of Gustav H. Blanke. 1989.

Band 10 Christel Balle: Tabus in der Sprache. 1990.

Band 11 Michael Dunker: Beeinflussung und Steuerung des Lesers in der englischsprachigen Detektiv- und Kriminalliteratur. Eine vergleichende Untersuchung zur Beziehung Autor-Text-Leser in Werken von Doyle, Christie und Highsmith. 1991.

REIHE B - Studientexte

Band 1 Ph. Woolley: The Queen's English. Exercises in the Pronunciation of English. 65 S. 1974. 2. Auflage 1976. 3. überarbeitete Auflage. 1982.

Band 2 K.-P. Lange: Kurzgefaßte Einführung in die Generative Syntax. 134 S. 1975.

Band 4 Michalis Kanavakis: Griechisch für Deutsche. Teil 1. 2. unveränderte Auflage. 1987.

Printed by
CPI books GmbH, Leck